中国经济
2016
从改革红利到创新红利

王德培 著

中国友谊出版公司

图书在版编目（CIP）数据

中国经济2016：从改革红利到创新红利/王德培著. -- 北京：中国友谊出版公司，2016.3

ISBN 978-7-5057-3707-5

Ⅰ.①中… Ⅱ.①王… Ⅲ.①中国经济—经济发展—研究 Ⅳ.①F124

中国版本图书馆CIP数据核字（2016）第054458号

书名	中国经济2016：从改革红利到创新红利
作者	王德培
出版	中国友谊出版公司
策划	杭州蓝狮子文化创意股份有限公司
发行	杭州飞阅图书有限公司
经销	新华书店
制版	杭州真凯文化艺术有限公司
印刷	杭州钱江彩色印务有限公司
规格	710×1000 毫米　16开 16印张　225千字
版次	2016年3月第1版
印次	2016年3月第1次印刷
书号	ISBN 978-7-5057-3707-5
定价	45.00元
地址	北京市朝阳区西坝河南里17号楼
邮编	100028
电话	（010）64668676

目 录

前言　破解中国经济迷局 / 1

▷▶经济篇　　第一章　**后危机时代的2016**
　　　　　　　　　　　危机进入第三阶段 / 003
　　　　　　　　　　　经济形势复杂化 / 010
　　　　　　　　　　　改革与创新 / 014

　　　　　　　第二章　**中国经济换挡时刻**
　　　　　　　　　　　GDP增速6.5%～7%的底气在哪里 / 019
　　　　　　　　　　　洞察人民币汇率、利率、准备金率 / 024

　　　　　　　第三章　**区域经济格局**
　　　　　　　　　　　"4+2"经济成型 / 030
　　　　　　　　　　　协同发展：市场+架构 / 034
　　　　　　　　　　　战略碰撞期下的腹地经济 / 037
　　　　　　　　　　　决胜东北？——经济偏态、市场滞后 / 041
　　　　　　　　　　　香港面临七大坎 / 045

　　　　　　　第四章　**园区挑战与自贸区前景**
　　　　　　　　　　　园区面临"十大挑战" / 049
　　　　　　　　　　　自贸区扩容——格局与破局 / 053

"十三五"规划新内涵 / 057

第五章　错综的国际迷局
走到尽头的两种基本经济形态 / 064
政治以扰动方式回归经济 / 067
国际大三角格局 / 070
中美开启大博弈 / 074

▷▶**金融投资篇**

第六章　中国金融"放"与"控"
互联网金融PK传统金融 / 081
金融资本定向爆炸 / 085
金融闯关与金融监管 / 089

第七章　股市进入第二台阶
股市如惊弓之鸟 / 093
本轮牛市的"三个台阶" / 097
2016年股市怎么走 / 101

第八章　房市：加剧、加快、加紧
房地产将何去何从 / 105
商业地产去产能 / 108
产业地产迎来新格局 / 111
房企突围路径 / 113

▷▶**行业篇**　　第九章　**互联网风起云涌**
　　　　　　　　　　　互联网混战时代 / 119
　　　　　　　　　　　"将经济一网打尽" / 124

　　　　　　　第十章　**汽车产业遭遇岔路口**
　　　　　　　　　　　汽车似乎开到头了 / 128
　　　　　　　　　　　中国汽车前路 / 132

　　　　　　　第十一章　**现代服务业：新经济主导**
　　　　　　　　　　　大变局时代 / 135
　　　　　　　　　　　新经济登堂入室 / 139

　　　　　　　第十二章　**新媒体时代**
　　　　　　　　　　　旧媒体"已死" / 142
　　　　　　　　　　　新媒体欣欣向荣 / 145
　　　　　　　　　　　媒体应重新找到自己的位置 / 147

▷▶**企业篇**　　第十三章　**企业大洗牌**
　　　　　　　　　　　大变局与企业大洗牌 / 151
　　　　　　　　　　　企业管理被颠覆 / 159
　　　　　　　　　　　企业传承难题 / 165

　　　　　　　第十四章　**国企改革大转向**
　　　　　　　　　　　国企改革的朦胧与复杂 / 173
　　　　　　　　　　　国企改革的历史逻辑 / 177

搞好国企还是"改造"国企 / 181
混合经济的动机与效果 / 183

第十五章　政商关系大调整
新、旧红利的时代切换 / 187
企业家政治与心智 / 190

第十六章　商业模式大创新
商业模式再造 / 195
秒杀与恒定的选择 / 199
来自粉丝模式的冲击 / 203

▷▶**社会篇**　**第十七章　收入差距扩大化**
收入差距——遮不住的痛 / 209
收入分配"迷雾重重" / 214
破解收入迷局 / 215

第十八章　人口问题结与解
进入老龄化社会 / 221
新生代异军突起 / 225
人口红利柳暗花明 / 229

第十九章　新型城镇化"云山雾罩"
城镇化的"命门" / 235
新型城镇化路在何方 / 242

前言

破解国内经济迷局

中国2015年三季度国内生产总值（GDP）同比增速降至2009年一季度以来最低水平，9月份居民消费价格指数（CPI）同比增速跌回"1"时代，10月份工业生产者出厂价格指数（PPI）连续44个月下降，进出口超预期下降，1—10月出口同比下降2.5%，进口同比下降15.7%，如此状况不仅让美联储在加息问题上犯疑，将近10年来的首次加息一再推迟，直至2015年12月，就连英国央行也沉不住气，开始关注中国经济增速放缓将如何影响英国经济。

毕竟，当下一系列经济指标反映了中国经济的真实状况：一是工业去产能持续把经济"拉下水"。固定资产投资增幅收缩就让钢铁、水泥、建材等产能过剩行业不断被挤压，尤其是钢铁行业，更是危机重重，钢价已经处于20年来的低位。二是农业去产能初露端倪。中国粮食丰收成灾以至于"销不动、调不出、储不下"，政府托市收购的粮价11年来首降，玉米价格下跌达20%以上。事实上，随着中国粮食生产实现"十二连增"，中国农产品供给早已经呈现过剩状态，按照目前的收购能力，本身就是难以"消化"的，而倒牛奶、埋掉果蔬等现象接连出现虽不乏结构性或者突发事件因素，但普遍意义上，根子还在于产能过剩。在去产能的背景下，已经成为过剩灾区的农业也难以幸免。这也难怪中国经济的数据愈发难看，甚至"搅和"得国际社会都跟着提心吊胆。

这难免让人心生疑惑，为何政府殚精竭虑地维稳经济，政策出了一箩筐，经济增长却呈现出每况愈下的态势？问题的症结在于后危机时期，政策的效果已经大大弱化。

一方面，后危机亮底牌时期，政策在一定意义上不管用。危机的结果就是要蒸发、淘汰过剩的产能，危机前期由于尚有腾挪空间，过剩的产能还可以在政策庇佑下"苟延残喘"，随着问题的累积，终究"纸里包不住火"。这在房地产市场体现得尤为明显，尽管2015年政策利好不断，从降低二套房和公积金购房首付比例、普通住房再销售免营业税年限从五年调降到两年，到多次降息、降准，但除了一线城市，其他城市房地产市场依然难以提振。全联房地产商会发布的第三季度REICO报告显示，虽然在政策松绑的刺激下房地产市场有所上扬，但三季度涨幅明显趋缓，二手房成交量在7月达到峰值后持续环比下调，三季度房地产开发投资增速出现1998年以来首次负增长。房地产市场已经难以再现2009年政策放宽时的盛况，市场自身的调整要求已然占据上风，从而"拖累"相关产业。

另一方面，政策去产能太多、"翻烧饼"。照理淘汰过剩产能就应该对市场认账，该关的关，该停的停，该重组的重组，放手让市场进行自我调整，充其量在牵涉社会民生的问题上做些调摆、对冲。但实际上，政策对形势的风吹草动往往太过敏，犹如惊弓之鸟，动辄放水、放项目，干扰市场信号，导致市场难以正常洗牌，从而延缓去产能的时间。这样，虽然看似政策"稳"住了形势，但政策的翻云覆雨其实拉长了危机爆发后负能量的释放时间，并让政策的弹药和能量不断被消耗，渐趋式微。

现在的问题是，随着政策效果的式微，中国经济接下来究竟会怎么走？是继续下陷还是会迎来破局？要回答这个问题，首先要搞清楚中国经济发展的基本"底色"。中国经济发展的基本特征也存在"两面"：①两个代表。中国既代表一切发展的机会，也代表新旧经济的所有问题。相比欧美成熟市场经济，中国市场经济的发展历程还未走完，市场空间也远非欧美以及其他新兴国家所能比。但中国发展机会多，问题也多。基于中国庞大的市场空间，传统经济如何转型发展、新经济如何实现对老经济的替代、新旧经济的矛盾都将集中在中国展现出来。②两个杂交。中国在经济上依然是计划与市场杂交，在文化上是东方与西方的杂交。这种杂交让中国经济在外在表现上往往看起来四不像，动辄被代表两派经典思维的人士所批评。但这种杂交也让中国经济更具有灵活性，善于变通，避免"一条道跑到黑"。③两个半道。苏联计划经济70年，中国走在半道；世界百年一遇的危机，美国走到头了，中国走在半道。前车之鉴已经表明，中国既无法沿着前者的道路走下去，也不能沿着后者的道路走下去。如何跨越两者的陷阱是中国后半道面临的一大难题。④两个原教旨。中国后续的发展既面临自由主义原教旨的诱惑，也面临计划行政权力原教旨的牵绊，能否超脱两个原教旨的撕扯，用务实、前瞻的思想理论导引中国未来的发展，决定着中国未来的命运和发展格局。

鉴于此，要判断中国经济的未来，就看中国能否在上述"两面"中左右逢源，扬长避短。而这又可以归结到一个本质性的问题，即中国经济前景根本上取决于计划与市场在中国未来的结合是好的结合还是坏的结合，谁代表大概率。从过去三十多年的经验看，计划与市场的结合是有效的，中国经济规模在如此短的时间里跻身世界第二就是印证。当然，行至今日，经典计划经济思维的人想把中国拉回到计划经济时代，经典市场经济思维的人想把中国向他们心目中理想的自由市场经济再推进一把，让中国彻底"变身"。现实中，中国很难走非此即彼的道路。而鉴于中国社会整体固有的务实、中庸、无执念、善于变通的特点，特别是政治人物、领导阶层更善于把握政治的均衡点，中国未来的发展依然会在计划与市场间尽可能寻找平衡，计划多一点还是市场多一点，将会更多因时因地因事而异，而不是死板地守着哪一点不放。换句话说，在大概率上，中国经济仍将因计划与市场的有效结合而获得持续发展，也就是说，在经济低谷的磨砺下，中国经济终将在计划与市场的有效磨合以及由此带来的变革中破局。

▶▶ ▶▶▶▶▷▶▷▷ ▷ ▶▶▶▶ ▷▶▶▷ **经济篇** ▷▶▶▶ ▶ ▷▶▶

第一章　后危机时代的2016

金融危机进入第三阶段，国家竞争重回白热化，国际话语权重构、战争魅影不散，同时中国面临深刻而痛苦的去产能，内外交困之下，改革、维稳又将走出怎样的态势？

危机进入第三阶段

金融危机的三个阶段

2008年爆发的金融危机，美国虽是始作俑者但却率先复苏，随后危机连锁反应渐次展开：欧洲债务危机爆发、中国深陷去产能、新兴市场困于货币危机，危机的多米诺骨牌效应的逻辑关系难以回避。福卡智库将本次金融危机划分为三个阶段，具体而言，危机第一阶段表现为金融过度导致的主权债务危机，美欧等国是肇始地与风暴眼。作为自由市场经济与金融创新的典范，美国一边市场过度，另一边金融过度，创造出令人眼花缭乱的金融衍生品，并以此支撑其过度消费，最终房地产泡沫破灭引爆次贷危机，随后传导至高福利的欧洲国家爆发主权债务危机。

第二阶段表现为市场萎缩导致的产能过剩危机,中国是主战场。一边是市场经济内置着过剩原罪,另一边是行政推手加剧过剩,中国过度依赖外需的经济结构就在欧美市场萎缩中表露无遗。而危机之后,推出的4万亿财政刺激计划,更是延缓了市场自发去产能步伐,延长了产能过剩危机。

第三阶段表现为产业偏态导致的外汇炒作危机,主要发生在俄罗斯等资源型国家。这类国家经济结构单一,产业偏态化,货币进出自由化,而自由流动的游戏规则不可逆,更何况欧美制定了世界经济游戏规则,很难关起大门规避外部制裁,国际市场上的波动就会传导到货币市场,因此,爆发新金融风暴的概率极大,往往也是被剪羊毛的"羔羊",卢布暴贬导致资本外逃即是明证,据俄央行估计2014年俄罗斯的外逃资本高达1280亿美元。

目前来看,危机第一阶段已经基本过去。美国经济回暖步伐加快,用近12年来的增速新高给2014年画上一个强劲的休止符,新增就业岗位增加,失业率下降,股市持续上涨,道琼斯指数在2014年间36次创历史新高,标普500指数一年里更是51次刷新历史高位;欧盟虽有德国作为经济发动机,但区域政治复杂化,还在承受通缩风险,尤其是希腊大选与"退欧"一直在摇撼欧元"纸牌屋",欧洲经济挣扎向前。第二阶段正处于高峰期,中国还需要承受2~3年全面而深刻的去产能之痛。不仅是钢铁、水泥等工业在全面去产能,商业地产也在去产能,而去产能的本质是去政府,以"负面清单"模式削减产能过剩痼疾的行政推手。第三阶段则刚刚展开,随着美联储加息周期展开,至少需要4~5年方能暂告段落。如巴西货币雷亚尔虽称不上卢布的难兄难弟,但一年内贬值约22.7%,其脆弱性有目共睹,美联储的一点风吹草动就让其颤抖不已,采取美元掉期[1]买卖工具以

---

[1] 掉期:是指在买入或卖出即期外汇的同时,卖出或买入同一货币的远期外汇,以防止汇率风险的一种外汇交易。这种金融衍生工具,是当前用来规避由于所借外债的汇率发生变化而给国家、企业带来财务风险的一种主要手段。

稳定雷亚尔涨跌，让巴西央行"根本停不下来"；再如欧佩克（石油输出国组织，OPEC）国家尼日利亚的货币奈拉贬值了大约19.3%。

危机进入第三阶段：加速分化

在危机爆发的第一阶段，各国第一时间的本能反应都是大规模"救市"，在此阶段各国的政策差异不大，基本都走上了政治家主导的"凯恩斯主义"之路，用政府和国家信用抵补了私营部门信用的缺失，试图用"以泡治泡"的方法来"熨平"市场剧烈波动。

虽然"救市"政策效果"立竿见影"，但却并未真正解决这场危机，反而因资金投入过大导致政府财政失去平衡，流动性危机迅速演变为债务危机。在意识到事态的严重性之后，越来越多的国家在危机第二阶段转入结构调整：譬如承受虚拟经济过度、实体产业空心化"恶果"的美国，推动"再工业化""制造业回归"。又如经济"新常态"的中国，从去杠杆、微刺激、强改革，到提出"新常态"，不难看出，中国也由危机早期的政策刺激全面转入结构调整，通过"深水区"的改革和红利释放来保持自身的发展。

而当进入危机第三阶段后，结构分化更加明显：①美国享受"马太效应"。虽然虚拟与实体失衡是美国经济的"命门"，但依靠着美元特殊的地位和资本市场价值传导机制，其不仅能将巨额债务分摊到全球，更能转嫁危机。美元每遇全球动荡即升值上行，资本视美国为最安全的"避风港"皆是马太效应带来的红利。而在维持其货币、金融霸权地位基础上，美国对内加强金融监管，推动结构调整，对外转嫁危机，正在逐步走出低谷。②中国由开放变扩张。中国虽不具备美国的优势，但其崛起的能量也极为惊人。三十多年的高速发展，成就了如今的GDP世界老二，以及最庞大人口、市场、外汇储备等硬实力。中国开始从全球化的参与者，逐步向规则制定者甚至是主导者转型，其突出表现就是经济战略由开放变为扩张，大规模的企业"走出去"和"一带一路"的高铁投资等皆为明证。

传统的"制造大国""贸易大国"正在向"资本大国""全球大国"迈进。③其他国家被动接受。相对中美所具有的战略纵深与调整空间,其他国家的选择有限,既无体量支撑又无产业优势、金融霸权的大多数经济体,只能被迫接受国际投机资本大进大出的"洗劫",而虚拟经济推高的资产泡沫,最终将导致制造业和服务业不断萎缩,尤其是对于那些根基不牢的新兴市场,"虚实"双弱的格局或将长期化、常态化。

洗牌后的新格局:中美例外

每一次全球性经济危机的背后,都伴随着国际格局的深刻调整。20世纪30年代的大萧条,以英镑为主导的国际货币经济金融体系的衰落为标志,英美开始交接"世界老大"的权杖;20世纪70年代的经济危机,不仅导致布雷顿森林体系崩溃,更结束了美国称霸资本主义世界的"大一统"时代,美国、西欧和日本的"三国演义"自此上演……时至今日,经历这场百年一遇的经济危机后,发达国家与发展中国家的力量此消彼长,世界又一次进入了"混沌"期,在全球政经秩序的重组过程中,谁将独占鳌头?谁将异军突起?谁将岿然不动?谁将任人宰割?福卡智库认为大洗牌后的新格局将呈现以下面貌。

美国:美国享受着"马太效应"的红利,以美元特殊地位左右国际资本流动,美联储政策甚至成了全球经济扩张和收缩的"发动机"。在此过程中,危机的负能量被不断传导至全球,"始作俑者"却能通过货币的升与贬"独善其身"(危机初期以多轮QE[1]推动美元贬值稀释自身债务、刺激出口增长,如今力主退出QE吸引国际资本回流)。显然,美元霸权成就了美国的复苏(2014年三季

---

[1] 量化宽松(Quantitative Easing,QE),是一种货币政策,主要指各国央行通过公开市场购买政府债券、银行金融资产等做法。量化宽松直接导致市场的货币供应量增加,可视为变相"印钞"。

度经济增速达5%，创下11年以来的最高纪录），再配合上政府对金融监管的加强，推动制造业回归平衡"虚实结构"，以及页岩气革命带来能源独立等积极影响，重回增长轨道的美国，未来经济运行或将总体稳定。不过，"号令天下，莫敢不从"的老大地位正在渐行渐远，这主要体现在：政治上，伴随中国等新兴国家的崛起，美国的政治地位开始急剧下滑，竞争对手们纷纷"另起炉灶"（譬如金砖国家开发银行），而那些坚固盟友也开始转型"去美国化"；经济上，一方面是滥发货币和天量财政赤字透支信用，美元货币体系风雨飘摇，另一方面则是金融危机导致经济生态巨变，中产阶级塌陷令增长后劲不足，美国可谓"赢在当下，输在未来"；军事上，美国在中东的反恐战争"疲劳症"明显，从打赢两场战争到打赢一场战争的新战略，对应的正是其军事实力的相对下滑。因此，美国虽然仍是全球最有活力、最具商业和科技创新性的国家，但世界重心的转移趋势已不可逆，人类将逐步迈入真正的"后美国时代"。

欧洲：与美国可以将危机"泄洪"世界不同，欧洲前有一体化困局堵截，经济政策保持一致成本过大，后有美元霸权追兵，在国际资本市场中号召力仍显不足，只能更多依靠自身力量来消化危机。从目前的情况来看，有德国经济作为"定海神针"，配合上"量宽政策+外需好转+欧元贬值"的利好，已可以基本保证欧洲经济不"脱轨"。但欧洲至今仍挣扎在痛苦的两难中：一边是整体投资占GDP比重自2008年开始步入下降通道，公共和私人投资均处于不足状态，进而引发潜在经济增速下降；另一边却是去杠杆和债务压力巨大，导致欧洲经济不得不在危机中继续紧缩，令衰退长期化。而且疲弱的市场还正在受到地缘政治因素的拖累和扰动（伴随乌克兰局势的演化，欧盟与俄罗斯之间一轮又一轮的制裁与反制裁对垒），未来经济的不确定性极大。因此，在"投资—消费"形成内在互动循环，以及地缘政治局势稳定之前，欧洲或长期在底部横盘，其相对增速下滑也将是大概率事件。

日本：自经济危机爆发以来，日本就一直采取财政和货币双宽松政策刺激市场,并在全球经济增长乏力的大环境下不断加码。虽然这在一定程度上缓解了通缩的压力,但日本的经济运行状况却依然不佳。全球经济危机在日本"失落二十年"的伤口上又撒了一把盐,而且这一创伤并不是安倍所能治愈的,因为其无法从根本上解决日本社会、经济中存在的人口下降、老龄化加速、贫富差距扩大、社会保障费用增加、企业不断向海外转移带来的国内产业空心化,以及国内需求长期低迷等深层次的结构性问题。由此,日本的发展势头相较于欧洲或将更为疲弱。不过作为老牌的发达国家,日本自身的技术创新、产业结构、市场规则等都颇为成熟,也并不至于出现经济的急坠;而且对于一个外向型经济体来说,在如今的日元贬值周期中,日本产品和技术的价值或将被放大,进而带动日本经济复苏,总体上仍将好于那些基础不牢的新兴市场。

印度:"印度龟"赶超"中国兔"的预言早已有之,世行、国际货币组织(IMF)、高盛在2015年伊始纷纷预测印度经济增速将超中国。客观来说,良好的劳动力结构(印度人口总量已超过12亿,男女比例100:94,且即将进入劳动力市场的年轻人比例远高于中国),自由市场经济制度起步较早,以及服务经济为主的产业结构等确实具备赶超中国的基础。而新总统莫迪也在全力推动经济改革,提出放宽外国直接投资限制、进行税收改革、重修劳工和土地征收法规以及发展铁路和智能型城市等政策。但民主的印度至今仍陷于意识形态斗争之中,还纠结于追求增长与保护环境和土地权利之间的平衡,缺乏强有力的政府来集中力量推动改革"落地";至于庞大的低年龄、低学历人口也并不必然带来人口红利,甚至反而会成为社会的负担。因此,印度在危机后的发展势头或许会有所加快,并逐步追赶上中国的步伐,但要想实现反超的难度颇大。

新兴国家:不少新兴市场属于既无体量支撑、又无产业优势、更无金融管制的"三无"国家。产业的"偏态"决定了其实体经济只能在价值链低端挣扎,而金融的"正态"又往往与跨国游资、资产泡沫挂钩,屡屡被金融"大鳄"们"剪羊毛"。"虚实"双弱的格局下,这些根基不牢的新兴市场,不得不在大国博弈的夹缝中被动应对。而由于在结构调整上既无空间也无时间，经济政策亦步亦趋失去独立性，最终在国际政经中被边缘化就成为其宿命。因此，新兴市场未来经济增速的绝对下降是可以预见的。

俄罗斯：曾经的帝国如今却脆弱无比，俄罗斯所受的"诅咒"是多方面的。一是"产业诅咒"，俄重工业发达，民生消费品生产却极为落后，每年大量进口各类消费品，这使得俄罗斯货币和外汇长期承受巨大压力，极容易因外部冲击而陷入动荡；二是"资源诅咒"，油气资源的贡献在俄联邦预算中占比超过50%，在出口占比中超过2/3，俄罗斯经济"命悬"资源价格；三是"地缘诅咒"，乌克兰问题带来的区域局势动荡，以及西方的全面制裁，对于本就举步维艰的俄罗斯更是雪上加霜，普京的地缘思维正在将俄罗斯推上悬崖；四是"制度诅咒"，俄罗斯腐败严重，制度薄弱，根本没有健全的产权制度，克里姆林宫更直接通过国有银行把油气收入分配给选定的企业和项目，而选择标准参照的则是政治重要性和亲普京的程度，最终被市场竞争淘汰也属正常；最后是"人口诅咒"，2010年俄罗斯劳动年龄人口占比达到了最高点，随后开始快速下降，劳动力和内需不足等问题开始暴露。显然，"冰冻三尺非一日之寒"，在多重打击之下，俄罗斯经济实力未来还将大幅下降，"北极熊"的一只脚已经跨进了地区大国，另一只却依然滞留在超级大国。

中国：虽然中国遭遇了危机的巨大影响，但国运处于上升期的基本面并未改变。首先，中国经济具备巨大的"战略纵深"，庞大的市场规模、东中西部的发展差距、城市与农村的"二元结构"等给未来提供了充足的空间，这些经济潜力的释放过程能够极大对冲消解危机的负面影响。其次，国内金融态势歪打正着，金融自由化过度必将走向泡沫和崩溃已被此次危机证实，而中国恰恰习惯于用政府的"有形之手"来勾兑和平衡"盲目"的市场，从而避免了经济系统的动荡。另外，改革空间接连打开，中国正处于第三次市场化的"档口"，在资产、要素价格的全面市场化，以及落实国民待遇过程中红利巨大，足以长期支撑经济较快增长。最后，对外政治经济乘势扩张，以"一带一路"和自贸区的铺开为标志，中国经济将在又一次对接世界中迎来"大爆炸"，各国已到了全面适应中国的新阶段。由此可见，中国相对地位在危机之后很可能还将进一步提高。

不难看出，伴随着时代的变化，左右全球政经关系的核心力量已经发生了变化，地缘权重和资源权重明显下滑。作为亚洲地缘政治平衡点的日本，以及作为资源型国家代表的俄罗斯地位下滑绝非偶然，而类似中美这种在各个领域具备综合竞争力的国家则能抢得先机。而在经历惨烈的危机大洗牌之后，各国的自身定位将逐步明确：中美两个大国或将牢牢占据第一方阵，而老牌强国欧洲和日本紧随其后形成第二方阵，第三方阵则是印度、巴西这样实力较强的新兴市场国家，而俄罗斯或在2.5方阵中挣扎。

经济形势复杂化

国际竞争白热化

"这是最好的时代，又是最坏的时代"，将狄更斯的这句名言用于当今的国际关系极为贴切：一方面，国际经济往来形势"一片大好"。中英在核电、高铁、金融等领域寻找"旗舰项目"，中法签署了加强核能合作的协议，中德建立了人民币清算安排的合作备忘录，中荷创建粮食、乳制品等方面的协商机制，中欧之间开出了与"贸易壁垒"别样的经贸之花。中国与中亚诸国的经贸关系也逐次升温，与哈（哈萨克斯坦）、俄（俄罗斯）、白（白俄罗斯）三国，累计签署了涵盖能源、航天、金融、基建等各个领域的超400亿美元的"世纪大单"，令世界瞠目，"新联盟""好伙伴""铁杆兄弟"等定义此种国家关系的词汇纷至沓来。

但另一方面，国家较量、角逐及由此制造的危机却"前所未有的坏"。美国屡屡在南海地区刷"存在感",甚至公然摄制、公开中国的"填海造礁"活动,中国坚决反制,中美关系悬在决裂的边缘;中国海军赴远海遭日监视,中方实施灯光照射警告,中日芥蒂加剧;朝鲜军密集巡逻中朝边境,鸭绿江气氛顿时诡异;而乌克兰局势因美国军事装备入境、俄驻乌总领馆遭鸡蛋袭击愈加显得波涛汹涌、风云诡谲。世界各国越来越"亲如一家",又似乎越来越不安全。经济往来与政治较量两股潮流相互交织、相互激荡。

政治较量与经济往来的相互交织正暗含着国家竞争与自由贸易"两条路线"的斗争。聚焦世界演变、发展的历史,国家竞争与自由贸易"两条路线"的斗争始终贯穿其中。在全球性贸易组织世界贸易组织(WTO)诞生之前的20世纪初至20世纪中期,资本主义政治经济发展不平衡陡然使国家竞争升温,欧洲后起之秀德国的实力已经追上了老牌帝国英、法,但是世界殖民地和势力范围已经基本划分完毕,德国认为得到的与其实力不相称,要求重新划分殖民地和势力范围,最后世界大战全面点燃。同期国家贸易急剧萎缩——1870年以后,生产和资本高度集中,自由竞争发展到垄断阶段,垄断资本主义必然向外扩张,当垄断资产阶级争先恐后地到全球各地抢占原料产地、商品销售市场和资本输出场所时,自由贸易也就被扼杀了,因此,这一时期的国际贸易额较自由竞争时期锐减。经济关系的冷淡无法收敛、反而"放纵"政治上的冲突,世界大战不可避免。

而时代进化到当下(21世纪上半叶),国家竞争前所未有地加强。其一,大国力量对比出现新的变化,原有均衡被打破,拐点期竞争往往最为激烈。美国基于冷战结束后的高速增长期,成为世界上综合实力最强的国家,但硬实力逐渐衰退,却紧抱全球霸主的战略不放;新兴国家搭上全球化的快车实力快速增强,要求国际事务的参与权和话语权,尤其是中国更是走到世界舞台的中心;日本由于"失落二十年"影响力急速下滑;英、法、德等老牌国家无澜无惊、长期低迷。有的国家向上走,有的国家向下走,狭路相逢竞争加剧。

其二,经济、军事等力量分散化、多极化,各国相互牵制而竞争加码。美国经济走下坡,军事实力仍属"老大";中国经济势头跑在全球首位;日韩文化优势犹存;海湾国家凝聚资源实力。"强项"在各国分散化(不像上一时期经济、军事等优势集一国),多方角逐,竞争更热闹。

其三,大国竞争因领域拓展而升级。陆地、海洋、太空、网络,多样化的竞争空间,争斗版本升级。这正应了福卡智库早年关于"21世纪国家竞争达到最高峰"的预判。当下的国家贸易又是如何呢?WTO虽推动各国经济城门洞开,但在中国-东盟自由贸易区、上合组织等区域组织和贸易区的冲击下日趋瓦解,把话挑明了就是"正在经历一个去WTO的过程";金融危机阴霾下沉重的经济压力又使各国使出贸易壁垒杀手锏,商品贸易逐渐退潮。不过,这些区域组织和贸易区并非绝对的去WTO,而是去WTO到再WTO的过渡阶段,这是对其游戏规则开放、自由、公平充分考量后的推断;另外,商品贸易虽然遭遇挤压,但由于世界金融大爆炸、信息大爆炸、人员流动正酣,人员、信息、金融三大贸易露出新的势头。可见,国际贸易热情难减。

综上,眼下国家竞争空前激烈,国际贸易热点有所切换。

中国2016年形势超复杂

除了外部形势,对于中国自身而言,当下形势前所未有的复杂。

首先是危机态势,2016年将是后危机时期的筑底之年。表现为:①工业去产能进一步扩大。尽管查封煤窑、压缩生产等去产能力度不小,但在稳增长之下,换个环保马甲"死灰复燃"的亦不在少数。加之,大宗商品"跌跌不休",PPI连续44个月为负,显示中国不少行业生产几近顶峰,仅唐山地区钢产量就超欧洲,企业资不抵债"覆水难收"。2015年政府"壮士断腕"推进改革,一旦政府补贴取消,企业"断了财路",那么伴随僵尸企业现形后自然死亡,市场的优胜劣汰将加速中国工业去产能之路。②工业园区普遍萎缩。据估算,早在2011年年底全国所有的各种工业园区相加就超过万个,于是一旦进入工业去产能,这些工业园区"皮之不存,毛将焉附"!虽然仍有不少园区借着新概念"登堂入室",但且不说"生不逢时",单同质竞争就"一地鸡毛",更何况工业园区本身就过剩,不少已成食之无味、弃之可惜的鸡肋。2016年伴随工业去产能,工业园区荒废之殇将进一步蔓延。③空城纷纷现形。这已不单纯是城市快速扩张惹的祸,关键还在于缺乏实际需求。尤其是三四线城市在地方政绩和GDP保增长下的造城运动,已让不少新区、新城空有城市架子却不见人影。仅2014年国内就新增鄂尔多斯、营口等12座空城。即便如此,高铁沿线的新城仍层出不穷,2016年这么多新城到底谁真谁假,将逐渐"水落石出"。④商业地产部分崩盘。因为从规划看,不少地方的商业地产早已超标超规格,若与之密切相关的商业景气度下滑,"满城尽是综合体"则必将陷入过剩的恶性竞争之中。尤其在网络电商和同质化竞争的内外夹击下,2015年商业地产将是去产能的元年,重灾区将是不顾实际消费支撑大量上马综合体的二三线城市。

　　其次,中国经济面临的变量越来越多。不仅描述形势的传统数据如固投、出口等指标都不太好看,GDP持续三年徘徊在历史低位,且有去产能行至半道、实体企业举步维艰、货币供应"不知收敛"、地方债务风险暴增等诸多变量"拖累"。具体而言,关于中国经济总量的美誉层出不穷:IMF甚至说按照购买力平价的计算认为中国的经济规模在2014年已经超过美国。但褪去"强刺激"外衣之后,从地方政府债台高筑、银行坏账显山露水也就看到了经济质量的腐肉。就连引以为傲的外贸,细看下来也是大而不强,外贸中拥有自主知识产权的企业中国不足20%,自主品牌出口不足10%;另外,产品增值率中国为30%,同美国、德国、日本的48%、47%、41%的比率相比差距不小。此外,"三来一补、两头在外、大进大出"的经济模式并没有换得对等的主导权。这从中国频频遭遇贸易调查就可窥见一斑:据商务部统计,2002年至2012年,中国共遭遇反倾销、反补贴、保障措施等各种形式的贸易救济调查案件842起,同期,中国产品遭遇美国知识产权"337调查"[1]共130起。所谓的中国经济高增长，微笑的是老外，苦笑的是中国（微笑曲线）。

最后，经济形势呈现出多重属性，政治上反腐力度不减与经济疲软并行，出现"政上经下"悖论；"旧经济"江河日下，新经济风生水起，但尚处于青黄不接，何时形成替代不得而知，具体而言，"一带一路"的推进让地方政府看到了消化过剩产能的曙光，相关地方政府打着为当地过剩产能寻找消化通道的小九九争抢与其对接。虽然此举有其现实理由，但背后却隐含着地方政府在发展经济中的"惯性"和"硬伤"，即，尽管经济转型喊了多年，但地方政府还是更善于抓传统经济（老经济），而不长于在新经济上做文章。毕竟，政府搞传统经济早已轻车熟路，通过抓大项目、重点工程等套路动辄就搞得风生水起；然而，新经济还处于萌发状态，往往无形无影，缺乏抓手不说，还风险极高，稍有不慎大把的投资就会灰飞烟灭，即便是财大气粗的地方政府也不愿意轻易以身犯险，给自己的政绩抹黑。如此，就形成这样一种局面：地方政府依然是传统经济不遗余力的推动者，而新经济却几乎只能自生自灭，任由资本、市场自行探索。

改革与创新

改革面临的困境

"供给侧改革"的提出再次挑起舆论对改革的预期。对于"供给侧改革"的提法，专家学者普遍一反以往对改革质疑、批评的姿态，一致认为这个提法抓住

---

[1] 337调查：指美国国际贸易委员会（United States International Trade Commission，简称USITC）根据美国《1930年关税法》（Tariff Act of 1930）第337节（简称"337条款"）及相关修正案进行的调查，禁止的是一切不公平竞争行为或向美国出口产品中的任何不公平贸易行为。

了中国问题的实质，体现了对当前经济问题的准确判断。显然，社会把这个新的提法看成是中国从凯恩斯式的宏观调控向实质性改革转变的标志。同时，不可否认的是，行至今日，改革之所以难以推进，根本上是改革的时空背景已经切换。

首先，改革确实面临由"吃肉"到"啃骨头"的转变。与当年改革在白纸之上画蓝图，在荒蛮之上建高楼不同，今天中国经济社会的基本架构已经就绪，更何况如今有待改革的一些重点领域并不像当年那样放权于市场就"大功告成"。这其中至少有三块"硬骨头"：一是国企改革。当年变党委书记负责制为厂长负责制激发了国企活力，减员增效，把"包袱"甩向社会让国企轻装上阵，如今国企改革却没有这样的空间。实际上，既要保持国企的性质，又要国企具有市场经济活力，原本就是个世界性难题。混合所有制在大方向上虽然对路，但因为牵涉到非公资本，增加了变量和维度，改革难度自然大增。二是金融改革。其运筹帷幄的空间也不能与当年同日而语，当年为国企解困而建立股市可谓创举，但在今天却成为弊病。更关键的是，今天金融改革既要解决金融低效率、垄断问题，又不能走美国式的经典市场经济道路，如何走出一条新路就足以让人犯难。三是政府自身的改革。虽然各方都强调政府要简政放权，但实际上政府面临的是既要放权，还不能一放了之，不管不顾，而要有担当的局面。换言之，对自己动刀子，还要掌握平衡，其难度系数不是单纯简政放权能比的。

其次，改革几近无红利，改革动力消弭。从计划经济切换到市场经济，拆掉计划经济的"围栏"和各种"禁区"，原来不允许做的可以做了，改革红利随之滚滚而来，其中的利益诱惑足以推动改革从星星之火走向燎原之势。但如今这样的红利空间几乎没有了，就拿国企改革来说，无论是承包制改革，还是公司制改革，虽有阵痛，但其中的红利也是看得见、摸得着的，改革的对象、参与者既是改革的积极推动者，也是改革的最大受益者，改革动力十足。然而，如今国企改革虽然也是要把国企搞好，但这更多表现为结构性改革，是利益的再分配，而没有当年马胜利承包国有企业那样的利益驱动，难以激发改革的热情和干劲。同样,金融领域的市场化改革根本上是从现有的垄断金融体系上"割肉",更缺乏改革动力。在这种情况下,改革自然忸怩作态。

最后,改革无力承载既要解放生产力,又要社会协调的历史要求。本质上,改革就是打破旧的利益关系,建立新的利益关系,这往往意味着改革及其连带利益是"一边倒的""偏态的",从"平均主义""大锅饭"到"允许一部分先富起来"就是其典型体现。因此,当年的改革就是重在解放生产力,凡是符合这一诉求的,都可以想、可以干。但这种"偏态式"的改革也付出了巨大的资源、环境、生态代价,并加速贫富差距,加剧社会矛盾。鉴于此,今天中国不仅面临进一步解放生产力的诉求,更面临社会协调的要求,这显然是改革无法承受之重。

改革将在创新浪潮中淡化

显然,改革已经被束手束脚,难有大的施展空间。而在改革困境的背后,实际上,当下改革时代已过。本质上,改革就是把错的改成对的,把不合理的改成合理的,但当下中国一些领域所面临的问题并不是简单的对错问题。比如,曾经让农村发生翻天覆地变化的家庭联产承包责任制,如今在推动农业现代化上却鲜能着力,但这并不等于就要否定、推翻家庭联产承包责任制,再搞一次类似当年家庭联产承包责任制的农村改革,而是要因地制宜地探索农业现代化的其他各种路径。因为家庭联产承包责任制显然还有其存在的理由和空间,而农业现代化也只是发展农村的一个维度,而不是唯一维度。其中的道理就在于当下中国面临解放生产力和社会协调的双重要求。而这背后更深刻的背景是中国面临五个市场经济(自由市场经济、国家市场经济、全球市场经济、平民市场经济、社会市场经济)的诉求。在五个市场经济下,要兼顾企业、国家、全球、平民和社会五方面利益的协调,才能避免顾此失彼,造成发展失衡,激化矛盾。

这其中首要的要求就是创新经济发展和社会管理等的理念和方式,而不是在市场经济一个维度上做文章。此外,当下中国所面临的经济结构不合理、发展不平衡、资源环境约束趋紧、比较优势减弱等问题，也都迫切需要通过创新来破题。事实上，虽然过去中国的改革是以西方市场经济为参照的，某种程度上是有"模版"的，但在具体实践中也结合了中国国情进行了很多创新，而不是简单照抄照搬，才创造出了中国的发展奇迹。如今，中国学习西方市场经济走到半路，欧美经典市场经济道路却玩不下去了，更需要中国拿出创新来绕过经典市场经济的"黑洞"。换句话说，创新已经替代改革成为当今时代更为迫切的需求，中国更需要从改革红利向创新红利切换。因此，与其说改革已死，不如说当下已不是改革的时代，而是创新的时代。

鉴于此，化解当下中国的错综复杂的矛盾，已不能再纠结在既往的改革理念、思路上，而是要直面时代的变化，把握住五个市场经济来推动经济和社会的发展。这也就意味着简单地将着力点放在消费或者供给哪一端都是与时代发展的要求背道而驰的，未来更多在于通过创新勾兑五个市场经济的消费和供给。其中，自由市场经济中消费的权重大，然而围绕自由市场经济的生产、消费方式面临极限，而在后四种经济形态中，供给的权重较大，所以，今后更在于激发、鼓励各种创新，促进五种市场经济的平衡发展，消解消费与供给的矛盾。而改革则将在创新开辟的道路中逐渐淡化。

冷经济、热改革的未来前景

尽管在改革过程中已内置了市场化的内核，但实际上谁也不敢在经济增长上掉以轻心，这也是政策由微变强的宿命所在。

首先，保增长实则是保就业、防社会风险。2015年，阳春三月中国经济并未呈现旺季复苏态势，而是继续探底之旅：GDP三季度同比增速，史上最低；PPI连续44个月持续下降，史上少有；CPI同比增速在"1"附近游荡，通缩阴魂不散；房地产行业投资增速更是跌破10%……新的经济形态也仅是"才露尖尖角"，何以对抗钢铁、煤炭、水泥、造船等15个行业的产能过剩。稳增长背后的保就业也不如看上去这般美好，尽管从城镇登记失业人数来看，失业率仅在4%左右，但事实上最大的隐患则在于未被纳入统计数据的"隐形人群"（在乡失业人群），基层社会骚乱（如2009年社会群体事件）也为社会安定埋下了"不定时炸弹"。这也正是出台一系列税收减免政策扶持"万众创业"根源所在。

其次，经济平稳发展是应对国际上围追堵截的唯一筹码。不同于俄罗斯"秀肌肉"的外交政策，中国以经济开路式的外交决定了增长和改革的空间，且不说"一带一路"突围美国重返亚洲战略需要真金白银；加之，尚在路上的人民币国际化也需要强劲经济实力为其做背书；更别说TPP（Trans-Pacific Partnership Agreement，跨太平洋伙伴关系协定）谈判意图将中国排除在新规则之外，还需中国用经济向好这张牌来吸引澳大利亚、韩国等周边国家，从这个层面上看，稳定经济发展也是势在必行。在冷经济的背景之下，热改革也让改革"变性"。改革有浮在面上的，有深潜海底的。各项经济领域改革轰轰烈烈，摆在明面上，让大家有目共睹，奔走相告，但有些改革却是潜伏在底下的，只做不说，静悄悄地积小直为大拐，如13次中央深改组会议有9次涉及司法改革，依法治国、权力制衡的制度设计在紧锣密鼓地架设中。此外，类似统一税号、不动产登记等看起来不起眼，甚至于当下无甚好处的改革，其实为未来的改革大手笔埋下伏笔。

同时，改革有虚有实。如自贸区的真正要义在于改革可复制、可推广，以及应对国际经贸新规则，既实也虚。降税清费、公车改革、公务员社保并轨、公积金透明化等都是实实在在的改革，但教育改革、国企改革（混改）、金改等核心领域则雷声大雨点小，动作很大、姿态很好，却无实质性进展。由此可见，看似热闹非凡的改革实则极为复杂，且很多时候会亦真亦假、弄假成真、虚实切换，难以简单判断，使得形势更显扑朔迷离。然而，归根结底，改革深度直接决定中国经济未来的高度，而改革的深度，如同历史发展一样，只能取以上种种改革合力的对角线，好在这条对角线明显指向真正意义的改革。换个角度来看，经济形势与改革态势严重背离，意味着底部正在确立中。

第二章 中国经济换挡时刻

政策驾驭不了三驾马车,中国经济断档论甚嚣尘上,殊不知,在"老经济正在下台,新经济姗姗来迟"之际,中国经济正在切换频道。

GDP增速6.5%~7%的底气在哪里

中国经济是断档还是换挡

中国经济欲振乏力,一系列糟糕的数据在敲击承受底线。制造与投资的失速下行,综合反射到GDP增速,尽管市场已做好了"坏"的预期,但权威部门公布了2015年全年GDP的增长为6.9%,创危机以来最低增幅的残酷现实,还是击垮了某些厂商、学者、官员心存侥幸、期望"空翻多"的美好幻想。悲观情绪笼罩,"中国经济崩溃""中国经济没救了"等极端言论满天飞。不过,也有一些稳健的专家认为中国经济并非简单直接地从"天堂"进"地狱",而是站到了"十字路口",顺势拐进"发展换挡期"。有关经济走势的争论仍在蔓延,中国经济究竟断档还是换挡?

"中国经济断档论"风生水起,甚至弄得普通百姓都心有戚戚,有其颇能立得住脚的理由。

1.投资降温的大势难以阻挡。且不说工业投资持续受制于产能过剩和环保压力,单单是房地产投资的降温就难以小觑,2015年一季度商品房开发投资虽然增长了16.8%,但销售面积却下降3.8%,后续投资增长难以为继。另外,铁公基[1]投资过去基本靠地方政府推动,靠地方债融资和财政收入来支撑。但市场化改革背景下,民间投资逐步扛大旗,地方政府难有作为,而地方债、影子银行的潜在风险也让各方备感口袋吃紧,没了水源的投资野马如何驰骋?

2.政策救外贸的后手不足。过去十余年的外贸高增长是依靠加入WTO的红利,如今,新的全球贸易规则还在重构,外贸规则的新红利尚未浮出水面。而政策驱动也显得力不从心,虽说出口退税可以刺激出口,但日渐庞大的出口退税已成为财政不能承受之重。更何况,各国贸易战此起彼伏,人民币稍一贬值就遭遇外部压力,显然,政策救外贸只有"四处灭火"的尴尬,而无主动出击的后劲。

3.消费难以被政策驱动。从投资驱动转向消费驱动的口号喊了很多年,但消费占比仍处于一半左右,消费的结构转变并非一日之功。且不说大众的消费能力尚被房地产消费绑架,上调最低工资对大众消费的刺激也十分有限,加之,过去的腐败消费、高端消费也被反腐所抽离。此外,中国上演疯狂式海外购物,据统计仅2014年春节前后10天左右的时间,中国游客在日本花了近60亿元人民币用于购物,而2014年出国游带动的海外消费就超过万亿人民币规模,中国食品安全遭遇信任危机、中国制造需要最后一公里突围、商业环境带来的体验差……以上种种消费负面因子,并非政策所能为之。

如此看来,似乎经济走入"冰冻期",然而,新一轮市场化红利、改革红利

---

[1] 铁公基:指铁路、公路、机场、水利等重大基础设施建设,亦可泛指由政府主导的大规模投资性建设。

正逐步填平旧红利消失之后形成的洼地，并顺势将经济引入新的发展轨道。中国经济断档是表象，换挡是实质。

中国经济换挡的动力究竟在哪

那么，支撑中国经济换挡的动力究竟在哪？

长期以来，政策是官方加大经济马力的藤鞭。1998年亚洲金融危机当头，中国的财政、货币政策双双来了个180度大转弯，由"从紧"转为积极、扩张，经济景气牛冠全球，但"后遗症"聚集性爆发宣告了政策刺激的运作空间已逼近尽头。可以说，如今原有粗放型模式不仅乏力，还得进一步去产能，不仅是工业产量、工业园区，更有商业地产，甚至新型城镇化节奏本身都要"去产能"，再去"打激素"有违客观大势。

一连串负面效应已经为"政策拉动经济"做了反面注脚，一些忠诚的改革者以"乌鸦嘴"重新唤起改革的热情。鉴于政策干预、政府投资经营广受诟病，放控交替并举、"让市场起决定性作用，更好发挥政府作用"的改革迎面扑来。诚然，"市场配置资源"内置有激励机制，能够解放和发展生产力。回顾中国历史，1978—1991年年均增长9.27%的经济萌动期及1992—2011年年均跃至10.4%的黄金增长期，1978年的新旧体制过渡及1992年的全面市场化改革就功不可没。从增长替代的角度看，当下仍确实需要新一轮改革来释放活力。但"彼一时此一时"、此改革也非彼改革，早年的改革是在相对呆滞化的体制内单向度引入市场活水，因而能够效力迸发。而眼下改革已进入深水区，微观领域向市场放开与政府功能切换双向叠加，政府转型为市场深化开路。虽说微观放活会在长期内为GDP加分，但其前提是政府从经营领域退出，规则、监管、服务功能更高一筹，这样的"市场起决定作用"至少在短期内还将进一步打压GDP。佛山南海开出广东首份行政审批"负面清单"，政府去投资化进入快通道，2014年一季度GDP同比缩水4.72个百分点（从9.2%下行到4.48%）即是明证。由上可知，"政府转型+

市场深化"的改革红利收在长远，对当下的GDP数据却有害无益。

至此，无论是政府主导的政策，还是调整政府与市场关系的改革，都对经济"弄巧成拙"。如何破解这种悖论性难题？福卡智库在1998年基于对国内工业化和城市化发展程度、国民禀赋、庞大市场规模、区域战略纵深及潜在改革空间的现实考量，提出中国经济将进入长达几十年起飞期的论断，至今，这"5+1"基本动力还远远未用尽消退：中国的工业化正与信息化、智能化深度融合，无论纵向升级至全球工业链条的高端，还是横向转型至服务经济，甚至体验经济，都有足够的底蕴支撑经济稳健增长；中国的城镇化"集万千宠爱于一身"，逐步转到提高质量的内涵上来，将产生内生性增长动力；中国有13.6亿统计人口及9.2亿劳动人口（16—59岁），能够托起一定规模的消费、产业体量；中西部区域广阔，将激烈上演发展竞技赛，成为稳住GDP的定海神针；包括人民币国际化在内的金融改革、国企绩效改革等，将赋予中国经济新的承重墙。鉴于以上机缘，起飞期还将延续1~2个年代；在这个过程中经济增速即便下跌，也属高位横盘下的小幅回摆，起飞期的大趋势并不会动摇。把握了这一点，就会对一时的数据变幻"猝然临之而不惊"。

综合对政策、改革、机缘影响的比较分析，各自的权重依稀可辨。若一言蔽之，现实经济中政策、改革、机缘同在，但其重要性是有逻辑关系的，不是"政策—改革—机缘"，而是倒过来。中国"缘"集中在"5+1"，机缘保证经济的基本面，可以说，讲定力，有缘在就行；点到位的改革（市场放活）对经济起优化、提升之效，政策对经济却多是"进二退三"，因此，论作为，改革权重远大于政策。若用一句话来总结，"顺应机缘、改革动真格、淡化政策"是中国经济动力的奥秘所在，一旦领悟并践行此玄念，中国经济将行稳致远。

维持GDP6.5%~7%增长的底气在哪

此外，以下三个方面的时空对冲，也足以让实现GDP增速6.5%~7%的目标底气十足。

1.宏观调控的时空对冲风险爆发的时空。不难发现,当下的政策意图在于实现多重目标,既保证合理的增长,又保障合理的物价水平,还保障适度的改革进程,更保障适度的就业水平,为此,风险控制就成为重中之重,一旦形势需要,就会接连亮出政策底牌。如从交通水利建设、棚户区改造到定向降准。而且,宏观调控还有后手,足以将潜在风险消解于无形:房地产库存高企,但各地纷纷放松限购,投机性需求、刚性需求有望被激活;中小企业遭遇融资难,但降准、降息仍有空间;地方债存在违约风险,但仍有借旧债还新债、债务展期、债转股、出售国资还债、中央兜底等后备措施;虽然去产能打压经济,但基建加速又对冲去产能。如此多的政策后手足以将隐患扼杀在摇篮中。

2.改革进程的时空消解危机进程的时空。中国的市场化改革始终呈现着危机倒逼式改革,即哪里有危机,哪里就会有改革。于是,危机多一点,改革也就多一点,结果危机又会少一点;同样的,危机快一点,改革也会快一点,结果危机又会慢一点,从而呈现出危机与改革的跷跷板效应。这样,从某种意义上来说,中国始终不存在危机,而只存在着危机与改革的动态平衡。毕竟,改革仍有很大的空间,包括金融、财税、国企、自贸区、行政审批体制、民营经济等多个领域,一旦这些领域的市场化改革逐步铺开,相应的改革红利足以消除因市场化不足而引发的危机。反腐工作的成效卓著,加速改革进程很可能成为重头戏,而2016年下半年可能就是改革提速的时间起点。由此,逐渐破局的市场化改革,有望转化为经济形势的新转机、新空间。

3.创新的时空争取到结构调整的时空。中国当下的经济问题,在相当程度上表现为经济结构的问题,即:以技术、创新密集型产业替代资本、劳动密集型产业,以消费驱动替代投资驱动,以服务业发展替代制造业发展,以绿色智能工业替代污染性、落后产能,于是结构调整也就成为普遍的共识。一旦经济的结构性问题得到解决,各种风险和危机也就迎刃而解。虽然官方始终承担着调结构的舵手角色,但真正调结构的力量却来自民间的创新力量,即商业模式与技术变革的创新。如今,中国经济山寨、伪劣、低附加值的刻板印象正在被打破,如国内近期首创的全息手机风靡一时,3D打印的研发也热火朝天。随着劳动力、土地、资源的红利退潮,企业势必转而向创新要红利,技术创新、商业模式变革还将层出不穷,中国出产本土化的苹果、特斯拉并不是梦。如火如荼的创新将为经济结构调整争取充足的时间和空间,并为下一轮经济起飞夯实基础,下一个年代的人们谈论最多的,或许不是"中国制造",而是"中国创造"。

进一步来看,以空间换空间、时间换空间的手段化解危机,也是中美惯用的手段。不过,中国与发达国家在时空上的腾挪、对冲却有显著区别。鉴于美日欧普遍处于接近零利率状态,政策后手只能靠政府发债来注入流动性,即本质是以时间换空间的被逼无奈,结果将企业债务、金融债务转化为政府债务,将社会危机转化为政府危机,将当下危机转化为未来危机,未能从根子上化解危机。因此,发达国家本身的腾挪空间有限,一旦政府信用坍塌,势必转化为"出来混迟早要还"的宿命。相比而言,中国则既有时间换空间的腾挪,也有空间换空间的腾挪,即依靠当下现存的空间(如利率与存准率调整、基建投资、改革空间、创新空间等),转化为经济高位横盘的空间,因而,中国的底气更足。

洞察人民币汇率、利率、准备金率

人民币汇率"变脸"

2015年的人民币汇率用"精彩纷呈"形容丝毫不为过:8月11日,人民币一改稳定而坚挺的"惰性货币"形象,仅在四天内就对美元实现4.6%的跌幅,8月中旬后在岸与离岸汇率之差一度跃升;因贬值创下的8月资本外流"历史最高"之后,央行不得不祭出大招开展"人民币保卫战";10月,在央行"双降之后",离岸与境内的汇差再度拉大到近500个基点;11月,IMF推迟特别提款权(SDR)评估让人民币"入篮"前途未卜,跌跌撞撞之后,12月1日,人民币终于顺利冲关SDR。然而舆论对"人民币入篮"后是贬、是稳、是升争议不断,境外机构认为"贬"将是主角:高盛将2016年年底的人民币对美元预期下调至6.70;瑞银则给出人民币对美元跌至6.80的预判;摩根士丹利语出惊人把人民币作为2016年看空的"顶尖交易",认为年底人民币对美元将跌至7.00。相较之下,境内机构则显温和,认为"稳"仍是题中之意,譬如中金认为人民币对美元2016年将维持在6.50,再如招商证券预估中值在6.40。那么,2016年人民币汇率将何去何从?

客观而言,诸多因子似乎构筑了人民币兑美元"贬"的内在动力。首先,中美经济分道、利差扩大。2015年三季度,中国GDP增速跌破7%,就连金融业10月数据也难有亮色:证券交易额两市成交量增速从二、三季度的10倍、3.4倍回落到2.5倍,而金融业10月营业税从19.3%大降至9.7%,企业所得税也大降10%。再看制造业,以钢铁行业为例,2015年前三季度资产负债率超过80%的上市公司就有11家,占比达到24%,面临"清盘"局面。在此背景下,2016年央行降息、降准为经济助力仍可期。另一厢,2015年美国11月新增就业人数21.1万人,高于预期的增加20万人,失业率稳定在5%,为美联储加息扫清最后一块障碍,12月加息呼声渐高。其次,人民币"虚升实贬"。一方面,人民币对外升值,据统计在过去10年人民币实际有效汇率已经升值约60%;另一方面,中国货币体量已是全球之最,加之人民币非自由兑换,换汇造成的二次货币洪水只能在内部消化,即便在中国通缩魅影之下,人民币对内仍旧"钱不值钱",譬如2015年CPI同比增速虽徘徊在"1"左右,但北上广深仍然领跑全国房价,据链家统计数据,前三个季度一线城市房地产价格大概涨了18%左右,深圳更是"一枝独秀",11月深圳平均房价突破4万大关,同比涨幅超过40%。最后,随着中国经济更加世界化、全球化,人民币与美元脱钩背景下,在非美货币兑美元大幅贬值的情况下,人民币汇率也需要进行修正。据商务部数据，2014年1月至2015年6月，人民币实际有效汇率上升9.5%，同期欧元、日元、澳元、巴西雷亚尔和卢布分别下降10.8%、9.3%、5.3%、8.3%和17.7%，人民币相对于英镑、韩元、南非兰特和印度卢比也小幅升值，贸易的多元化与汇率钉住制之间的矛盾在中国1月到7月对东盟出口下降中已有体现，此外，2014年以来人民币对美元升值是在经济疲弱的前提下进行的，硬撑色彩明显，也需要纠偏。

人民币均线在哪

单从市场因子来看，"人民币陪美元兜风"的游戏理应结束，但是维持人民币汇率的稳定无疑是保障人民币国际化、"一带一路"战略顺利实施的关键所在。更何况，"人民币入篮"也仅是人民币国际化的关键一步，真正实现结算货币、投资货币、储备货币需要人民币表现"定力"。尽管人民币在贸易结算中占比已位列全球第三，但仍无法与美元、欧元比肩，2014年二季度到2015年一季度的数据表明人民币在贸易金融中的交易仅占比3.9%，远低于美元85.7%的比例，也低于欧元7.2%的比率；同时在跨境支付中人民币仅占比1%，甚至落后于瑞士法郎、加元、澳元等非储备货币，仅位列第八。此外，尽管坊间认为"人民币入篮"将提升全球对人民币资产的需求，从而推动人民币汇率升值，但事实上人民币资产的需求提升并非"立竿见影"，单从欧元经验来看，欧元入篮后各国央行、国外主权财富基金、国外多边机构也花费了四年时间才实现储备货币的调整，更何况世界对人民币资产的需求多少、速度从根源上取决于资本项开放的程度、金融改革的进度、人民币债券的流动性以及汇率的相对稳定，因为一旦人民币大幅贬值，且不说在全球经济低迷之时对出口无益，更何况贬值超出预期引发大量资金外流，将重创中国经济，这也是2015年8月汇改之后央行出手干预外汇市场的原因所在。因此央行仍有必要稳定人民币汇率来提升"走出去"大战略的投资收益，以及人民币资产对外资的吸引力。同时，央行也有能力维持汇率的稳定。据兴业证券测算数据，目前央行的潜在兑付压力资金规模为11万亿~16万亿，而央行的外储规模在23万亿左右。但不可否认，考虑到"811汇改"给人民币汇率带来了新变化，譬如市场对人民币汇率的稳定预期被打破，需要在动态中寻找平衡；又如根据上日收盘价制定中间价赋予市场参与者更多定价空间；再如人民币冲关SDR、允许境外央行参与境内外汇市场、人民币跨境支付系统上线等一系列举措，都让人民币市场化改革大幅向前推进。这意味着，2016年在趋势定价方面，内部权重将下降，外部权重将上升，也使得2016年人民币汇率将充满市场底与政策底的勾兑气息。

诚然，从2014年年初至2015年3月4日人民币兑美元即期汇率累计贬值了3.58%，但同期人民币几乎对全球所有非美主流货币呈现升值态势，Wind（万得）资讯数据显示人民币兑欧元即期升值超过16%，对英镑升值3.69%，对日元、澳元升值均接近10%，对新西兰元升值超过11%，对马来西亚林吉特升值超过5%。总体上，人民币兑一篮子货币的人民币实际指数累计上涨9.06%。鉴于12月3日欧洲央行在货币政策会议上决定2016年欧元维持"负利率"的同时延长每月600亿欧元的资产购买计划，在利差之下，可以预见欧元兑美元在2016年仍将维持跌势；加之，后危机时代，中国需求仍然疲弱，大宗商品仍处于探底阶段，俄罗斯、巴西、澳大利亚等资源依赖型国家货币或难有起色。因此，福卡智库认为2016年人民币兑美元汇率将稳中趋贬，兑非美货币仍将保持升值态势，总体而言，人民币兑一篮子货币仍将维持0~1%的升值幅度。

就离散度而言，一方面，在汇率市场化背景之下，未来人民币在岸价格与离岸价格收窄并趋于一致将是大势所趋，但就当下而言，离岸人民币汇率在多数情况下能够领先在岸汇率，优先体现市场对未来的预期，随着美元加息、中国经济问题暴露等信息的释放，2016年离岸人民币汇率波动将更为频繁，在岸、离岸价差扩大成为可能。另一方面，随着资本账户开放加速推进，同时，战略新兴板、科技创业板"箭在弦上"，科创90%都要失败的特征本身也为资本提供了题材和战场，资本借道沪港通、深港通进行题材炒作本身也会牵动汇率市场波动，股灾之后资本外逃拖累汇率市场就是例证。因此，福卡智库认为2016年人民币对美元汇率离散度将加大，波幅或扩大到5%。

存款利率与准备金率

在上述背景下，既要防范与美元脱钩过程中形成贬值预期诱发资本大规模流出冲击金融市场的风险，又要加速资本市场的开放进度完成人民币国际化的下一步，还要维持适度降准、降息来为经济提供弹药。可以预见，蒙代尔"不可能三角"将在中国变异，最终或将形成"资本账户的有限开放""汇率的相对稳定"以及"货币政策在一定程度上独立"的弹性三角，借此来完成保持增长、维护金融系统稳定的双重目标。

2016年货币政策将走向何处？尽管当下货币政策在版本升级，不断创新，但面对日益复杂多变的形势已愈来愈穷于应付。金融业态的多元化，金融工具和金融产品的丰富化，金融市场的交易方式多样化和复杂化，越来越超出货币政策可管控的界限，特别是各种金融创新使得流动性愈发游离于现有货币政策的管辖，传统的货币供应量指标与经济发展、物价的关联性不断走低，比如，互联网金融的大行其道就使得以存款准备金率为代表的数量型货币调控效力被削弱。在这种背景下，福卡智库认为2016年货币宽松的方向不会变化，但思路上会有所调整，从主动到以被动对冲为主，政策重心逐步转向财政政策和供给侧改革。

2016年降息的次数将会明显减少，而降准的次数将不少于2015年。一方面，存贷款利率已经完全市场化，降息的边际作用在递减。降息的意义更多地体现在降低国企等强议价主体的贷款利率和住房贷款利率，但目前住房贷款利率已经从最高时的6.97%大幅降到5%。另一方面降息对贷款利率的影响大于存款利率，会进一步挤压银行的息差，因此降息空间有限。而2016年降准的次数将不少于2015年。一是对冲央行外汇占款的下滑，2015年央行口径的外汇占款大降1.2万亿，而2013年和2014年分别是增加2.8万亿和6411亿，一来一去产生每年近2万亿的基础货币缺口。目前看，2015年12月美元加息的概率已经达到70%，即便12月没加，2016年也会至少加一次息。美元加息导致的资本外流，必须充分降准对冲。二是稳增长的资金需求也需要降准来满足。1998年为了配合财政部发行特别国债，央行曾一次性降准5%给四大行输送火药。2016年专项金融债等公共融资工具会继续放量，这其实也是一种另类的特别国债，如果只是从存量池子里拿钱，那可能会使稳增长的效果大打折扣。

第三章　区域经济格局

> 区域经济协同发展离不开市场到位和架构到位，中国市场经济发展的特定阶段以及协调架构缺失的叠加，决定了中国区域经济只能蹒跚而行。

"4+2" 经济成型

继在中亚提出建设"丝绸之路经济带"、在东南亚倡导共建21世纪"海上丝绸之路"后，中央着重京津冀一体化和长江经济带的两个"推动"，再加上"两区"战略（东北—内蒙古东部地区、北部湾经济区）的延续，六大区域战略成型，一举打破原有四大板块分割（西部大开发、振兴东北、中部崛起、率先发展东部），预示中国进入了区域合作的新时代，区域协同从点到面形成了"一弓双箭"的战略布局（"一弓"为贯穿东部一线的东北、京津冀、海上丝绸之路、北部湾，"双箭"是横贯东西部的"两带"）。面对如此重大的国家战略调整，不仅京津冀方案未出台就陷入副中心争夺战，就连"一路一带"谁是起点之争都不绝于耳。

早在建国初期，全国就被分为沿海和内地两大板块，当时出于战争考量将大批重工业布局内陆，三线城市建设尤甚。直到"南方谈话"吹响改革开放的号角才将重心拉回了沿海——率先发展东部沿海让珠三角、长三角迅速崛起，却导致中西部发展滞缓。于是，为缩小地区差异，先后制定了西部大开发、东北振兴、中部崛起等战略。尤其是2008年金融危机后，国务院不仅确立"二横三纵"重点开发的城市化坐标，先后批复关中-天水、图们江等14大区域规划，还布下"四横四纵"高速铁路网加以催化，足见国家战略从非均衡国策、"先试先行"，向均衡国策、"区域协调"进行版本升级的良苦用心。

而不管是何种区域战略，纵观全球，自古到今，区域经济都存在四大引擎：一是江河经济。且不说尼罗河哺育了古埃及文明，黄河九曲十八弯成就了华夏文明。人类逐水而居，沿江河繁衍生息，向江河两岸流动聚集，以至于文明的曙光总在水波荡漾中闪现，也在繁忙的水运中孕育内陆贸易、港口货运，带来城市经济的发展。二是沿海经济。伴随蒸汽机的出现，海洋成为商品跨洲交流运输的主要途径，人类乘海洋之便利，向海洋沿岸集聚。因为沿海拥有港口、海洋、腹地等优势，又能发挥对内通道功能，从而造就了对外经济的蓬勃发展。中国35年的开放，成就就主要在沿海，人口仅占全国38%却创造了超过半壁江山的GDP。三是高速公路经济。正所谓"要想富，先筑路"，高速公路打通地方奇经八脉，创造GDP的同时诱发沿线产业带的形成。美国当年就是借助高速公路的修建成就了汽车业大发展，沿线兴建大型购物中心推动城市郊区化才发展出大量卫星城。如今我国编织前所未有的密集的高速公路网，无疑也打着这一如意算盘。四是高铁经济。伴随高铁成网、动车公交化，沿线城市间时空距离的压缩大大推动了同城化的资源互通及城市群集聚，比如京广高铁的全线贯通就串联起五大都市圈，一个个新城因高铁而兴，核心城市也在做大中加快对周边辐射。东京都市圈的五次大规划都以轨交带动城市，才成功由单中心转向多核心的功能分散。同样，高铁之于中国，是以高铁的速度来换取内部经济空间的重新开发利用，这无疑是一场

经济地理革命!

更进一步比较可以发现,从人力桨船到汽船货轮、从汽车到高铁,区域发展的背后离不开交通工具的进化,并随交通速度的提升,其经济拉动力增大。虽然正是江河湖海之畔,仅占地球面积的19.2%,却集中了60%以上的人口,成为地球上繁荣发达的富裕地区,但如果说江河经济的蓬勃是因为陆上交通不发达,沿海经济是航运技术和航海发展的产物,那么如今高速公路和高铁早已比之更便捷、更高效。毕竟"两高"代表了工业经济的顶峰,而江河、沿海的水运仍带有传统农耕文明的烙印。这么多年"黄金水道"的开发协调艰巨,其难题不仅在于江桥、河坝、航道水深的制约,单最大双向通过能力仅1.5亿吨,就将导致三峡大坝船闸进入船只大拥挤;而且,如今港口竞争激烈,规模化、专业化港区不足,海陆空的衔接不畅导致无法发挥长江水运的优势和潜力。单靠黄金水道搞运输串起"珍珠链"、构筑东中西部联动,恐怕心有余而力不足。

因而,区域调整的重头戏还在"两高"经济:一是靠高铁打造都市圈,这是出于城市发展规律的调整,重在内部协同发展。当前京津冀在"双核太胖、周边太瘦"下陷入畸形发展,环京津贫困带即是明证。其一体化不仅是环保治霾等联动,更在于打破行政区划、分税制造成的利益割裂。至少,未来首都将集中体现核心职能,溢出的其他功能和产业势必成为周边渴盼的"香饽饽",只不过,若北京只是"甩包袱",河北则"来者不拒",那么所谓的产业调整也只是换汤不换药罢了。二是靠高速公路、高铁重走"丝绸之路",这是出于地缘政治的考量,重在重塑周边外交。毕竟中国崛起后首要面临的就是地缘危机,而"一路"之于东南亚国家、"一带"之于欧亚斯坦国,背后深藏"经济同化"、打造区域共同体的长远谋略。由此,不管是对内还是对外协同,都离不开一张交通物流网的构筑,因此"两高"将成未来建设的重点。

正在这一区域经济新格局下,四种经济在同一时空叠加发展无可厚非,但如何使其水乳交融,还要看"两只手":一是市场的配置之手,"让市场起决定性作用",尽管吻合市场规律,但任由资源自由流动、自我匹配,最终将导致市场失灵。倡导市场原教旨的美国就尝到了这一苦果。如果在区域经济上如法炮制,那么大城市只会越来越大,又如何发展小城镇?这显然与新型城镇化背道而驰。二是政府行政之手,"更好地发挥政府作用"。从当年抗日迁都让重庆脱胎换骨,到如今政府经营城市的惯性思维,为纠偏市场失灵还真缺不了政府干预。这让有关方面不得不在某些失灵领域硬性地代替市场进行资源配置,更进一步体现国家战略,其两重性尽显无遗。"一路一带"就牵着市场交易(经济上兑现真金白银)与政府谋略(政治上预埋国家战略)两头。

未来区域发展显然离不开"政府+市场"的"二人转",在市场的真与假、行政的收与放之间做好平衡是关键。一方面,中国"诸侯经济"各自为政的时代已然过去,未来出于全国一盘棋的考量,城市发展将从点到面,步入都市圈、城市群的新时代。不管是小区域一体化还是大区域板块化,未来的市场将逐渐脱离行政区划的束缚,不排除出现凌驾于地方之上的区域权力机构,以区域发展规划及长效合作机制促进各地协调发展。另一方面,新一轮区域战略将重塑地缘优势,比如"长江经济带"就将武汉、重庆提升到与上海相媲美的高度,新疆也成了丝绸之路经济带的"桥头堡"。于是在区域经济新格局下,不同城市将在"十三五"重新定位,比如武汉的崛起,周边如何调整?北京部分功能的放弃,河北如何承接?或许只有以未来引领今天,站在市场角度去规划,才能更好地优化资源配置,促成六大区域战略"浑然一体"。综上也就不难预判,未来江河、沿海、高速、高铁这四种经济或在政府与市场"二人转"中逐渐释放区域经济强大动力,从而成就中国从"城市—都市圈—城市群—经济带"一步一个脚印的空间拓展之路。

协同发展：市场+架构

随着《京津冀协同发展规划纲要》的下发，京津冀协同发展再次被寄予厚望。相比以往，这次推动京津冀协同发展的规格和政策细致程度（不但具体到企业搬迁区域、道路修建起止，还有相应的进度表和问责制）都超越过往，一派"志在必得"的阵势。然而，从最早1985年有学者首次提出"大渤海地区"概念，再到后来的"环渤海经济圈""首都经济圈"等提法，类似推动"京津冀区域"协同发展的思想、政策、战略已经"几度风雨，几度春秋"，如今依然被"不协同"所困，也实证了区域协同发展的难度和困境。

虽然北京的特殊地位让京津冀协同发展横生了更多枝节，但本质上京津冀协同发展之困依然是中国区域协同发展的缩影。多年来，推动区域协同发展一直是政府孜孜以求的一件大事，但也是一个迟迟难以有实质性破解的难题。自20世纪90年代初"区域协调发展"的战略方针首次提出以来，各种以促进区域协同发展为目的的城市群、经济圈、产业带、协作区、工业走廊等早已遍地开花，虽然也小有成就，但资源的跨区域调配中行政壁垒森严、地方保护主义盛行、市场分割、跨界水污染等纠纷、冲突层出不穷，水污染难以有效综合治理、各种跨区的重复收费、"断头路"等现象广为存在等都表明区域经济发展远未达到预期。

对于这种状况，一些人将其归咎于地方政府缺乏眼界和合作精神，"只顾自家田，各打小算盘"。但实际上，区域经济目前的发展状况具有阶段必然性，即中国市场经济不到位注定了区域经济发展的磕磕绊绊。由于市场经济不到位，"诸侯经济"在很大程度上左右市场格局，市场的要素流动、产业空间分布、企业布局很大程度上受制于行政分割和利益。尽管与20世纪80年代相比，伴随着中国市场经济的持续深入推进，以保护本地市场、资源为目的的各种禁止或限制要素、产品进出的行为已经渐渐退隐，但对本地企业、产业的各种隐性保护依然如影随形,有些地方政府甚至通过制造收购兼并障碍、陷阱等方式,限制外来企业的竞争。资源的市场化配置被阻遏。与此同时,中国市场化发展的企业也尚未成长到可以进行横向通吃,推动产业洗牌,在全国范围内重新布局的地步。这自然导致地区间深陷同质化竞争难以自拔,阻滞区域经济协同发展的进程。

遍地开花的钢铁企业就是这种状况的鲜明写照。在地方保护主义下,钢铁业的去产能和兼并重组进展缓慢,2013年年底,中国前十家钢铁企业的市场集中度仅32.4%,前四家企业的集中度只有21%左右,而日本前四家钢铁企业的集中度是78%,美国是67%。钢铁行业并非特例,船舶、水泥、化工等行业都存在这样的问题,地方政府用行政手段"保全"企业的做派导致企业"小的死不了,大的活不好",自然无法成为推动区域经济协调发展的主力。因此,尽管国内对发达国家区域经济成功经验的总结可谓林林总总,汗牛充栋,却难以在中国落地。毕竟,不管是以自然发育为主的美国,还是有着明显政府干预的英德法等欧洲国家以及亚洲的日韩等,其区域经济协调发展的前提和基础都是充分的市场经济,产业、要素自由流动、聚集是驱动经济圈形成的核心驱动力。在欧美日等发达国家城市群发展中,企业是推动区域间形成产业的有机分工与联系的主体,就拿日本为例,在企业为获得最佳效益而采取纵向联合、空间分散的生产组织方式过程中,成就了琦玉县和神奈川县等的钢铁、化学工业、电气机械制造业基地的地位,推动了产业在都市圈内的有序布局。

那么,这是否意味着只要中国市场经济到位,区域经济协同的问题就可以迎刃而解?市场当然不是万能的,区域协调发展难免会遭遇矛盾冲突,势必需要超越市场主体的权力架构来协调化解。中国区域经济发展进程中,中央政府一直是积极的主导者,地方政府的态度跟着利益跑,并不积极。更进一步来说,在构建协调区域发展的架构方面远远没有到位。在市场不到位的背景下,架构不到位无疑更是雪上加霜。这也解释了为什么区域经济概念很火,各方面着墨很多,收效却有限。上海洋山港从决策到建设拖延多年,也反映了缺乏区域协调架构的硬伤:由于涉及浙江产权和宁波港定位问题,双方难以有效沟通,往往要依赖交通部甚至国务院出面协调,严重影响效率。

其实,欧盟就是一种协调地区发展的大架构,通过这个架构体系的建立,促进欧盟区域的协同发展。在这一点上,尽管欧盟还存在这样那样的问题,但其无疑开创了区域协调发展的最高范本。如果说这个例子还有些高大上,密西西比河的开发治理经验则更切实地证明,区域协调发展离不开一个行之有效的"操盘手"。这条流经美国31个州和加拿大2个省的北美洲最长的河流之所以能够实现有序开发和治理,避免上下游之间的利益冲突,关键在于1879年成立的密西西比河委员会的综合运筹。实际上,即便是以市场自然发育为主的美国城市圈,背后依然有相应的权力架构运筹其中的影子。尤以纽约区域为代表,1922年纽约大都市区成立区域规划协会,分别于1929年、1948年和1966年发表了三份地区规划,从而为纽约大都市区几十年的发展打下了基础。而北美五大湖都市圈由于地跨两国(美国和加拿大)及五大湖区,缺乏统一的区域规划,结果导致主要城市之间的联系松散,城市功能和主导产业上远未形成错位发展、各具特色的格局,以至于五大湖地区的51个城市不得不在2003年成立了一个区域协调委员会来补统筹协商发展的"课"。

显然,区域经济协同发展离不开市场到位和架构到位,也就是说,只有建立起与市场相匹配的协调架构,双轮驱动才能够使得区域经济有序、高效推进。中国市场经济发展的特定阶段以及协调架构缺失的叠加,决定了中国区域经济蹒跚而行。以此观之,虽然此次京津冀区域协同发展重整旗鼓,高调出击,但在市场和架构都不到位,特别是市场驱动力量薄弱的背景下,过程波折在所难免。不过,考虑到中国新一轮改革以及市场经济逼近"最后的惊险一跃",以京津冀区域协同发展重启为标志,中国区域经济未来将迎来崭新的局面。一方面,京津冀协同发展的现实压力和诉求将会倒逼这一区域在市场和架构方面率先破题。无论是北京产业外迁、"向外甩包袱",还是河北承接北京产业转移,单纯的行政力量或者市场"自下而上"的推动都是不现实的。毕竟，在北京虹吸效应下，河北自身缺乏吸引产业集聚的能力；而依赖行政力量的产业转移，其庞大支出势必也将超出各方的承受能力。首钢迁移到曹妃甸的巨额成本已是先例（当年京唐公司投资预算为670亿元，实际使用资金超过730亿元，其中大部分是贷款，每年仅利息就超过30亿元）。这种纠葛的局面将促动超然于市场的架构的组建，从而引导市场发挥更大的作用，撬动企业、资本参与到产业的重新分工、布局中。另一方面，京津冀的破题效应也将成为其他区域协同发展的垂范，刺激中国区域经济发展进入一轮更实质性发展的高潮。届时，中国将崛起比肩世界都市圈的区域。

战略碰撞期下的腹地经济

20世纪中叶以来，战略环境的变迁始终在无形中牵扯着中国经济发展的方向和产业布局的选择。最初发展腹地经济旨在备战。抗战的洗礼令集合于沿海和长江流域的近代工业损失惨重（纺织业损失70%，机器造纸业损失84%，国防制碱业损失82%，盐酸制造业损失80%，全国6344家工厂，损失60%）。解放后，南方援越抗美、西南印度军队骚扰以及北部苏蒙边境陈兵百万的局势又如悬挂于中国经济之上的"达摩克利斯之剑"。一边是建设紧急需求，一边是战争的真威胁，由此，发展腹地经济自然成为承载以"备战"为主要目的的经济战略转移重地，即所谓的"三线建设"。后来转向沿海经济重在发展。"文革"之后，国内经济百废待兴，继续依靠腹地经济发展的保守模式显然已难以刺激出被压抑多年的生产力，而沿海经济反倒可利用平原基建成本低、难度低、靠近港口码头的外向经济等优势迅速迈开经济建设的步子。1978年12月23日，上海宝钢在长江之畔打下第一根桩即标志着中国经济由腹地开始走向沿海。自此，非均衡国策下的腹地经济一定意义上是为沿海经济让了路。而当下，将是沿海经济向腹地经济的回摆。大力发展沿海经济固然成效显著，但其最大的前提是建立在国际形势总体和平的基础上。根据福卡智库的判断，为中国带来高速起飞的战略机遇期即将到头，战略碰撞将成为未来世界格局的新常态。在此背景下，若继续一味强调加大沿海地区的高密度布局将使得安全布置和防范战时风险的效费比同步增大。以北京为例，一直以来，其功能定位不仅是政治、文化中心，更是经济强市，严重的圈地、拥堵、缺水、污染，以及庞大资产的密集集中使得北京在客观上已区别于多数国家首都的功能定位而成为具有极高经济价值的地区，进而也加大了目标价值风险和军事防务的难度。就此而言，京津冀一体化的提出一定程度上也暗含着分散军事风险的考量。以此类推，上海作为特大城市，未来的发展方向同样也不是资源集散型，而更应突出分散化、平台化的功能。

不过，战争意义上的碰撞对于当下的中国而言毕竟是小概率事件，但经济、外交、政治等领域的摩擦势必将在未来频发不断。在此意义上，"腹地经济"不仅仅是战争意义上的战略预埋，更应成为国家在未来全方位竞争中的底牌。相比于以腹地经济承载全国发展的时期和仅靠沿海的增量发展（如外贸、基建等）就足以推动中国经济起飞的时期，国际形势、中国国情两大维度的变迁将赋予腹地经济鲜明的时代特点。一方面，在产能全面过剩的背景下，未来腹地经济显然无法通过产业的直接转移和照搬来继续发挥战略纵深的功能，而需找到符合自身发展的经济模式，成为新动力；另一方面，沿海经济向腹地经济的回摆并不同于过去"非此即彼"的战略转移，而是互补发展，相辅相成。由此推断，未来腹地经济将是一种全新的形态，或将体现为以下六大方面。

1.大件经济。一直以来，大件或超大件产品的最大瓶颈在于，从产地到市场的运输困难，如铁路运输需设备拆解，公路运输需与途中各收费站逐一协调等。因此，过去诸多东北装备制造企业纷纷把在本地运输不便的大型件、特大型件的生产部门向大连、秦皇岛、天津等港口城市转移。然而，随着近几年城市空间利用殆尽，大件经济向外转移已是难以避免，以沿江经济替代沿海经济，利用内陆水运将大件生产与加工由垂直分布转变为以长江为纽带的横向布局或将是为沿海经济"腾笼换鸟"的现实路径。届时，大件经济也将在沿江地带全面开花，成为腹地经济的新特色。

2.大制造经济。随着沿海发达地区逐步进入后工业社会，人口、环境、土地空间几乎都已到了临界。然而，原有大规模制造往往又是国民经济发展、高端产业生产配套所必需，当沿海城市转向高精研贸对接西方，内陆城市吸纳大规模制造承接沿海无疑将是腹地经济的一大特点。而大制造本身不仅将有利于腹地农村人口向城市的转移，在缓解就业压力上也是极大的助力。当然，若要腹地经济真正发挥大制造经济的特点，不仅需要解决经济成本的难题（如运输），更要解决行政成本的问题，毕竟如果政策不配套、服务不到位，大制造产业将面临"腹地转不进去，沿海留不下来"的窘境。

3.备份经济。大数据正颠覆着所有的数据保护手段。据统计，2013年全球每天产生的数据，相当于1500个国家图书馆的信息量总和。遍及各行各业的信息化和庞大的数据交换使得数据安全已成为保障社会正常运行的基础，因此，如何在远离沿海的异地建立备份，当一处系统因意外（如火灾、地震等）停止工作时，整个应用系统可以切换到另一处，使得该系统功能可以继续正常工作将是未来国家安全的重中之重。而西部内陆地区自抗战时期起就具备着避险抗灾的地理优势，自然理应成为未来备份经济的主战场。

4.分散经济。所谓分散即没有中枢，可以避免非常时期被"一锅端"的风险。事实上，如果不是滚珠轴承，德国巴伐利亚州的施韦因富特镇可能只是一个名不见经传的地方。而恰恰是这样一个小镇却承担了德国航空业三分之二的滚珠和滚珠轴承产量（约160万套）。二战时期，在盟军面对德国庞大的工业体系苦无对策之际，正是有专家找到了这一关乎整个德国军事工业的枢纽所在。几番轰炸过后，德国因轴承产量骤减，飞机、坦克、大炮、潜艇、卡车等产量随之大幅下降，最终使德军在战场上全面陷入了被动的局面。毫不夸张地说，德国正是被轴承生产中心的毁灭所拖垮。由此可见,腹地经济在军事战略层面上的特点应当是网状化、没有死穴的经济。

5.刚性经济。福卡智库始终认为,与其将资金投入虚拟金融领域,最终以蒸发形式收场,还不如适当的"铁公基"等固定投资更为直接、实在。不过,刚性经济既然作为腹地经济的一大特点,显然无法用单纯的投入产出或性价比的思维来考量,而从未来视野看,刚性经济至少还暗含了两重含义。一则,公益性。以饱受争议的西部机场建设为例,由于机场在运营中兼具公益性和营利性双重属性,因此往往难以做到两者兼顾。但鉴于腹地经济的发展(无论是此前所述的大制造经济还是分散经济)离不开基础建设的支撑,刚性经济自然也无法完全根据市场供需来决定。就此而言,其公益性似乎还要大于收益性。二则,战略性。据统计,中国西部地区共12个省(区、市),面积685万平方公里,占国土面积71.3%,但却仅拥有全国50%的机场,看似不经济的刚性建设若从战略碰撞的角度来看(类似于在高速公路"暗埋"战时运输飞机起降预备跑道),其发展正方兴未艾。

6.两用经济。两用经济强调的是战时转产能力,即平时为民用生产,一旦军事需要可迅速、机动地转为军用生产。如日本的坦克生产虽然只有三菱重工、日本制钢所、小松制作所三家企业,但如果把部分汽车生产线转为生产坦克,年产量可高达一万辆,而日本陆海空三军自卫队装备的导弹有90%是国产战术导弹,其生产的大部分由电机厂和洗衣机厂承担。此外,日本的造船业位居世界前列,并已具备生产航空母舰和核潜艇的能力。据研究机构测算,日本一旦介入国际军品贸易,日本军工厂商将控制军用电子市场的40%、军用车辆市场的46%、舰艇市场的60%。由此看来,既可促进经济又有战略预埋的两用经济或将成为腹地经济的一个主要形式。

综上可见,战略碰撞期下的腹地经济将更多地体现国家的战略意识,但实际上,即使没有国家战略的有意而为之,31个"诸侯经济"本身的"公司化"特征也同样会导致分散化、网格化的结果。"诸侯经济"来自财政"分灶吃饭"为目标的地方包干，虽打破了统收统支的财政体制，调动了地方积极性，但也为地方政府"公司化"种下了因果。从政府规划上看，无论是从省到市还是县，除少量地区特色外，几乎多是面面俱到、门类齐全，如资源地区要求就地加工，加工地区要求就地开发，以至于大小地区之间结构趋同；而地区间对内开放、对外排他的特点一定意义上更是催生了各地间"自成个体"的形成，而这恰恰与未来的腹地经济殊途同归。

决胜东北？——经济偏态、市场滞后

"东北告急！"这个"被振兴"了两轮（十六大、十八大两次提出振兴东北攻略）的区域板块，经济却惨遭滑铁卢。2014年黑龙江、吉林、辽宁三省经济增速全国殿后，分别是5.6%、6.5%和5.8%，已"滑出经济合理区间"。2015年一季度又延续了2014年全国GDP增速的排名格局：倒数后五位的省份中，黑吉辽占三席，黑龙江、吉林分别以4.8%和5.8%的同比增速排名全国倒数第四、倒数第五，辽宁以1.9%的超低增速更是位列全国最末。三省的规模以上工业增速分别为0.2%、4.6%、－5.9%，居全国倒数第三、倒数第七、倒数第一。就目前态势看，东北三省多项经济指标继续走低。可见，东北经济出了大问题。而东北位于中国雄鸡版图的头部，东北"昂"起头，才能带动中西部跟着起舞，眼下东北"打蔫"，或将影响到中国经济全局。鉴于此，国家相关领导人于2015年全国两会后首次离京考察，便将目的地选在了东北，以"半个东北人"的身份，为东北经济把脉断症，并现场"督阵"，东北将要打一场经济突围之战。

若想决胜这场"突围之战"，须从根源上探究东北是为何"沦陷"的。毋庸置疑，历史上的东北当属全国城市的"老大哥"。①地缘及资源优势使得东北开发较早。东、北、西三面与朝鲜、苏联、蒙古相邻的地缘政治优势以及丰富的土地、森林、矿产等资源优势决定了东北自古以来就是东亚、北亚各大政治势力的必争之地，顺势带动该地区的开发。如，1898年俄国建造了东北最早的两条铁路——"满洲里—绥芬河"的中东铁路、"哈尔滨—大连"的南满铁路；1905年，日本在东北建筑了两条窄轨铁路——"安东—沈阳""沈阳—新民"；1911年，日本又在东北边境建成鸭绿江大桥（安东—朝鲜新义州）。交通是经济发展的主动脉，交通网络形成后，东北逐步从小农社会向工业和城市化转变。②新民主主义革命时期东北工业全面崛起。20年代中期，奉系军阀张氏父子推行"新政"，东北形成了以钢铁、煤炭为中心的重工业体系，到1931年，资源型工业总产值占工农业总产值的比重已增加至59.3%，要知道整个中国2003年工业比重才达到57.5%。1932—1945年间，由于日本幕后主持下的伪满当局苦心经营，加上二战后期日本害怕盟军轰炸本土，把几乎所有的工业设施都迁到了东北，促使东北的重工业体系更上一层楼，东北以占中国九分之一的土地和十分之一的人口生产了占全中国49.4%的煤、87.7%的生铁、93%的钢材、66%的水泥、95%的机械，工业体量竟超过了日本本土，雄居亚洲第一。③新中国成立后东北被塑成全国重工业中心。良好的经济基础使得东北成为"集中力量办大事"的重要抓手，鞍钢、大庆油田、一汽集团等一大批国企云集，成就了新中国第一炉钢、第一吨油、第一辆汽车、第一台车床……历经20年的发展，东三省建立起涵盖钢铁、化工、飞机等重大工业项目的全面工业体系，占到中国重化工业份额的90%，"工业摇篮""全国重工业中心"的名号实至名归。资源型产业基础及国企"长子"等"光环"缔造了东北辉煌。

然而，成也萧何败也萧何，改革开放以后"光环"逐渐褪色，以致发展到后来成为东北经济的掣肘。一方面，资源型产业单向发展，造成产业偏态。资源型重工业的历史作用赋予其"独角戏"地位，重大工业一柱擎天，产业升级未及跟上，在经济全球化加速资源全球配置、服务业对GDP贡献上升、中国经济结构变得更为均衡的背景下，东北却向反方向发展，制造业占比由2005年的36.6%升至2008年的50%，而服务业的贡献由38.5%下降到35.2%。产业结构单一愈演愈烈，结果呈现"在东北人的幽默与欢乐之下，是大片暮气沉沉的重工业基地，是大庆油田、一汽汽车打喷嚏整个东北便感冒的经济特征"。而单一支点支撑的经济最大的后果就是一旦支点撤退，整个经济便轰然倒塌。2008年金融危机后，经济进入下行期，产能过剩如退潮，使一个个裸泳的城市浮出水面。东三省七成的煤炭、55%的钢铁、约半数的水泥沦为过剩产能，随着价值规律大显神威，价格一路下坠，亏损面扩大：鞍山的鞍钢2011—2013年三年合计亏损172.35亿元，长春的吉煤集团2013年净利润为−17.72亿元，哈尔滨的龙煤集团2014年亏损额约50亿元。一个又一个的流血点抽干肌体，东北经济大幅减速，被迫纳入全国经济之末流。

另一方面，固守国企原教旨主义，市场滞后，活力耗尽。建国后，大国企制度在东北生根，这种大而全的国企制度对员工的生老病死全面负责，负重过度，疲惫不堪，"东北是全球苏联式经济的最佳典范，苏联计划经济已经垮台了，东北国企还在苟延残喘"，于是，20世纪90年代推行"卖国企、甩包袱"的产权改革，但由于改革不彻底，大量中小国企被卖掉，很多大型国企遗留下来，企业办社会、效率低、效益差的问题依然存在；加上均衡国策下政府"有形之手"趋于强势，2003年"振兴东北"战略出炉，大量政府投资拯救了东北国企，此时的国企改革方向也出现了改变，从之前的"卖国企、甩包袱"变成了"战略重组、做大做强"，东北经济重新回到国企煊赫的时代。"国进民退"效应持续强化，民企更加被边缘化，东北民营工业总产值占地区总产值的比重持续徘徊在30%以下。继而引发多米诺骨牌效应，就业岗位缺少，人口外流。过去十多年间，东北三省成为人口净流出地区。人民用脚投票的直接结果就是东三省经济总量之和只相当于广东一省的88%，三省外贸进出口总额不到广东的20%，黑龙江、吉林两个省的吸附资金总量还没有深圳一个城市多！从根本上可以说，东北经济已被国企"吸干"。

综上可见，产业偏态、市场滞后使曾经的"老大哥"如今变成"老大难"。而地方政府和国企强势、市场活力不够同样也是一种偏态，综合起来，经济偏态是导致东北由盛转衰的根源。实际上，衰退的东北已隐现危机，后危机时代前三块多米诺骨牌分别是美国次贷危机、欧债危机和中国的去产能，第四块多米诺骨牌不仅包括俄罗斯、委内瑞拉、巴西这样的经济偏态、市场经济原教旨的国家，同样包括中国东北这样的经济偏态、制度原教旨的地区。鉴于东北在全国版图中的重要性——革命战争时期，打赢辽沈战役奠定了全局的胜利；经济增速转轨之下，保增长之战也已在东北打响，料想将会为推动全国经济打下基础。关键是，如何破解东北危局？破解东北危局的命门恐怕还在于"抽薪止沸"——既然经济偏态是导致东北危局的根源，祛除经济偏态就是东北危局的治本之策。实质上，对东北危局的破解也涉及对新常态的另类解读：尽管"新常态"源自美国太平洋投资管理公司对2008年金融危机之后世界经济变化的归纳，但被中国学者"拿来"赋予"中高速""调结构""新动力"的本土内涵，其中也内置着让经济偏态走向正态的中国意义。换言之，当下人尽皆知的热词"新常态"包含的含义有"让经济偏态回归正态"，这不仅适用于东北，同样适用于其他地区。

在"让经济偏态回归正态"的"现实逻辑"指引下，各个"偏态"的地区都将踏上"纠偏"之路，只不过不同类型的城市表现形式有所不同。①单一产业城市走向产业协调。哈尔滨、长春、沈阳、温州、鄂尔多斯、神木等城市，或是单一资源主导，或制造业没有升级，天量资金无法找到突破口，转向民间借贷或房地产，最后一根稻草就把一匹骆驼压垮了，压垮哈尔滨、长春、鄂尔多斯、神木的稻草是煤价下降，压垮温州的是出口下滑，共同的现象都是经济大幅滑坡。因此，这类城市将别无选择地通过产业面拓宽、产业链延伸打造实体经济的支撑，如填补非资源产业，配套设计、检测、会展等生产性服务业。②政府、国企强的城市向市场、民企均衡。量大面广的城市并未经过市场经济的熏陶，行政主导经济、国企"一家独大"的弊病犹在，这些城市将不可避免地走上审改备、负面清单式政府改革和市场化改革，尤其是借助国企的市场化放开、混合经济改制，使民企获得越来越开阔的容身之地，国企规范与民企灵活相嫁接，极大地激发经济活力。③偏吃制度红利的沿海城市向结构、功能版本升级。北上广深等沿海城市先得政策红利、外贸红利、人口红利，保持了良好的发展势头，如今这些红利退潮，况且"红利期"也豢养了一批食利投资客，阻碍城市创新发展。鉴此，这类城市将在进一步开放中强化资源配置功能，汲取竞争筹码，角逐国际市场经济。当然，在上述调整中，离计划近的顶层设计因不贴题而难以奏效，说到底还是靠各地的自我纠偏。

香港面临七大坎

目前，香港最深刻的时势变迁就在于社会模式已变。贸易中转站地位随着内地的全面开放而丧失，航运业、制造业随之流失，香港产业空心化，而填补上来的金融、服务业专业性强，仅局限于高端就业，中下层就业能力下滑，加上"高房价、高通胀、高公用事业价格"，普通民众更加贫穷；但少量地产富豪从中得利，富可敌国，"离岸中心"又为大富商、大财团带来财富倍增效应，以致两极分化相当严重。目前，香港最富有的一成人口的收入是最贫穷一成人口的21倍，贫富差距位居世界先进经济体榜首。"东方之珠"如今的动荡与衰落不是简单通过民主毕其功于一役就能够解决的。因为，决定香港2016年及今后走向的并非是单一变量，其至少正面临着七大坎。

1.政治的双重磨合。香港的特殊在于其是中国连接世界的重要窗口，但其复杂也在于此，政治上的敏感性尤为突出。一方面，作为曾经的殖民地，香港继承了大量的西方政治遗产，对于两党轮流执政、三权分立、一人一票等热情极高，但现实却是西方体制并不适合香港，生搬硬套西方政治体制不仅会脱离香港的社会现实，也会造成价值观、道德观的沦陷，调整是必须的。而另一方面，作为中国的特别行政区，香港毕竟还是中国下辖的领土，中央绝不会允许其成为民族国家时代的"域外飞地"，但类似"占中"这种"民主"行动又表明，香港并不具备复制大陆政治体制的基础和条件，甚至在短期内形成认同都难度颇大。在这样两种体制的夹缝中，香港未来需要完成双重磨合，如何在主权统一的前提下实现民主政治的真正价值——给人民带来幸福生活，而非为了民主的形式践踏整体利益将是一个极为深刻的话题。

2.联系汇率的存废。香港的联系汇率制度自1983年确立，起因是美元的强势和香港保持汇率稳定的动机，再加上香港是主要的转口贸易中心，贸易绝大多数以美元结算，采用联系汇率顺理成章，但如今的美元早已没了以前的"稳如磐石"，这一货币制度的副作用也成为香港不稳定的源头。首先是导致输入性通胀。内地人不断来港"扫货"，而港府由于缺少稳定物价的政策工具，屡屡对于输入性通胀的蔓延束手无策，成为"反水客"等事件的重要诱因。其次是加剧房地产等资产泡沫。在港币持续贬值环境下，香港成为国际热钱炒作套利的乐土，大量资金涌入加剧资产价格的泡沫，香港经济的系统性风险颇大。另外，作为开放的小型经济体，联系汇率极易受到索罗斯等国际炒家的狙击，尤其是一旦美国经济与香港"反周期"，曾经的港币危机随时可能重演。更为重要的是，如今的香港对内地经济的依赖与日俱增，与美国经济的关系却慢慢疏离，锚定美元只能徒增交易成本，削弱自身的地位。可以说，港币当初锚定美元的时代背景、前提条件都已不复存在，联系汇率制度的调整将不得不被提上日程。

3.港币的未来前景。伴随着中国经济的崛起，不止是3000万内地人疯狂涌入，人民币在香港也愈发炙手可热。尽管过去十年港币发钞量倍增，但在外币占半壁江山的香港市场上，人民币存款占比已从2009年不足1%升至如今的10%左右，2014年12月首次突破万亿大关（达10035.57亿元）。而据英国皇家国际事务研究所预测，到2020年香港的人民币贸易结算量将达6万亿～7万亿元，以贸易增长看人民币存款或达6万亿元，再加上内地转移至香港的存款，香港迟早将被人民币"淹没"。到时，作为强势货币，香港大部分资产都可用人民币交易，那么人民币替代港元就是迟早的事。因此，在美元和人民币的前后夹击下，最后要保护香港经济，只能放弃港币。但香港人对于人民币国际化能否从抗拒到接纳，最终将是决定香港未来的重要变量。

4.投机型城市的转型。万民炒楼、全民皆股的香港，人人都在想着赚快钱，却对整体发展缺乏战略思考，尤其是对中国内地崛起后香港的再定位紧迫感不强，这导致其在政治、经济、社会等各方面都缺乏长远的规划，政府决策、产业结构、商业模式的脱节比比皆是。此外香港人的创业创新严重不足，也成为其主要的发展瓶颈。以如火如荼的互联网产业为例，香港作为东西方高科技产品的集散地，至今却未产生过真正有影响力的互联网创业公司，其背后虽与李嘉诚等"财阀"控制下，精英被大企业招安，创业风险和成本居高不下有关，但港人在热衷投机的心理作祟下，只愿做一些倒货形式的贸易，却对于基础技术开发毫无兴趣也是根源之一。当艰难的现实生活让绝大多数英才选择了稳定的工作而非不可预测的创业，香港社会的活力自然不断下滑。

5.基础产业的再调整。长期以来，香港政府的主要精力都放在四大支柱（贸易及物流业、金融服务业、专业及工商业支援服务业、旅游业）与房地产行业上，因为其占据了GDP总量的60%。但过于"偏食"服务业不仅导致产业空心化严重，而且职业精英化也抬高了失业率，加之地产业、金融业等领域的走火入魔，香港的产业发展正面临前所未有的困境，基础产业再调整已成当务之急。显然，依靠重振制造业来实现产业转型，肯定超出了香港土地面积与人口结构的承受力，但在固守高端的金融业、奢侈品等传统优势阵地的同时，培养多元化的产业却是必须努力的方向。

6.文化意识形态重塑。在十多年前，香港对内地人是一个高不可及的梦，代表着财富、明星、时尚、传奇、金融中心、纸醉金迷、国际大都市……中国市场经济改革的起步，很大程度上就是"全国学深圳，深圳学香港"。可是时过境迁，随着内地经济的飞速发展，香港对内地的依赖程度不断提高的现状，令港人的心态发生了微妙的变化。其中既有对"东方之珠"沦为地产集团垄断、贫富差距拉大、游行示威泛滥的"动荡之城"的困惑，也有面对出手阔绰的内地"土豪"，以及金主与嫖客角色互换时的失落，还掺杂着恢复曾经那个经济生机勃勃、学术硕果累累、社会井然有序、福利保障完善的"亚洲四小龙"的希望和憧憬，更有经历长期殖民统治后，寻找自己身份认同的痛苦与迷茫（在内地人眼里，香港是西方，但港人与西方人之间有认同差异；而在西方人眼里，香港是内地，但港人与内地人也有明显的文化差异，香港成为一个没有文化认同自己的地方）。不难发现，香港表面上是资本主义市场经济的杰出代表，但骨子里却有着挥之不去的小农心态，在全球化时代仍高呼着"闭关锁国"的口号，而且稀里糊涂地将自身沉沦归咎于内地。未来如不能完成文化意识形态的重塑，找回同舟共济、包容开放、自强不息的香港精神，其发展必将面对极大的内部阻力。

7.领袖城市的功能衰减。众所周知，在改革开放前，西方国家封锁中国，香港几乎是内地与世界联系的唯一通路，以弹丸之地聚集了全球大量的资金、技术、物资和信息流；改革开放后，香港的这种中介作用更加明显，仅仅是香港本身的资金和管理技术，对内地的贡献就异常巨大。因此，从历史上看，内地近30年的迅猛发展，香港的功劳怎么夸张也不为过，其作为远东的领袖城市实至名归。但时至今日，香港的城市功能正在迅速衰减，不仅作为内地对外窗口的地位被弱化，而且自身竞争力也岌岌可危（港口货物吞吐量排名从世界第一滑落至第四、科技创新在香港结不出果实、退守到广东的制造业持续萎缩、流行文化霸权旁落、金融业末路狂欢以及错失的电商网购、互联网金融、网络信息的爆发等），很难再胜任沿海地区发展领头羊的定位。因此，香港在下一个年代或逐渐融化在珠三角中，成为一个区域性城市，而中央有意在深圳设立直辖市，其实就是在为香港的衰落做相应的考量。

第四章　园区挑战与自贸区前景

从1992年在深圳画个圈，到2005年浦东综改区成立，再到如今自贸区"由一变四"，园区已成中国开发的主战场，也是中国接轨世界、向前奔跑的"重要抓手"。可"一哄而上"之后园区过剩是必然的，同质化竞争下将出现残酷的"大浪淘沙"。

园区面临"十大挑战"

一个个工业园区相继荒废，却没能阻挡另一批的崛起。于是，有条件的干得风风火火，没条件的也不甘示弱、创造条件硬着头皮上，却是栽下了梧桐、引不来凤凰，以致诸多园区终成了"空城"。有些园区甚至连自己是怎么死的都不知道，殊不知以下十大变量若不厘清，又如何"生死涅槃"？

1.土地财政"无以为继"。2014年全国土地出让面积同比下滑25.9%，合同价款3.34万亿，下降20.6%，到2015年一季度国有土地使用权出让收入同比减少3897亿元，4月300个城市土地成交金额同比降幅高达65%。虽然地方短期仍难以摆脱对土地财政的依赖，但土地出让金的急剧缩水已成地方财政难以承受之重，尤其是二三线城市2014年土地出让金分别下降30%和48%，这无疑敲碎了园区的"金饭碗"。以前靠卖地就能吃饱，但如今开发饱和、可卖之地越来越少，园区还能只靠卖地卖房就能"站着把钱给挣了"？

2.环保成了头悬之剑。因为片面追求GDP和短期利益，部分园区不计环境成本，透支生态，结果即便引来了产生税收的凤凰，但糟糕的环境也留不住人，比如北京雾霾就让诸多外资总部撤离。环保显然已成园区不容忽视的重要因素。因为，诸多地方早已卸下唯GDP的高帽子，更多要求与环境的包容性增长；而去产能去的就是高污染、高耗能，传统行业纷纷因环保红线而变；就是企业入驻园区，也不再盯着优惠政策，而是环境是否宜居。园区若再不把环保当回事，搬起石头砸自己的脚不说，又拿什么吸引企业？

3.未准备好产业升级。中国轰轰烈烈的去产能运动将钢铁、煤炭、光伏等不少产业"打回原形"，依附其上的园区"皮之不存，毛将焉附"，矿产园区"凋零"、钢贸城"人去楼空"即是写照。可诸多园区对此后知后觉，即便明知工业2.0将向工业4.0升级，却对板上钉钉的现状无计可施，既舍不得现有财税大户，又"腾笼换不来鸟"，如何让自己从2.5产业（生产性服务业）向4.5产业（智能性服务业）升级？园区未雨绸缪不够，只能任凭风吹雨打，可迎接未来或许就得积极面对这场产业转型做好战略预埋。

4.对自贸区认识不足。诸多园区以为自贸区与自己无关，可现实是，自贸区虽是中国对外应对TTP/TTIP（Transatlantic Trade and Investment Partnership，跨大西洋贸易与投资伙伴协议）的试验田，却更多是对内要求全方位改革的阵地。自贸区都不再是政策红利的洼地，经济特区、产业园区等还能再等着"天上掉馅饼"？2014年12月国务院就发布了清理优惠政策的62号文，结果导致相关政策单方面"食言"，地方公信力下降，招商引资陷入停滞。虽然2015年为维稳实体又出台25号文"缓行"，但其实大家心知肚明，那个对优惠政策"等靠要"的时代已然翻篇。未来园区长期依赖的"地价减免""税收返还"等都将逐渐退出历史舞台，进入真正比拼实力、靠改革释放红利的时代。

5.新产业组织层出不穷。以前园区是"归大堆"，什么都往里塞。单57个城市依托50个机场就规划了58个临港经济园区，而大量传统企业的入驻不仅挤占了物流、制造等与航空业相关联、相促进的产业空间，还打乱了临空经济的"谋篇布局"。于是"一堆土豆放在麻袋里"之后还是"一堆土豆"，关键是怎样让"那堆土豆"起"化学变化"。不管是产业横向（同类扩张）联盟还是纵向（上下游延伸）一体化，抑或是斜向运动中跳跃式联系，如今就连园区都在变身平台，企业将在广泛建立联系中"碰撞"出新组织"火花"，八爪鱼式组织架构、"互联网+"等跨界合作都将"甚嚣尘上"。

6.新资本力量将崛起。园区曾创造辉煌的"三板斧"即优惠政策、卖地生财与传统产业支撑，如今都被现实釜底抽薪，而第四次金融大发展恰恰将在中国"爆炸"，园区的未来重心将随之从做"地主"转向利用资本的力量。国家推出PPP（Public-private Partnership，公私合作关系）模式消解债务；地方出台产业引导基金，用1%的政府资金撬动99%的社会资本，就已显示资本的力量。实际上，当前不仅多路资本瞄上产业地产这块香饽饽，园区们也在嫁接金融上"各显神通"，不是地产基金化就是股权投资多元化，新资本模式已然"显山露水"，张江转型"科技投行"，即是典范。

7.招商模式的版本升级。园区以前是靠"土地+关系"，往往来者不拒，拉进篮子里的都是菜；后来是靠减免税收制造政策"洼地"，有选择性地拉进自己喜欢的菜。如果说以前园区处于强势地位，那么如今在园区过剩下，不仅税收、土地、能源价格等优惠靠不住，就是企业对园区诸如环境、服务等要求也多样化了，招商进入了双向选择。尤其是负面清单一来，政府都退出舞台主角，园区又岂能喧宾夺主？这就不难预见，未来园区招商将从自己唱戏转向搭建平台，更多让政策引导、市场唱戏、国企当先锋、民企跟着进，自己则变身"导演"，提供多元化服务罢了。

8.管理模式的功能进化。因为传统园区"九通一平"的时代已经过去,未来园区将从盖房子到搭平台、从聚产业到创服务,进入城市化发展和智慧运营阶段。毕竟园区再也不是单纯卖地卖房的开发商,也非仅仅与产业客户捆绑、提供综合服务的运营商,而是这两者的综合,更可能是整合社会资源、多元化投资的平台,有些甚至出现业务平台集成,连产业链都内置了。因此,伴随功能、服务多样化,园区将改变单一直线型管理,以项目模块化的剥离与嵌入进行运营,而管理也将由重变轻,从自己开发投资到引入资本开发,提供服务管理,更多将向功能集成、平台管理转型。

9.培育产业,形成经济生态。正因园区将从开发商转向平台运营商,其成功关键还要看能否启动引擎(树立标杆)、激活产业进而积聚人气。诸多园区变空城,就在于脱离现实需求,结果没有人流,再好的住宅又卖给谁?如此看来,园区并非造几栋楼、搭个平台那么简单,还要通过"以产兴城""产城融合"来形成良好生态。既有参天大树(国企等纳税大户),又有灌木丛(创新力较强的中小企业),还有上下游企业的相互传导,更有资本、科技等力量的辅助,从而逐渐形成城市商业氛围。尤其在初期,园区既要利用周边资源形成互补,又不能过度依赖外部,一旦条件成熟,外部大循环启动内部,而内部又能自我循环,那么与周边的地缘关系自然将"先升后降"。未来园区将呈现社会化、数字化、生态化的立体发展,一旦产城融合,园区就将融化在经济生态中。

10.跳跃发展,从"城堡"走向"田野"。尤其在互联网冲击一切传统产业之下,园区已无法再专注于自己的"一亩三分地",就连自贸区都有了"网上自贸区"的创新,若再不用互联网思维武装自己,园区故步自封岂非等死?自贸区先行先试,就提出"可复制可推广",因此,未来园区将在"百家争鸣"中凸显自己的个性,并呈现跨越式突围,比如挣脱资源禀赋限制,出现园区平台网络化、"飞地"对接等模式。届时,园区突破固守的碉堡,不仅将"飞入寻常百姓家",更将伴随"一带一路"走向世界。

自贸区扩容——格局与破局

自贸区扩容终于尘埃落定,第二批"花落"广东、福建、天津,内陆城市无一入围。不过与申报版本相比,不仅入围区片调整,面积更是大幅收窄。原先市场流传的广东自贸区(广州南沙+深圳前海+珠海横琴+白云空港经济区)申报面积超过930平方公里,但白云空港落选,南沙横琴缩水,深圳部分除前海外,蛇口意外入围,最终以"南沙新区+前海蛇口+珠海横琴"116.2平方公里居面积末位。福建自贸区则涵盖厦门、平潭、福州三地,原先的泉州被踢出局,面积由原计划的452平方公里缩减到118.04平方公里。至于天津自贸区几乎全部位于滨海新区内,天津港、天津机场、滨海新区中心商务片区三块共占地119.9平方公里。全国加三(天津、广东、福建),上海自贸区几乎同步扩容也加三,扩展至金桥(20.48平方公里)、张江(37.2平方公里)、陆家嘴(34.26平方公里含前滩部分区域),且以总面积120.72平方公里领先全国。3月1日起这三大片区并入上海自贸区,或与天津、福建、广东同时挂牌,由此拉开了自贸区2.0竞争时代。

虽然近日奥巴马在国情咨文中一再强调不能让中国在区域上掌握主动权,但自贸区战略恰恰是中国适应区域化及应对美国TTIP、TTP两翼作战的重要武器。至少从当前看,中央选择的"全国加三"都集中于沿海,意在沿海形成自贸区链条。如果说上海自贸区是面向全球,重在金融创新与改革,那么广东自贸区立足港澳融合发展,侧重服务贸易自由化;福建面向台湾,侧重两岸经贸合作;天津则指向东北亚,促进京津冀协同发展。新设三家各有各的定位与功能,虽与上海背负着先试先行的共同使命,却让原28平方公里的自贸区似乎变成了当年的蛇口,具有方向性、敏感性,但仅仅是在方向上展示了一下,当年蛇口是展开得太开,如今上海却是谨慎有余,负面清单冗长、条块协调掣肘,都体现了自贸区"啃硬骨头"的艰难。

而对于上海来说,自贸区扩容以微弱之势保持"老大哥"地位。此前呼声较高的临港并未纳入,不仅源于面积太大,更关键在于临港还是"白纸一张",为预防土地财政与基建过猛,为上海"留白"也无可厚非(关于临港有另文推出)。本次扩容重在存量调整,并从28.78平方公里的海关特殊监管区转向了非特殊监管区。新纳入的三大片区指向明确:陆家嘴定位金融贸易;金桥与先进制造、战略性新兴产业挂钩;张江则积聚了生物医药、信息产业等9个国家级基地,被贴上了创新创业基地的标签。这进一步昭示了自贸区的真实含义,所谓区内关外、负面清单、货币自由兑换、资本自由进出、人员自由往来等,都要塞进以码头仓储为主的28平方公里以内,无疑有点强人所难,这也难怪不少抢注自贸区的企业、资金在经营方向上一头雾水了。因此,上海自贸区扩容,不仅实质性地扩大了地理空间,同时也弥补了原有自贸区产业结构单一(基本以贸易和物流企业为主)的缺陷,未来三大片区的加入将让自贸区更大限度地施展拳脚。

实际上,从国际自贸趋势看,有两个基本要点与一大风险将考验自贸扩容区。一是关税趋于零。因为双边自由贸易协定的大面积铺开,比如2014年中澳自贸协定就规定到2019年,占中国向澳大利亚进口总额93%的商品将实行零关税。不过原28平方公里内的商品都未实行免税,就已扩展到非特殊监管区,这无疑给贸易监管创新出了个难题。虽说零关税是迟早的事,商检等还能否靠拉网管住?更何况,一旦零关税,进口商品大幅降价,或对国内市场形成冲击,扩容区岂能不加以防范?二是各类要素自由进出。照理,自贸区追求自由的贸易,需要充分实现货物进出自由、投资自由、金融自由,但这三大自由,是否就意味着可以"无法无天"?显然不能,因为一旦真的自由了,自由市场就要失控了,原教旨的市场经济已被金融危机证伪。华尔街毫无约束的自由结果有目共睹,这恰恰证明自由市场也会市场失灵，需要政府看得见的手加以约束。作为中国融入世界的"先行试验田"，自贸区一开始就充当了压力测试的"阀门"。而此次扩容，从上海到沿海三地，从铁丝网内拓延至一般居住地，即是为向全国"可推广、可复制"进行战略预演。由此可见自贸扩容版的核心要义，既要尽可能的自由，又要确保避免失控的底线，在"充分地放"与"科学地控"间寻找平衡点，以保持"可控风险下的自由贸易"。

更进一步聚焦到上海，自贸区扩容显著带有三大使命。

（1）WTO退潮中的逆势而上。或许就连美国都没想到中国居然在WTO体系下受益最多，但伴随多哈谈判陷入僵局，TPP、TTIP、TiSA（Trade in Service Agreement，国际服务贸易协定）分别另起炉灶，高标准的区域合作正取代WTO。目前全球向WTO通报并实施的自贸区已达247个，全球一半以上贸易已在各区域贸易安排、自贸区当中进行。WTO的退潮无疑让2000年刚加入的中国措手不及。对此，为打破TPP、TTIP背后孤立中国的战略意图，中国只能率先在国际贸易秩序重构中融入世界。试问，环太平洋贸易怎能缺了中国？虽然无法指望中美完全拥抱，但中国却可以在推进国内改革的基础上逐步对接投资、服务贸易等领域的"高标准"，通过自贸区扩容渐进式开放，推动区域贸易谈判，各个击破。当前中国顺应自贸趋势，放弃"孤军奋战"，逆流而上之势已初见峥嵘。

（2）金融创新中破解市场经济的不到位与过度化。当前自贸区的重中之重就是金融改革，从"金改51条"到自由贸易（FT）账户设立，自贸区将为人民币走出去、利率市场化、资本开放做"沙盘推演"。毕竟欧美金融创新的肆无忌惮已遭市场报应，中国无法任由金融陷入自我膨胀的"空转"之中，中国的金融市场化需要为实体服务。因此，自贸区扩容不单是探索金融市场化，更需堤防市场过度。伴随黄金交易所、文化产权交易所、大宗商品现货平台等的陆续搭建，未来自贸区内将形成一个逐渐开放的金融市场，从原先的"有限渗透"转向"二线管住"。尤其是陆家嘴片区的纳入，意味着3.4万家实业企业和大量金融机构可以开立自由贸易账户，企业就可以做到跨境资金集中管理、跨境投资、跨境融资。即便现有51条原封不动地复制过去，陆家嘴也将成为与海外资金完全打通的平台，届时资金大进大出如何管控，无疑需带上"防火墙"（陆家嘴片区有另文推出）。

（3）探索自贸如何嫁接科技创新中心。因为世界正处于大产业变革的前夜，科技驱动产业革命，全球都在竞争科技创新中心，科技创新将是未来城市竞争的主态势。对此，不仅上海提出"四新经济"，中央更对上海寄予"建设具有全球影响力的科技创新中心"的厚望。此次将张江、金桥纳入就意在让自贸扩容与科技创新相结合，前者作为国家级自主创新示范区，建有国家信息产业、火炬创业园等诸多基地，后者则专注于先进制造业和生产性服务业，并在集成电路（IC）与智能装备产业等战略性新兴产业上深耕细作。未来张江和金桥将摸索自贸与科技创新的混搭模式。虽然当前科技创新中心"花落谁家"还是未知数，但明确的是，科技创新动力不只是集中力量的行政化，更是量大面广的资本化。

以前或许靠"集中力量办大事"就能推动科技创新，那么如今当铁轨与信息"高速公路"摧枯拉朽地横扫一切老经济时，新经济无疑需要新资本组织形态：一是产业引导基金，对内推动转型创新。它将以政府10%的种子基金拉动90%的社会资本，共同扶持科技创新。毕竟创新本身就意味着失败，但只要有1%的成功就可能覆盖掉99%的失败，从而轧平经济账的同时加速科技成果转化。二是跨境股权投资基金，以对外扩张为主。它将融合境内外不同资本共同进行股权投资，一方面模糊内外边界以规避政治风险；另一方面也将以较小代价对外扩张，在多方受益中找到投资机会，加强内外交流与合作。对此，有关资本化的放与控，在上海新扩容区都应积极地推进。

"十三五"规划新内涵

"十三五"与"十二五"差异

面对"十三五",地方政府普遍反映缺少新思路。"十三五"与"十二五"究竟有何本质区别?

1. "十二五"消化工业过剩,"十三五"消化工业园区、新城(甚至大学城)的过剩。"十一五"期间的强刺激均是以工业生产的形式引爆了千亿甚至万亿级产业的全面井喷。在此意义上,无论是国家主观上的调整还是市场客观上的淘汰,"十二五"中后期注定将为工业过剩买单。依此逻辑,承载工业产能过剩的园区和新城自然将成为下一块多米诺骨牌。事实上,工业园区作为工业过剩的重要载体,园区数量与市场需求早已严重脱钩。以通用航空为例,除由国家发改委批准的10个国家级航空航天高科技产业基地以外,已有100个县级以上城市在建或计划建设通用航空产业园区。若按产能计算,全球小型飞机年需求量仅为1000多架,而中国一个产业园就能制造500架,这就意味着九成以上的同类园区将不得不面临被剔除的命运。同样在大学城的建设中,自第一座廊坊大学城建成以来,中国高校新建、改建的学生宿舍和学生食堂的面积超过了过去50年的总和,而随着人口和生源数量的负增长,"扩招—贷款—再扩招"的产业化链条却在去产能中处于绷断边缘,过剩危机可见端倪。

2. "十二五"的过剩表现在工业品与房地产,"十三五"的过剩将表现在新经济无效投入过多。工业品的过剩很大程度上缘于政府规划与产业选择的雷同,天量的同质化生产和竞争导致了"跑量模式"下的产品大爆炸;而作为城市化进程加快的必然产物和分税制的后遗症,"十二五"期间房地产的过剩早在规划之时便已埋下。当下,"十三五"规划编制启动在即,而此次的产业定位又不约而同地定位于新经济。虽然根据福卡智库对未来新经济的梳理,其主要将集中于

"第三次工业革命"、"第三次IT（信息技术）革命"（物联网、IT设备）、体验经济、生物经济与生命经济这五大方面，但相比过去拿来就可发展的产业，新经济更讲究与地方原有产业的嫁接度。如"第三次工业革命"与传统工业的嫁接，生物经济与城市研发基础的配套，体验经济与旅游文化资源、高精尖技术的合拍等。因此，产业嫁接越多样化、匹配度越高的地方胜出的概率也越大，而多数地区若仅局限于概念炒作式的投入，终将因难以带动上下游产业链联动发展而被淘汰掉。

3."十二五"发展模式是房地产为主，"铁公基"为辅；"十三五"将是新经济为主，新型城镇化为辅。相比通过高产值、大项目集中拉动经济的发展模式，"十三五"似乎更倾向于通过新型城镇化的推进来激发各地分散型的小建设。如根据《国家新型城镇化规划（2014—2020年）》，在城市群和小城镇建设中，各种等级的铁路、公路及航空网络等交通网络建设对相关产业的拉动作用仍将充满可造空间。不过，相对于新型城镇化带来的"硬件"发展，"十三五"的发展核心更在于通过城市内部产业升级和转换来激发城市活力，以此改变各类新经济对城市功能的釜底抽薪，因此对接新经济、发展新经济自然将成为未来五年的主攻方向。

4."十二五"同构化表现在第二产业（尤其是工业制造），"十三五"同构将表现在第三产业所有的新业态。如果说中国工业技术门槛低下导致了工业的同构化，那么在服务业领域中，模式的复制将变得更普遍。毕竟第三产业更多是"伺候"人和服务于感官的竞争，尤其当体验经济与服务经济全面融合，除阿里巴巴等少数企业外，绝大多数企业所迸发出的任何创新点都将迅速被复制、被推广，而随着各类"创新模块"的叠加拼装，最终商业模式和经营模式都将殊途同归，进而导致整个业态的趋同。

5.从制造到创造，在"十三五"期间无法根本解决，最多是搭建过渡之桥。在工业经济角度，知识产权拥有量的多少是区分"制造"与"创造"的根本标志。从制造到创造，实质上是从"卖产品"到"做品牌"的转变。但就时间节点而言，"十三五"更多是前期方向性的引导而非真正的拐点。一方面，中国劳动力成本的持续提升和国际产业链分工的上移虽使得诸如缅甸、越南等发展中国家的生产优势有所显现，但市场规模、基础设施以及产业链集群效应所带来的低成本决定了"中国制造"尚未被逼至临界；另一方面，创造同时也意味着蒸发的风险，即便是有相关政策的有意推动，但在针对失败的特有制度安排和对应的资本金融市场尚未形成之前，也难有实质性进展。

6."十三五"是个概念、思想、探索的发散期，而不是收敛期。每逢社会出现拐点性的变化，面对新形势的思想调整和认识统一往往很难做到一步到位。尤其是在中国社会长期注重"实"的发展，而忽视相应理论研究的情况下，更需要通过类似三十多年前"真理标准大讨论"的碰撞过程方可达成全社会共识。由此来看，即使从现在开始探索，仍需经历多年的磨合期，而"十三五"也将成为各种思路冲突、交锋、融合的重要历史时期。

综上可见，"十二五"与"十三五"之间根本上的差异在于，"十二五"的主题是发展（扩张），更强调趋势外推；"十三五"的主题将是调整，更偏向跳跃性和切割性。但鉴于两种模式切换过程中巨大的落差将会导致经济失速，而过往过于巨大的增长惯性又使得消费、外贸、金融、就业等社会方方面面都无法承受"急刹车"式的转型。因此，在现实发展模式中后者尚无法做到全面替代，这也决定了"十三五"的"新内涵"将是增长替代，即发展与调整的并存。

由此，"十三五"期间最迫切的四大使命也将呼之欲出。①"如何实现增长替代"本身就是最核心的使命。在时间上，"十三五"正好处于后危机时代和新经济破局的重叠期。一边，当原有发展模式走到尽头，各类调整又周期长、见效慢，经济发展疲乏导致全社会的普遍不适应，以至于最高领导层对中国经济明确表态"一定要保持基本速度"；另一边，各类代表未来的新经济正蠢蠢欲动，但未来可以预见的巨量产业规模却也是"远水难救近火"。由此，所谓

"十三五""增长替代"的总体态势将是消化"十二五"负能量，同时新经济模式将展露雏形。②社会协调。"十三五"期间，经济减速、产业重构以及新经济冲击等经济问题必然将进一步转化成物价、就业、收入分配等社会问题，社会问题又将成为绕不过去的政治问题。从趋势来看，从"让一部分人先富起来"到"鼓励企业家入党"，再到"三个代表顺序重排"，直至当下社会主义价值观的提出，"社会性"的权重将在"十三五"中被提到前所未有的高度。③金融资本落地。任何调整都离不开资本，而当下财政财税仍处于结构性的拉锯中，不但动作太小、太频，甚至在方向上都未有明确说法（如究竟是偏重中央还是放活地方）。鉴于此，"十三五"期间要解决"钱从何来"的难题，金融资本模式就须完成"证券财政—土地财政—资本财政"的升级使命，即从早期通过股市圈钱缓解政府压力，到近十多年来依靠土地出让金充实财政，再到今后以产业基金或股权捆绑的演变过程，将大量虚拟领域中"空转"的资本引向实处。④权责替代。政府已明确提出建立重大决策终身责任追究制度，对决策严重失误或者因不作为导致严重后果的行政首长和相关责任人将追究法律责任。这就意味着历来承载了过多"长官意识"的五年规划将由市长转市场，而在这一过程中，如何重新认识权利与责任的边界将是执政模式切换的前提。

"十三五"规划面临中期变局

十八届五中全会的"重头戏"是"十三五"规划。规划编制流程一般从中间评估开始，到前期研究、编制草案、规划衔接、广泛听取意见、批准、公开发布，目前应处于中间阶段。本次规划编制，出现了一些不同于以往的新动向，如开门办规划成为中央至地方广泛采纳的方式。针对规划前期研究，中央层面从2013年下半年开始通过公开招标、委托方式请国内外知名机构做了80多个专题研究；上海2014年安排两批共39项重大课题研究，向国内研究单位、院所、高校和企业研究机构及安永、罗兰贝格等国际知名咨询机构广撒"英雄帖"，还就规划的相关议题公开征集研究成果，累计采用39家单位、100多万字的成果，充分吸纳社会智慧。

但形势波动变化，往往脱离了规划所预测的轨道。正如"十二五"规划中期就面临着重大变局，即鱼尾曲线。"十二五"中期，经济上进入后危机时代，巨大产能过剩消化加速，产能将无可奈何地大规模萎缩，GDP增速严重乏力。"十二五"中期扩张性增长转向收敛型增长，政策调整不言而喻，但另一方面刺激经济又"药不能停"，金融膨胀，甚至"泡沫+杠杆"有过之无不及。这两条线一条对经济形成向下压力，一条拉动经济上行，共同作用的结果便是构成鱼尾曲线，推着经济向前走。但当初制定规划时，却未对此有充分考虑，很多地方只能通过"三年行动计划"来加以弥补，浪费巨大。究其原因，"十二五"的教训是两大"忽视"：一是忽视了经济大势不可逆的决定性作用，以为通过"规划"可超越规律、熨平波动，而这早已被国内外诸多实证所证伪。二是忽视了政府换届的差异性与趋同性。就具体政策而言，换届之后往往会有执政风格的变化，且很多时候差异还相当明显。但若以此为依据，认为政策会"翻烧饼"，就忽视了中国经济尚未完全转型之前，不可避免会出现趋同性倾向。之所以对形势判断不到位，就在于要么只关注差异性，要么只看到趋同性。

若在以后的规划制定过程中，依然延续以往规划的思路，或将导致其陷入以下"误区"。①用期望目标代替现实发展。"理想丰满，现实骨感"同样适用于规划编制，期望值并不一定等于最终可实现目标。规划制定过程中，很多地方将预期指标与考核指标、静态指标与动态指标混为一谈（特别是在环保、社会民生领域），鉴于规划的指导性，在现实操作中，很容易引发混乱，搞不清期望与现实的区别，规划难以落地。②依然虚幻地"以人为本"。刻舟求剑式的"以人为本"在中国是个伪命题，最简单的例子：保障大家都有开车的权利，其结果是环境承载力难以为继。中国注定无法走欧美式的"以人为本"，但很多地区为了政治正确，依然把它塞入规划中。规划的新型城镇化部分，"以人为本"屡屡被提及，提高城镇化率成为增加老百姓福祉的重要指标，以为这就是"以人为本"，殊不知，站在城市角度的"以人为本"与站在三农角度的"以人为本"根本不是一回事。③超越现实能力，扩大民生领域。增加老百姓福利，一般是规划中最愿意浓墨重彩加以描绘的部分，然而，经济增长趋缓，财政收支吃紧，决定着福利增长只能是渐进的，不顾及未来，一味扩大民生领域，固然可迎来掌声，却会让地方政府背上沉重包袱，一旦无法兑现，又会伤害政府公信力。④用人均指标代替总量指标。"十三五"规划编制中，一个重大变化是弱化GDP总量指标，强化人均指标。这看似是对以往的否定，标志着规划已从价值取向型的总量指标，转向结构调整性指标，其实本质上一样，依然未走出经典的"工业经济+市场经济"窠臼。⑤用消费替代生产。主流观点普遍期待"十三五"内需接替生产成为拉动经济的最大增长点，因此如何扩大消费顺理成章成为规划的重要内容，要把生产型GDP切换为消费型GDP，甚至有专家对"十三五"人口下降趋势忧心忡忡，其逻辑是"人少—消费少—生产少—经济增长下滑"，且不说过分强调消费会向本已脆弱的自然承载力再补一刀，照此逻辑，新加坡、以色列此类人口小国，根本就无缘先进国家之列，显然站不住脚。⑥用包容性替代竞争性。包容性增长是"十三五"规划中提及最多的，这其实也是一厢情愿，以为有包容就符合社会伦理，但实际上市场经济运行机制及现有架构决定各行业、各省市、中国与其他国家之间在"十三五"期间，竞争性仍将占据各方关系的主要方面。上述六大误区中，概率最大的误区是用美好愿景替代严酷现实。

未来，"十三五"也将面临中期变局，"拥有"另外一个鱼尾曲线。新经济将破土而出，经济呈现结构性向上趋势，但同时老经济及GDP增长幅度依然向下。此外，传统金融增幅向下，科创园区过剩显形，而金融资本化、产权股权化将往上走。向上与向下的两条曲线相交所形成的鱼尾曲线，决定着"十三五"中期变局的深度与广度。具体而言，"十三五"竞争的主战场是以新工业、数字经济、互联网、生物经济、生命经济、体验经济等为主的新经济，新经济的核心是科创，科创的核心是科创生态环境。

综上，"十二五"与"十三五"各自存在着鱼尾曲线，但同时这两个规划之间也存在一条鱼尾曲线，即"十二五"向下，"十三五"往上，这也是判断形势的基准。因此，"十三五"之魂在于破局与格局，要打破"十二五"的局限，格局更大，显示新的高度，其抓手即是杠杆与支点。如果说"十二五"政府更多的是演员，亲自上场，那么"十三五"政府将变成导演，利用各种杠杆，包括资本、组织等，以产业引导基金等为支点，撬动各路演员演好大戏。当然，不同地方、不同发展阶段，杠杆与支点也会有所不同。

因此，"十三五"要谛在于：①把趋势与地气相结合。趋势是新经济，并不意味着不管不顾本地禀赋，一窝蜂地上马，而是将新经济本地化、本土化，如农业大省可以将农业与新经济结合，实现农业"五化"，工业城市则可借势工业4.0，为中国制造2025提供标杆。"十三五"如能杜绝一刀切、一窝蜂，即是拐点性转折。②把时代主题与一时一地一事相结合。整个"十三五"规划的主题是结构性改善，不同地方也有不同的版本。简单如产业结构调整，三次产业中服务业占比不断提升，不是每个地方，从乡镇到县市的比例都要依此调整，而是不计较单个地方的比例多少，算省市、国家的大账，不同主体功能区承担不同职责。③用可操作性的思路贯穿宏观、中观、微观。传统规划中，这三个层面基本是三张皮，各说各话，往往宏观上习惯于宏大叙事，追求高大上，却难在中、微观落地，沦为空话。"十三五"规划从一开始就是三大导向：目标导向、问题导向、项目导向，其实就对三个层面都提出了可操作性要求。总之，从根本上说，规划的严肃性、严谨性、权威性离不开趋势性与现实性。

第五章　错综的国际迷局

> 正是由于计划经济和市场经济都走到头了，与之匹配的人类生产方式、生活方式当下也玩不下去了，由此累积的矛盾就外化为当下世界的种种纷争和失序。

走到尽头的两种基本经济形态

国内形势看起来晦暗不明，国际形势更是波诡云谲，扑朔迷离。且不说久无起色的国际经济已经让各国很"闹心"，国际政治更是不太平，不但中美关系日趋紧张，裂痕逐渐拉大，就连美欧盟友也渐生嫌隙，各行其是。而恐怖分子日渐猖獗更是让ISIS（伊斯兰国）成了国际社会和人类文明的"心病"，以至于2014年在20国集团（G20）布里斯班峰会上因乌克兰问题成为众矢之的而愤然提前离开的普京，在2015年的G20峰会上竟然一下子成了"香饽饽"，各国领导人争先与普京会面共商打击ISIS大计。与之形成鲜明对比的是，在各种国际场合都碎碎念中国的安倍在G20峰会上则不受待见，计划会晤多国首脑的计划落空。不过，在亚太经合组织（APEC）第23次领导人非正式会议上，日本似乎又扳回了一局，其坚持将TPP写入APEC声明虽惹恼中俄，但在各国的激烈交锋中，作为2015年的重大贸易事件，最终首脑宣言中提及了TPP，并且放到了中国倡导的RCEP（Regional Comprehensive Economic Partnership，区域全面经济伙伴关系）前面。各国间的明争暗斗大有剑拔弩张之势，再加上恐怖主义的搅和，让安享了半个多世纪和平的世界再次乌云密布。那么，我们该如何看待当下的纷纷扰扰，未来又将会如何？

正如当年WTO的诞生映射了一个时代格局，去WTO的峰回路转则折射了旧时代已去，新时代蹒跚而来。WTO是全球化蒸蒸日上，美国独霸世界时代的产物，但随着经济危机爆发后去全球化占了上风，WTO在推动全球自由贸易上已经形同虚设。再加上美国国力相对衰减，眼看着中国从WTO中获得了"搭便车"的极大好处，对WTO也从"撑腰的"变成了"拆台的"，更让WTO雪上加霜。因此，本质上，TPP、亚投行、RCEP等的团团伙伙，背后就是去WTO。不过，当下WTO的分分合合已由文戏到武戏。过去，在共同利益的驱使下，各国还会在嘴皮子上下功夫，争争吵吵，在规则上进行博弈，如今，随着利益碰撞加剧到难以在谈判桌上协调的地步，就索性抛弃"斯文"直接"动粗"。

那么，在这种格局下，未来世界的游戏规则由谁制定？二战后，世界市场经济三大支柱，即关贸总协定（后来的WTO）、世界银行、国际货币基金组织都是美国一手主导下制定的。如今，"三国"互相博弈、竞争，谁都不服谁，谁也都拿不出一统世界的游戏规则。接下来怎么玩？这看似陷入了僵局。然而，过去国家在游戏规则制定中的主导地位正被科技和产业肢解，也就是说，随着科技和产业力量的提升，国家已经无法独自执掌世界游戏规则的主导权，未来世界游戏规则将在国家政策、科技、产业"三权分立"的磨合中制定。其实，近年来各国领导人出访往往有豪华的经济、企业代表团随行，如马云在APEC工商领导人峰会上出尽了风头等，都是产业、科技力量崛起的印证，这股力量早已开始渗透到国际游戏规则的制定之中，并发挥愈来愈多的作用。基于此，未来世界游戏规则的制定将形成国家、产业、非政府组织（比如代表科技力量的各种科技组织、联盟，如国际电信联盟，以及其他相关组织等）互动、博弈的三角关系，任何国家都将难以像从前那样一手遮天。与此相对应，世界的主流趋势已脱离一元化进入多元化。毕竟，一元化的世界是以一家独大为基础的，而随着新兴势力的崛起以及各种力量渐趋平衡，一元化格局也就土崩瓦解，被多元化所替代。但美国在固化思维下，还希望以老大的身份格式化世界，将全球都纳入到自己的价值体系，听命自己支配，结果愈来愈力不从心，事与愿违不说，还让自己的号召力、领导力加速耗损。而美国的铁杆盟友英国"倒戈"，并奉行多边主义，积极出击、布局，就是顺应时势，为自己开拓纵横捭阖的空间。可以说，一元化的消退，多元化的升腾，将重塑世界格局，当下，全球正处于新格局成型的前夜。

这种转变的背后是当下人类两种基本经济形态，即计划经济和市场经济都玩不下去了。一定意义上，当年的苏联就是被计划经济压垮的。在计划经济体制下，国家需要对50万个商品的原辅材料进行配置，如此庞大的工作量必然衍生庞大的官僚机构，形成庞大的权力磁场，这个权力磁场就如黑洞一样不断吞噬、腐蚀着苏联的经济体。最终，苏联在计划经济的登峰造极中轰然坍塌。其根本原因在于工业经济分工合作的发展有其内在逻辑。在产品体系较单一时，分工合作的界面简单，其复杂指数大致相当于2^{10}，这时计划经济尚能应付；然而，随着产品达到几百万、上千万级别时，分工合作的界面复杂化，这时靠计划经济的指令进行资源配置的交易成本极高，只能通过价值规律进行市场化分配，否则难以为继。换言之，工业经济发展的必然就是指向市场经济的。但市场经济也有其难以规避的宿命，即市场经济发展到一定阶段势必走向金融化，而金融历经一般等价物、讲故事、击鼓传花到形成黑洞四个阶段，最终也是玩不下去的。美国金融危机的爆发就是明证。进一步而言，与之相匹配的人类生产方式、生活方式当下也玩不下去了。市场经济追求无限扩张，但人类的资源是有限的；同时，市场经济根本上是遵循丛林法则、马太效应的，由此导致的必然结局就是贫富差距不断拉大，社会矛盾不断加剧。因此，以市场消费为导向的工业经济如今已面临生态文明的极限、社会协调的极限。近年来，生态环境急剧恶化，穷人与富人、穷国与富国的矛盾、对立就是这种状况的现实反映。据此而言，正是由于两种经济都走到头了，由此累积的矛盾就外化为当下世界的种种纷争和失序。

但目前的世界大格局决定了天下不会大乱。"三国"之间虽有矛盾冲突，但彼此已经高度依赖，互为依存。更为关键的是，当下的"乱"，只是释放能量的冲突，并不是大板块对冲，而随着能量释放完毕，世界将重新进入到有序的新格局。

政治以扰动方式回归经济

依惯性来看，政治对世界与中国的扰动并没有减弱的迹象，政治将依然偏离经济，这是基于：①美国继续"任性"重构贸易规则。TPP作为美国亚太"再平衡"的经济支柱，遏制中国贸易的政治意图明显。2016年美国仍将力推TPP，当美国价值观与地缘政治考量替代互惠互利成为国际关系新规则，全球化经济只能日益偏离轨道。②巴黎恐袭加深欧洲"去欧盟化"趋向。恐怖袭扰之下，欧盟经济功能为安全问题所累从而急剧退化。区域内部经济合作行将式微、人员流动日益受限。安全阴影之下，欧盟保守倾向浓重，严重扰动欧盟统一经济政策的制定。③中国政策制定难以衔接现实经济。社会经济发展中"政治理想化、经济时尚化"的取向导致政经策略"空洞化"趋势难收，应对政经双困局缺乏现实抓手。政策无法号准中国经济脉搏开药方，反而加重经济疴疾。④持续紧绷的地缘冲突掏空地区经济。俄土争端、俄乌争斗持续发酵，中东乱局曙光难现，欧亚板块持续承压，资本加速外逃，地区经济日益空心、世界经济渐趋失衡。由此观之，不论是支撑世界大三角格局的美中欧还是作为地区支轴的中东、俄罗斯都不同程度出现政治凌驾于经济规则和现实之上的趋向,看似2016年政治仍将深度扰动经济。

不过,纵然政治"喧宾夺主",但隐藏在政治扰动经济背后的却是深刻的经济逻辑:正如俄罗斯突然介入叙利亚乱局,固然有支持传统盟友等政治考虑,不过叙利亚战火让俄罗斯似乎看到了掌控整个海湾石油、觊觎全球能源定价权的可能才是其出兵的真正原因。再比如,中东地区之所以崩溃坍塌,文明冲突、政治剪刀差等维度的解释固然可信,但根源则在于中东地区仍然停留于前工业文明时代的经济形态无法支撑民主、自由等现代元素,从而才衍生出"阿拉伯之春"等政治乱象。因此政治扰动经济的现实绝不等于政治能够决定经济,政治只是经济的集中表现,两者之间衔尾相随。只是经济决定政治的逻辑由于21世纪第二个十年持续紧绷的政治形势而被遮盖,但这却抹杀不了两者之间的内在逻辑,从这点来看,2016年经济仍然是决定政治走向的最关键变量。

以此推导,2016年国际政治形势虽然纷繁依旧,但是回归经济将是必然。何况还有三大变量支撑国际政治向现实经济回归:①急速下坠的世界经济谁也不敢怠慢。行至2015年年末,全球经济依然泥足深陷,债务通缩的阴影笼罩着所有发达国家也包括中国,同时那些经济偏态的资源国通胀却丝毫没有缓解的迹象。全球的主要货币都已超发失锚,产能过剩下依旧是需求的持续萎靡,全球贸易仍在痛苦地收缩,波罗的海指数充分演绎"死猫跳"行情,贸易保护正以区域化的方式迅速抬头,从TPP到RECP也许还会有更多。众所周知,经济影响着利益,利益决定着国际政治的基本面,面对不断失衡的经济,谁也无法作壁上观,因而政治将会加速回归经济。②巴黎恐袭催化政治黑天鹅提前爆发。巴黎恐怖袭击发生之后,国际地缘开始加速重构,即使俄土危机愈演愈烈,但大国之间仍将快速弥合裂痕,最大限度挤压中东极端势力的生存空间,因此在政治风险加大的同时,不确定性却在2016年显著消退,扰动经济的可能性也在减弱。经济议题将重回主流。③赢在后危机时代的长远考虑。时日漫长的后危机既是经济发展最坏的时代，同时又是夯实底部、纵向突围的最佳时期。最近两年"中国制造2025""工业4.0"和美国"再工业化"等长远战略纷纷登台，都是希望在后危机时代结束之后能够确立自己的优势地位。因此中美等战略清晰的国家绝不会持续地将自身陷入旷日持久的政治纷扰之下，围绕经济版本的升级转型才是根本。在这种情况下，作为世界经济引擎的中美等必将率先跳出政治泥潭，带动整个世界重回经济正轨。

2016年，国内政治同样需要加速向现实经济回归：①严峻的经济现实倒逼政治加速回归经济。中国人口增长放缓及老化使国民经济元气大伤、需求萎缩；体制和利益束缚，税费负太高，国民经济高利贷化，对实体经济的活力和创造形成挤压；服务业贸易不平衡，实际直接投资外流过多，不法资金外逃等，导致国内储蓄投资和消费的大量漏损。因此经济问题迫在眉睫，新一轮的改革与调整2016年将不可避免。②十九大提前布局需要经济企稳。2017年将是中共十九大召开的年份，为了确保政治大年的稳定，当务之急就是让不断下行的经济形势重新企稳。而2016年经济领域内持续的微创新将会为经济企稳不断释放利好。③地缘窗口期中国外交重点回归经济。战略碰撞期内的中国在"外交突围战"中往往淡化经济利益的考量。但是中国过剩的产能如果继续淤积在国内，必将阻碍中国经济的转型升级，因此找寻突破口释放产能将会成为2016年中国外交突进的重点。现在巴黎恐怖袭击为中国短暂打开了战略窗口期，中国外交将会加速从"撒钱找朋友"向力推诸如高铁出海、人民币国际化等经济外交转向，2016年经济在中国外交中的比例将会显著提升。

鉴于此，2016年国内外政治形势虽然波谲云诡依旧，但上述诸多变量的协同作用将加速对国内外政治"张扬"的收敛，与此同时，国际政治黑天鹅提前爆发以及国内大局稳定的要求也使得政治不确定性减弱，这也削弱了政治对经济的扰动程度。因此概括来说，2016年政治将更多地回归经济。由此体现出三种态势：首先，后危机时代几年时间的摸爬滚打所积累的经验将使得包括中国在内的世界各国更多地考量本国对世界经济的外溢效应和影响。因而，系统性风险和区域性风险的发生几率将会减弱。其次，经济失衡问题开始缓解，发达和新兴市场在各种问题上的分歧所带来的保护主义将有所减弱，比如面对有可能卷土重来的债务危机，德法将会尽力过滤不同声音转而竭尽所能抵御之，以防其成为压垮欧盟的最后一根稻草，这客观上有利于世界整体经济。最后，各国间持续并日趋严重的紧张局面得以纾解。大国之间将会以巴黎暴恐为契机充分协调，多边合作机制重新焕发活力并会在更广范围问题的倒逼下实现版本升级，也许全新的国际机制将出现，统一步调的达成有利世界各国跨过政治的干扰转而共同应对经济问题。总而言之，经典的后危机世界中那种政治作用越来越可能超过经济的现象在2016年很可能将出现扭转，2016年世界经济在独立性增强的同时也将趋势性向好。

国际大三角格局

国际问题的交叉、嵌入、混合、混沌和错位造就2016年世界主体非敌非友的特征。2016年美国依然处于相对衰弱期，欧洲处于横盘期，中国处于上升期，在此基础上形成的中美欧"三角关系"将在很大程度上决定全球走势。

追究世界乱局幕后推手

目前来看，在2016年，原有权力架构开始四分五裂，民粹骚乱全球蔓延，世界无序与动荡将成为"新常态"。然而，全球动荡的真正幕后黑手并非阴谋论中某个国家或人物，而是新旧的时代切换，生产、交换、生活方式全面而深刻的变化悄无声息地改写当下，全面过剩时代到来后，国与国之间关系调整，使全球进入战略碰撞期，那些政治滞后的国家和地区就会乱上加乱。金融危机标志着几百年来被奉为圭臬的自由市场经济全面破产，市场经济与社会大众关系面临调整，全球经贸游戏规则已被改写，信息的垄断被打破，世界开始"去老大化""去美国化"，中国在金砖国家中开始"拉杆子、立山头"，纯粹以社会政治制度和意识形态站队的时代难以为继，地缘政治中的敌友界限越来越模糊，美国奉行的国家关系与政治原则被证伪，却仍在错误的道路上愈滑愈远……面临国际新秩序考验，清楚认知世界新变化，将有助制定国家战略，避免"犯错误"，以致把国家与民众带入危险境地。显见的是，作为大国博弈的战场，乌克兰局势还将继续烂下去，而中国恰在欧美俄乌的斗法中，获得外交腾转挪移的好时机。

进入非敌非友新常态

整个世界的关系目前呈现出非敌非友的格局。原来的二分法、站队伍已然无法定义当今世界各主体间瞬息万变的关系，而是在时代、思想和国家力量这三个力的作用下随机应变着。从时代来看，去敌友标签源于时过境迁的世界环境。历史本身是一个积累的过程，兜兜转转的风云诡谲，国家间的信任基础不复存在。从思想来看，历史经验证明冷战思维下的敌友定义日渐模糊，和平时代下的人们更注重诸如经贸合作带来的具象化利益，而避免阶级分类、意识形态等抽象化的"意气之争"。而从力量平衡的角度来看，中美俄三股力量恰似三角形的三条边，要达到互相制约又保持稳定的目的，则各顶点既不可太近又不能太远，同时边和面上存在各个国家和主体也不能过于聚集或者疏离，否则平衡亦将随之被打破。由此可见，非敌非友的已成为国际关系的新常态。

尽管"敌友心态"的消弭，很大程度上应归因于国家利益至上日渐盛行，终于盖过了民族国家间对于意识形态异同的纠结。然而追本溯源，国际问题的交叉、嵌入、混合、混沌和错位才是导致非敌非友局面的本质原因。①交叉：国家事务独立性难存，各主体角色随利益交叉不断切换。可以说，信息技术的高速发展剥夺了任何一个国家的隐私权，尤其大国力量驱动下的干预甚至干涉导致各类事务产生交集。美国当年裹挟"普世价值观"强行向伊拉克和阿富汗"输出民主"，不仅基本失败还面临被极端异化的结局，尽管美国假善意之名发动"颜色革命"，却与主权争议、文化传统、种族宗教、经济资源等多重因素发生交叉冲突，利益矛盾之下，美国的角色被迫偏离"救世主"的初衷，顷刻间成为中东国家眼中的"精神污染者"。②嵌入：国际事务已然"你中有我、我中有你"，并呈现"大小相嵌、连环咬合"的格局。既成一体，难有敌友之分。因乌克兰冲突引发的美欧与俄的较量，剑拔弩张却迟迟未引发爆点，一有伤筋动骨的经贸互嵌，二恐触动第三方神经（比如中国），而从历史经验来看，美俄撕破脸皮还能做朋友的故事并不新鲜，"竞争—合作"循环反复。除了敌友称谓轮番上阵之外，所谓敌友关系更能同时并存，无论中美在经贸领域如何亲密无间，始终难掩两者在价值体系层面的狭路相逢。③混合：摸不透的"策略混合制"和看不清的"组织混合制"。在策略上，尤其是大国的全球策略越来越趋于中性化、混合化。一方面，用"伙伴"代替"盟友"，让关系游离于"敌友"之外。另一方面，类似"胡萝卜加大棒"的戏码见怪不怪，对昔日认定的"邪恶轴心国"伊朗既解禁制裁又限制外交，未来走向不甚明朗。在组织、集团建立上，则是一次次尽弃前嫌的主体排列组合，金砖国家、东盟、东盟+3等，即便有历史造成的国家间的嫌隙，回到组织仍是友好合作伙伴。④混沌：世界形势之复杂前所未有，各方动作如同"雾里看花"。美国对深陷中东"泥潭"后悔不迭，重返亚太战略又受到中国反制，短期内再铺开战略摊子的可能不大。而小国政客们更是亦步亦趋，唯恐将本国卷入漩涡，韩国朴槿惠"左顾右盼"，经济向中、政治向美；越南面临丁字路口，中美俄哪一位都不好得罪，叫苦不迭。事态混沌之下，难辨敌友。⑤错位：认识错位和价值错位下自然形成的身份错位。文化决定认识，认识创造身份。以伊斯兰国家为例，当建立于个人之上的美国式教义遇到建立于群体之上的伊斯兰教义，基于认识差异的长期对抗随之形成，美国自以为是地自由输出不仅没有成为解决问题的良药，反而成为激化两方矛盾的催化剂，各自在彼此眼中的身份当然大相径庭。进一步来看，同一字面的定义由于认知错位的存在，各方关系更为显得"说不清、道不明"。中印基于西藏的矛盾各有说辞，中方认为印度的行为属于组织从事分裂中国的活动，而印度并不关心西藏是否属于中国，将西藏视为两国间缓冲带才是真正目的。如此一来，简单的敌对关系实在难以定义两者关系。

正是以上因素造就了2016年世界非敌非友的特征，而这一特征也意味着关系的模棱两可、进退有余，不仅最大限度地降低了主体间走向极端的可能，同时还冲淡了全球往来的政治化色彩。

世界大三角格局初定

2015年，整个欧洲持续性地被难民危机和恐怖袭击所扰，而作为始作俑者的美国所采取的应对措施，相较于14年前本国应对"9·11"的政策可谓不痛不痒，充分体现了奥巴马上台以来"善巧方便"的外交思路。可以预判，因为中东、伊斯兰国的问题，曾经铁板一块的欧美同盟终将破裂，再也坐不到一起了，大西洋的裂缝将愈来愈深。就此，后危机时代，世界大三角格局初步形成，美国、欧洲、中国因不同的社会、政治、经济、历史文化等各自形成世界性格局的一条"边"。

第一，从经济上看，美国长于科技创新，在金融上长袖善舞，在文化上引领全球；欧洲则在人类货币制度创新上努力试验，在工业领域升级深耕，维护文化独特性；中国既向美国靠拢，又向德国看齐，着眼产业转型与升级，凭借中国模式闯天涯。第二，从政治上看，美国无历史桎梏，天然地与自由、民主拥抱，在民主政治、三权分立上一马平川；被复杂地形、民族分割成的欧洲大陆，则擅长于进行战略对话；中国则是将政党融化在国家中，建立复式的权力架构。第三，从意识形态上看，美国坚定不移地倡导自由市场经济，推崇自由、开放、奋斗、梦想、冒险，社会平民化；欧洲则更崇尚秩序、严谨、礼仪、风度、公正，贵族化；中国则讲求中庸之道，各方杂糅，唱出了市场与政府的二人转。

综上，美国处于相对衰弱期，欧洲处于横盘期，中国处于上升期，在此基础上形成的中美欧"三角关系"将在很大程度上决定2016年全球走势，其中各个"边"之间的相互关系——中美、中欧、欧美将呈现出微妙丰富的复杂关系——不简单以意识形态画线，而是在利益基础上既合作又竞争、既借重又牵制。目前这三条边是弹性化、隐性化的。不但这三条边的影响权重在不断发生变化，而且三条边本身在影响世界形势方面也受到其他因素、国家的干扰，其架构尚未完全成型。具体来看，中美之间充满弹性，但也极具韧性，亚洲基础设施投资银行的成立，可视为中美博弈却又避免交恶的经典案例；中欧关系正"换挡提速"，正处于蜜月期；欧美之间目前正在分化，但还不至于决裂，双方的立场分歧将会长期化。

中美开启大博弈

2016年，中美将进行政治经济等力量的再调整、再平衡，新的世界性协调机制或将酝酿成形。不过隐藏在中美大博弈背后的大悖论极有可能反噬两国。

TPP围堵，中国是否"束手就擒"

重磅出笼的TPP因其事先酝酿的长期性（TPP准备时间长达8年）、涵盖领域的超广性（除传统的产业贸易外，还对劳工和环境、知识产权、国有企业等涉及国家主权的敏感议题进行了规范）、涉及当今世界最重要的双边关系——中美关系的特殊性而尤为引人瞩目，中美之间的大博弈随之昭然若揭。

美国开辟TPP新平台围堵中国，中国岂会乖乖地"束手就擒"？实际上，中国已对此展开战略突围。一方面，内部各个击破。中国分别与TPP国家签署接近零关税的自贸协定，12个国家中，中国已与澳大利亚、新西兰、秘鲁、智利签署了双边自贸协定，新加坡、越南、文莱、马来西亚已在东盟自贸区框架下与中国建立自贸关系，如果中日韩自贸区再谈判顺利，只剩下NAFTA（北美自由贸易协定）中的美加墨三国了。中国"扛着小锄挖墙脚"，美国"封锁"中国的意图落空。另一方面，外部搭建自贸网络。不局限于12个太平洋国家，世界范围内中国已与包括瑞士、韩国等22个国家和地区达成14个自贸协定，从而形成以中国为轮轴、多个签约国为辐条的轮轴-辐条型自贸网络框架。此外，开创"一带一路"、亚投行以及东亚经济共同体，从陆路、海洋与空中全方位主动与世界接轨的行为，前所未有。中国以牙还牙，用对外开放的升级版对抗美国围堵。毕竟，中国是当今世界第二大经济体、是发展能力和潜力位列世界第一的经济头马，经济能量推涨外贸实力，中国跃为全球货物贸易第一大国、120多个国家的第一大贸易伙伴，基于此，世界离不开中国，澳大利亚需要中国的钢铁市场，荷兰需要中国的乳制品市场，日本需要中国的多种消费市场，对中国的这种依赖源于经济规律，非人力所能堵截。华人在日本屡次掀起消费狂潮，就说明世贸规则在一定意义上并不执掌在政治家的手中。号称"面向21世纪的贸易协议"的TPP若能够使全球最大的贸易国——中国隔绝于世界，或将是21世纪全球贸易的最大笑话。在中国崛起的势头面前，美国不让中国制定全球经济规则，这是传统超级大国的消极反应，势必造成中美政治与经济的严重错位。不难预见，美国以TPP作为抗击中国影响力"堡垒"的图谋将遭到中国经济体量及外交战略的肢解。

中美掀起新一轮较量

中国走自由贸易的棋子，美国走金融的棋子，双方紧紧地咬在一起，各有千秋，体现在：若自由贸易尽可能地全面展开，劳动力的价格是国民禀赋中最上乘的。"相对过剩的劳动力+'吸引外资政绩工程'对工资的钳制"共同创造了以低廉劳动力价格为标志的"人口红利"。上个年代，中国劳动力价格不仅维持了中国消费者的福利，还使全球经历了一段高增长、低通胀的美梦期。而今，虽说中国部分地区劳动力不再廉价，但在区域腾挪中仍可找到劳动力的价格洼地（富士康迁移到中国的中西部，说明在中西部使用人工仍不失一笔划算的买卖），况且，整体而言劳动力价格仍偏低，短期内"赶超欧美"不可能。这样一来，在与西方自由贸易上的殊死竞争中，中国商品仍将以成本优势抢占世界市场份额榜首。若金融资本尽可能地自由展开，那证券市场、要素市场、金融衍生品市场最为发达的华尔街将占领全球制高点。"美元国际结算货币的特殊地位+重点发展金融业战略"共同缔造了美国这个金融帝国。美国银行数量最多时曾达到1.8万家，金融衍生品中仅期货品种就已超过100个，证券市场、货币市场资产规模接近13万亿美元，金融总量世界第一；金融影响力全球独树一帜，即当今只有一个国家的金融政策可以影响全球，那就是美国。这就意味着大国若围绕金融资本展开竞赛，其他国家跑两步可能趴下，美国却将远远跑在前面。

中美大博弈背后的大悖论

若以自由贸易为"赛点"中国占上风，若以资本金融为"赛点"美国占上风，双方似乎各有倚仗。不过，双方的底牌都不靠谱。中美博弈各自依仗的底牌都内置有悖论——美国金融占据产业链高端，充分展现美国竞争力，但正是金融这个杀手铜指向对手之时，也犹如将匕首插入了自身，致使美国经济半死不活；中国商品贸易呈现竞争优势，但该优势正被互联网、环境污染、社会失调所证伪。而从本质上讲，这种悖论揭示了"市场经济发展到最高阶段将进入终极死局；市场经济初级阶段以尽可能多的物质消费为模式的工业经济进入全面发展将导致整个生态难以承受，并导致世界范围内的社会阶层断裂，国家间经济严重落差"。处于市场经济不同阶段、各持一剑的中美都身陷悖论，这意味着中美之乱不在于修昔底德式的战争，而从根本上在于处于不同阶段面临共同问题之际，能否找出化解之道。但就当下而言，政治顶级人物尚未完全转过来。这突出地体现在：且不论外交阴谋，至少两位同时访美的国家领导人都认定美国是世界问题之源，吊诡的是中国却在全面学习美国金融模式的道路上走得太专太快，这表现在：或为了提振投资，或出于刺激消费，中国信贷规模已增至GDP的240%，若计入账面上未体现的影子杠杆后，中国所有的债务会让美国整体合并债务占GDP345%的比例相形见绌；中国债券市场已形成包括企业债、次级债、短期融资券、中期票据、普通金融债以及集合票据在内的多元信用债，中国版信用违约掉期（CDS）已破茧而出；产业结构升级将金融资本视为主要方向，金融机构、金融交易所突飞猛进，索罗斯、巴菲特被捧了又捧……中国一味地将美式金融兴国奉为金科玉律、学长补短，岂不知美式金融如同白粉，使己于麻醉中毁灭！况且，中美间的博弈，就中国而言并不只是经济，政治上的秩序稳定、中东乱局、普世价值观的版本升级（由平等博爱升为社会公正协调）都应是一手好牌，若格局与顺序错了，也会打臭。

中美之间的大博弈是有深层经济逻辑的，中国打自由贸易的牌，美国打金融的牌，但是中美各自的这种经济逻辑又都是难以为继的，"师夷长技以制夷"也是于事无补的。这么一来，2016年两国各自着力化解内在的悖论就顺势变成上策。由此，一个历史真命题喷薄而出：与其大博弈，不如各自大化解、大对冲。

▶▶ ▶▶▶ ▷▶▷▷ ▷ ▶▶▶▷ ▷▶▷ 金融投资篇 ▷▶▶ ▶ ▷▶▶

第六章　中国金融"放"与"控"

"互联网金融要革传统金融的命"的豪言壮语言犹在耳,却迎来史上最严监控,监管"变天"论层出不穷,其实只是中国金融来到了岔路口,在金融资本大爆炸的画卷——展开之时,金融监管在"放"与"控"之间的拿捏。

互联网金融PK传统金融

冰火两重天

互联网金融"异军突起",各类"宝宝"在体制内外各种缝隙中无孔不入地野蛮生长。即便在2015年股市红火,理财类产品被"虹吸"的情况下(比如余额宝收益率就跌破4%,二季度规模缩水近千亿元),据统计,截至2015年6月4日国内各种"宝宝"类理财产品仍高达68个,资金规模达1.79万亿,比2014年年末增长0.29万亿。互联网金融已涌现出蚂蚁金服、陆金所等估值过百亿美元的公司,蚂蚁金服的客户仅以余额宝2.27亿户计算就相当于1.25家建设银行、4家招商银行或20家北京银行,加之,其短短两年内囊括金融全牌照,做淘宝获得所有零售和制造数据、做小微金融建立信用体系……银行"恐龙"再也无法摆出躺着赚钱的姿态,以前银行收钱收到手软,如今银行高管感叹"日子不好过",有预测认为2016年银行将迎利润零增长时代。

不可否认的是,互联网金融在技术力量的推动下,成长于传统金融体制的夹缝中,并来势汹汹地成为传统金融领域中的搅局者,打破金融垄断的急先锋。尤其是2013年余额宝等互联网金融创新产品的推出,让人感受到并震惊于其爆发力和潜力,获得了"长期被忽略的80%"的强烈认同与支持,被认为是"庶民的胜利"。从某种意义而言,自下而上萌生的互联网金融,更像是民间金融、民间资本在压抑下的另类突围,在某种程度上担当起温州金融改革的重任(如为小微企业服务的阿里小贷),并倒逼中国金融改革的进程。相较而言,自上而下、备受关注、行至半程之多的温州金融改革,并没有破解民间资本多、投资难,小微企业多、融资难这一"两多、两难"的问题,实现服务的多元化和多层次,民间金融的规范化和阳光化这一"两多、两化"的目标,甚至有极端舆论认为基本失败。用数字说话就是,当年温州金改广发"英雄帖",全国竞争性选聘108名金融人才,引来966人报考,如今温州银行7位选聘副行长、首席财务官、首席信息官与金融办4位选聘副主任中,5人已经离开,4人调整了岗位,仅2人在原岗。由此也印证了高层发话就能发动改革的时代已经远去、改革也不能仅凭一纸顶层设计就能完成了的判断。

互联网金融进入淘汰赛

尽管任何吻合时代发展需求的新生力量都势不可当,但不容忽视的是,没有约束的互联网金融狂欢也将造成危险的后果。巨大威力的另一面还将表现为毁灭性破坏。金融的逐利性湮没了风险本性,互联网金融的乱象让有关部门措手不及。以P2P(个人对个人)网络借贷为例,只需2000元便能轻松注册一家注册资本为5000万元的"互联网金融信息服务有限公司",在网上搭一个P2P平台,只需少则数千元多则几万元的注册成本，与动辄百万、千万的资金流水相比，成本之低令人咋舌。"卷款跑路"、网络诈骗每天都在发生，2015年1月至4月间，平均每月有超过50家平台出问题，近日陆金所这一号称含着金钥匙出生的国内P2P平台翘楚，也陷入"坏账疑云"。再如互联网配资公司的加杠杆与强行平仓，使得股市大震荡，更让相关部门如临大敌。

显然，互联网金融既没有改变金融经营风险的本质属性，也没有改变金融风险的隐蔽性、传染性、广泛性和突发性。互联网金融对社会的影响并没有业内大佬说的那么宏大，它实现的只是细小性的颠覆，而不是全局性突破。一方面，科学技术裹挟着金融而来，互联网金融的出现可以说是一个水到渠成的必然结果，依托其所培育的互联网商务网络，为其客户提供的一种附加的增值服务，绝大多数互联网金融产品和商业模式所带来的主要是技术层面的改善或创新，它们降低了金融交易的成本，却无法明显降低信息不对称的问题。另一方面，如果说传统金融依靠政策垄断，那么互联网金融在市场中则形成自由垄断，在获得第三方支付牌照的企业中排名前三的支付平台占据75%的市场份额。中国互联网金融的沸腾与喧嚣在很大程度上恰是占尽天时地利人和（第四次金融大爆炸的当口、国有金融垄断、利率非市场化、屌丝逆袭等）的结果，可谓"时势造英雄"，相比之下，互联网业、金融业皆发达的美国，搞工业4.0的德国，都没有出现如此火爆的场面。因此，不必片面夸大互联网金融的功用。

整个互联网金融行业的大变局即将开始。总体来看，行业野蛮生长阶段即将过去，转而进入淘汰赛阶段，两极分化"马太效应"更加明显，并购重组将大规模发生。目前P2P平台已经密会银行、组团联合第三方支付机构，谋变渠道生机了。从领域上看，出现巨头打天下，创业者们玩细分的局面。互联网巨头在综合互联网金融领域的寡头趋势日显，在垂直领域，互联网金融也将会成为创业者的天堂，甚至未来在垂直金融领域中还将会不断出现新的小巨头。

鹿死谁手

面对阿里蚂蚁雄兵搭建出的大象帝国，银行"恐龙"自然不能坐以待毙。相比互联网企业的金融化，金融机构的互联网化，即由"鼠标+水泥"演变成"移动+平台"，比如农行的掌上银行+B2B（公司对公司销售），即是典型的雏形。金融互联网的背后，实质是银行不愿沦为第三方支付的资金通道，工行e-CBC战略就包括"融e购"电商、"融e联"即时通信和"融e行"直销银行三大平台，单"融e购"对外营业14个月注册用户就达1600万人，累计交易金额破千亿。一旦这一战略到位，银行可普遍提升20%的估值。由此，金融互联网无疑将加大行业洗牌，催生竞争性巨头。

不过，互联网金融与金融互联网鹿死谁手，当下难定，因为两者各有千秋。虽然互联网金融大有攻城略地之势，但传统银行的江山岂是一朝一夕就能攻克？当前互联网金融平台很大一部分建立在传统银行基础之上，余额宝与传统银行的竞争最终以阿里的妥协告终即是明证。毕竟，由于客户层次决定边际效益，在管理成本上，金融互联网相对高，同样在客户层次上，金融互联网也相对的高，但互联网金融占据了草根数量的优势，能依靠群众的力量聚沙成塔，尤其在芝麻信用等依靠大数据征信的"另类突围"下，京东白条、阿里花呗等都在蚕食传统的银行信贷业务。

相反，传统银行虽然有国家信用背书，但存款保险制度、利率市场化等开启了银行的市场化竞争，金融互联网在拓展业务的同时将放大风险，在金融征信并不到位的前提下坏账率自然会大幅提高。这意味着，银行躺着挣钱的时代已结束。不过，区别于互联网金融靠技术和"屌丝"逆袭，金融互联网走"高大上"路线，加之，金融改革还大有作为，传统金融依然有广阔空间，金融业又将回归其具有差别化的业务时代，客户的层次与黏性仍将是核心。由此，在金融大爆炸时代，不管是传统金融的相互混业（银行、券商、保险间的边界模糊，纷纷变身综合金融集团）还是金融与互联网的相互渗透（即金融互联网化与互联网金融化），混业综合都已是大势所趋，届时，金融将无线上与线下、前台与后台。从2014年中国邮政集团与阿里巴巴宣布战略合作，从而借中国邮政储蓄银行网络资源和金融服务体系以及阿里的数据、征信资源实现"双赢"，可以预见，未来金融领域是典型的春秋战国，而大爆炸也将在纵横捭阖、合纵连横中层层叠叠地释放能量。

金融资本定向爆炸

金融资本大爆炸背景

互联网金融看似像石头缝里蹦出来的野孩子，实际上却搭乘了中国金融大爆炸的东风。具体而言，2012年5月，福卡智库出版了专著《第四次金融大爆炸》，对本轮由中国引发的金融大爆炸及其未来走向给出了完整预判。书中认为，发生金融大爆炸至少有三大要件：一是国家经济发展积攒的货币数量巨大、产业资本庞大，为金融大爆炸积蓄了足够的能量；二是资本不断折腾运作，蒸发别人，增肥自己；三是技术手段完备与金融开放概念叠加，使得金融领域处于从渐变到突变的临界态。客观上，金融大爆炸是成为超级经济大国的必由之路，符合一般规律，原因在于实体经济金融化是经济发展中的必然阶段，一旦虚拟资产如股票、债券、外汇储备等远超实体经济当量，虚拟经济便具备了独立运作的条件，极度膨胀之后，爆炸也就应运而生。就此而言，爆炸无所谓对错，但毋庸置疑的是，机缘不同，应对措施不同，决定了金融大爆炸的影响力也大相径庭。

历史上已发生过三次金融大爆炸：20世纪80年代第一次金融大爆炸引爆自撒切尔夫人主导的英国金融自由化改革；第二次金融大爆炸发生在20世纪末21世纪初，美国废除了《格拉斯-斯蒂格尔法案》中的核心条款，允许金融由严格分业变为混业经营，鼓励自由竞争，开创了人类金融新纪元；第三次金融大爆炸发生在日本，20世纪90年代泡沫破灭后，日本想要追随当时世界各国竞相解除金融管制的步伐，于1998年4月启动了名为"东京版金融大爆炸"的金融自由化改革方案，结果是日本近7000亿美元顺差耗尽，陷入十年迷失，炸出了一地鸡毛。时光流逝，随着经济快速崛起为世界老二，中国加速进入金融文明时代，一方面金融、资本市场急速膨胀，天量人民币如滔天洪水亟待泄洪，另一方面管制与开放、政府与市场并行的金融格局既蕴藏着巨大红利空间，也潜藏着诸多前所未有的风险，使得中国越来越成为全球金融博弈的主战场，种种迹象都预示着第四次金融大爆炸将在中国引爆！

之所以花如此大的篇幅介绍《第四次金融大爆炸》的内容，在于福卡智库始终坚持"不预知未来便无以理解当下"。事实上，当下与金融有关的所有大动响，几乎全在金融大爆炸这大框架中依次展开，并"自觉"地成为大爆炸的一部分。如果以这个大框架来观察金融、资本领域，那么无论是前期牛市的爆发，还是史无前例的"股灾"与救灾，甚至未来股市乃至中国资本市场的走向，便变得非常容易理解与预判。

本轮牛市本质上是未来3～5年中国迎来第四次金融大爆炸的表征，这就是牛市的内在逻辑。尽管缺乏监管的杠杆化正遭遇阶段性修理，但却无法更改股市作为金融大爆炸主战场之一的事实，股市依然有戏。不过，中国的这场大爆炸，将具有完全不同于以往三次大爆炸的特征，主要表现为定向爆炸。

爆炸的方向

就目前看，这场金融爆炸存在的爆炸方向有：

（1）对外定向爆炸。①毕竟，当前中国一边面临产能过剩，一边手拥四万亿外汇储备，手里有货不缺钱，缺的反而是定价权及国际话语权，其中尤以金融为重，但恰恰世行、IMF等都是美国主导，因此，中国一手金砖银行（即金砖国家新开发银行），一手亚投行，就意在打破旧金融体系，"自己的地盘自己做主"，而这两手也将成为中国对外爆炸的窗口，此其一。②"一带一路"将是对外爆炸的重心，除了亚投行，丝路基金等都将让中国在帮助穷国基础建设中输出货币、输出商品，更输出中国价值观。因为"一带一路"向西走，沿途将惠及65国44亿人，相等于"半个地球"，未来先65国，再65+，紧密的区域联盟将让其成为中国的坚强后盾。③在这种经济渗透中，根据央行发布的最新人民币国际化信息，截至2014年年末，与我国发生跨境人民币收付的国家达189个（不含港澳台等地区），人民币对外直接投资金额累计3320.5亿元，人民币加快走出去。④货币的走出去将伴随着国家、企业的走出去。中国不仅已与99个国家签订税收协定，助力企业走出去，就连总理都当起了"推销员"，从高铁到核电，从SOHO中国在纽约买楼到华为遍布全球，中国企业的"蚂蚁雄兵"开启了出海征程。⑤中国人开启了超级世界大旅游，2014年出境游就突破1亿人次，境外花费逾万亿。据预测，未来五年，中国人的出境游将超过5亿人次，旅游市场的总规模达2.5万亿美元。以上五大通道的越走越宽，意味着，不仅资本项开放将提速，而且也将在逐渐放开QFII（合格的境外机构投资者）额度上限、券商股份比例中让曲线进入中国市场的资金"浮出水面"，并裹挟着加快汇率、利率的市场化进程。由此，中国走出去，将把过剩的商品、人口与人民币炸向世界。

（2）对内定向爆炸，表现为金融产权类交易将爆发十大板块。

①一板：A股主板市场，经历二十余载，2015年6月12日总市值突破70万亿元，单2015年上半年就暴涨32.23%，市值增加21万亿元。可暴涨得快、暴跌得也快，短短三周A股两市蒸发近20万亿，相当于10个希腊GDP，其爆炸程度可见一斑。

②二板：中小企业及创业板，前者服务于度过初创期的成熟中小企业，开板11年来，不仅有746家中小企业上市，融资9146亿元，而且其市值也在2015年4月飙升至8.8万亿，增长212倍，在深市占比超过40%；后者则专注于成长型企业，

总市值5年暴增逾30倍，单5月就增长近四成，达6.21万亿，整体市盈率更一度突破百倍，"神创板"由此得名。

③新三板：全国非上市股份有限公司交易平台，在2014年8月启动做市转让制度后成交量飙升，截至2015年6月末已挂牌2639家企业，市值1.19万亿元，95%以上为中小微企业、民营企业，高新技术企业占比八成，有专家预计2015年年底将达5000家，2016年破万家，中国版纳斯达克崛起在望。

④新四板：地区性股权交易平台，虽然门槛低，挂牌企业多数没有股改，质量参差不齐，但伴随前海股权交易中心等陆续筹建，当前该板已达30家，为各省市内非上市企业提供股权、债券的转让和融资服务的私募市场，交易量节节攀升，并成为各省培育上市企业的摇篮。

⑤新五板：股权众筹，不仅国内80家股权众筹机构在中关村组建行业联盟，更多基于互联网的股权众筹平台也纷纷脱颖而出。先有"信蓝筹""企e融"等众筹平台接连上线，后有阿里系"蚂蚁达客"、平安系"前海众筹"摩拳擦掌，就连绿地、万达等也纷纷试水想要分一杯羹，无疑将点燃股权众筹创业激情。

⑥新六板：产业引导基金，以10%的政府资金撬动90%的社会资本，不仅体现财政吃紧下资金从"补"到"投"的颠覆性转变，还能集中力量有方向、有目标地进行支柱产业扶植，分散风险，可谓一箭双雕，据不完全统计，单上半年财政引导产业基金规模就超过5000亿，爆发式增长可期。

⑦新七板：工业投资新模式PPP，是在地方财力捉襟见肘下不得已而为之的公私合作方式，当前仍停留于纸面上，但粗略估算，各地推出的PPP项目已高达2万多亿元。最近财政部频繁发声阐述PPP，就可见这股热潮中，泡沫与乱象将共舞。

⑧新八板：P2P网络贷款平台，短短三年内从过去近百家爆发式增长到2796家（截至2015年上半年仅包括有线上业务的平台），2014年网贷总量就突破2500亿元，据迪蒙网贷预测未来5年内将现万家，交易量突破10万亿。但"爆发"的

另一面是"被炸飞的风险",到2015年上半年问题平台(775家)已占1/4,P2P跑路剧增即是明证。

⑨新九板:平台式VC(创业投资)、PE(私募股权投资)。在经历引进海外PE精品化路线到国内PE工厂模式后,VC/PE"平台模式"如火如荼,线上平台以早期项目为主,如创投圈、天使汇等,科技园、高新园区等更是天然的线下投融资平台,未来伴随"大众创业、万众创新",孵化器、企业集团等都将摇身一变成为VC/PE平台。

⑩新十板:微天使网络投资群,相比初级阶段将众多微型投资人联合在一起或在网络上"施展浑身解数"进行众筹,更高版本是利用"微天使"(创业者和投资人间的媒介,实质是股权众筹投资人),以社群协作模式来帮助创业者快速组建团队、获得资金、管理股权,于是不仅出现了众筹的融资平台,也产生了众包的投资平台,未来将这两大平台衔接起来,微天使将层出不穷。

(3)非定向爆炸——互联网金融"异军突起",将以各类"宝宝"在体制内外各种缝隙中无孔不入地野蛮生长,成为非定向爆炸的主战场。

金融闯关与金融监管

尴尬的金融闯关

有专家将股市崩盘归罪于那些假借互联网金融创新的幌子、实则破坏规则谋私利的机构个人,可浙江抓出来的游资、私募大佬等只是小巫,真正的大巫一露面就让"救市"成了"笑话"。要知道,2015年7月"A股市场保卫战"中信证券可充当着救市主力军,可如今救市"大队长"和"主持人"相继接受调查,有官媒就发文提出了"一个可怕的假设":如果有一个证券公司顶着"国企"的名号打出坚决救市的大旗,心里想的却是闷声发大财的戏份,那么"救市"岂非拿着国家巨额资金"为自己解套"的"利益输送"？不单股市在"翻烧饼"，一手"去杠杆"砸了"国家牛市"，一手"救市"拉起"市场熊头"，结果却是"熬过了熊市，躲过了牛市，却死在救市"。

就是汇率市场也如出一辙，2015年8月11日央行突然一次性贬值人民币中间价1.9%，以致8月央行资产负债表的国外资产总额下降1300亿美元，全银行体系外汇占款下降1150亿美元，而为抑制资本外流，央行一边限制人民币"卖空"，一边动用外储为人民币"护盘"：8月即期外汇市场交易额飙升到10900亿美元（前半年平均值仅为6051亿美元），并通过驻港金融机构与国际做空资本展开"对决"——据财新网引述学者估算在8月11日之后的20个工作日里，央行投入外储干预规模约2000亿美元。中国外储8月创纪录地减少939亿美元，虽然9月下降432.6亿美元，似有放缓，但据彭博社报道，央行和商业银行8月在岸远期合约增至679亿美元，是2015年前7个月平均值的5倍。央行由明着卖美元（动用外储），转向暗着卖美元（让大型国有银行在外汇互换市场借入美元，在现货市场抛售美元，并与央行达成远期协议以对冲这些仓位）。"卖空"的投机资本自然不是中国央行的对手，只得买入人民币（疯狂拆借）平仓，以至于人民币离岸汇率飙升，9月29日离岸与在岸价差开始连续"倒挂"（被认为是央行护盘下的"逼空效应"）。剧情虽然反转，可代价却是数千亿的美元付诸东流。一个政策居然要花如此大的力气去纠偏。股市、汇市上的闯关仅仅是小试牛刀，就让监管层面看到闯关的血淋淋的代价，也暴露了中国监管的羸弱。

金融监管将趋严

在高层承诺在2020年之前放开资本项之时，随之而来的金融监管也将趋严，可以预见，金融创新和金融监管之间的猫鼠游戏将在中国金融市场上展开大博弈。一般而言，金融业暴利主要来自于"歪道"，即通过超出现有法制、监管的各种金融创新或以打擦边球、玩花样来获得超常规的利润。实际上，金融创新本身就是西方金融业为扩大业务范围，保持利润增长的产物，一定程度上，金融业的发展就是一部金融创新史。一些金融机构正是通过持续的金融创新保持竞争力，不断做大做强。而各种打着防范风险旗号的金融创新产品，如期货、期权、信用违约掉期等，就是在金融机构追逐利润的驱动下纷纷诞生的。这些金融创新产品的风险防范功能虽然有待商榷，但毋庸置疑的是，金融机构通过产品、业务创新赚得盆满钵满。而金融创新虽然推动了金融市场的发展，却难免"走火入魔"。次贷危机就是一个典型。MBS（抵押贷款证券化）、CDO（担保债务凭证）、CDS（信用违约互换）等金融创新产品大行其道，让金融机构在享受了一轮盛宴之后，也把全球经济推入了危机的"火坑"。正是由于金融创新容易"捅娄子"，所以每当金融创新过度必然会招致监管层"修理"。

中国金融业正处于强化监管的阶段，这势必会对金融业通过"歪道"获取高额利润形成打压之势。金融危机爆发后，巴塞尔银行监管委员会和各国央行对金融监管的标准都趋于严格，监管范围扩大。在这种背景下，中国自然也不会例外，更何况，当前中国正处于金融市场化逐步放开的特定阶段天然地决定了"放"与"控"两手都要硬。因为市场化放开必然会促动各种金融要素、资源的流动和重新配置以及相应的金融创新业务、产品纷纷诞生，而风险也会在此过程中加快集聚。比如，银行同业就通过各种创新进行监管套利从而放大金融风险，而伞形信托也给A股市场制造了种种雷区。在这种背景下，尽管市场创新常常会先行一步，但监管也会紧跟其后对其进行规范，强化管控。对银行同业监管不断加码以及收紧伞形信托就是明证。鉴此，伴随着中国金融市场化改革红利的不断释放，金融监管的强化态势将对市场化改革的红利形成挤压、稀释效应，诸如小贷公司、村镇银行等，很难通过政策放宽突破目前的发展瓶颈。

而对于互联网金融而言，监管新政姗姗来迟，却又显得自相矛盾。互联网金融"指导意见"总的基调是"鼓励创新、防范风险、趋利避害、健康发展"，而非银支付"管理办法（征求意见稿）"，堪称"史上最严第三方支付规定"，则具化到第三方支付机构"去银行化"、"去银联化",回归"小额支付"和"通道",剥去结算和清算功能,还未摆脱国企思维;政府提倡简政放权、降低经济交易门槛、鼓励创新,新规却抬高了非银网络支付开户门槛,给用户网上购物、转账、理财等业务带来不便利。

个中原因杂陈:其一,对于新兴事物的监管方向不清及尺度不准,拿传统思维和线下监管的办法来监管新经济潮流。互联网金融有别于传统金融,互联网金融受益于云计算、搜索引擎、大数据等信息技术,相对传统金融,服务更加精细,交易更加高效,同时剔除了传统金融封闭性、间隙性、非标准化、多层级、受地域时间限制等缺陷,金融信息更加全息化、持续化,运营方式也越来越扁平化、弹性化,而老金融过度呆滞,顽固不化。其二,互联网金融作为新生产力,高层对其很是呵护,以实现扩大就业、大众创业、万众创新,以新经济增量替代老经济的萎靡,这从越来越多的互联网面孔出现在总理座谈会即可看出。迄今为止的9次经济形势座谈会上,至少30位知名企业家受邀参会,其中包括10位互联网企业家,从最早的马云,到马化腾、雷军,以及最近的周鸿祎。在2014年《政府工作报告》中首次在官方文件中明确提出"促进互联网金融健康发展",互联网金融一夜之间从"江湖之远"到"庙堂之高"。

但在政治层面得分的互联网金融,却在监管的实际层面难以操作,陷于一种尴尬境地,难免出现高高举起、轻轻放下的情形。如何在促创新、防风险之间拿捏到位,达到既加强监管又给予空间的均衡状态,将考验监管层的大智慧。

第七章　股市进入第二台阶

股市"真牛"还是"假牛"让人难以辨别，但从首次公开募股（IPO）、注册制、退市制度等似乎又能看出股市正在拼装变局图，可以预见，股灾之后，股市的政策大调整将是颠覆性的，2016年股市将再上台阶，来到敏感点。

股市如惊弓之鸟

2015年股市行情回顾

2015年股市风云突变，股市之盛叠加股市之殇前所未有，将是中国股市历史上浓墨重彩的一笔。五一小长假前的最后一个交易日，上证指数日盘一度站上4500点，最后以4441.66点收官；创业板逆势飙升2.16%，盘中创出新高2918.75点。整个4月，A股涨幅18.51%，两市每日成交额全部超万亿。仅4月8日当天，日成交量超1.5万亿，融资融券1.7万亿，创业板市盈率超100倍，其他股票中位数也超50倍。然而指数高位、行情看好之下，股市已然成了惊弓之鸟：面对全民炒股的高涨热情，证监会年内已多次发出风险提示，希望投资者"尊重市场、敬畏市场"；风险警示之下，机构方面开始主动收缩"杠杆"，中信、申万、东海纷纷上调保证金比例以控制风险；为避免引起不必要的震荡，各部门更是小心措辞，4月27日关于央企将在分类基础上进行大规模兼并重组的消息一出，国资委立刻出面辟谣，称"未采访未核实"；中小散户由于迎来了政策消息"透明大放送"的时代，加之2014年全年上证指数狂涨52.87%的巨大诱惑，不断动摇着投资者对楼市根深蒂固的"感情"，既动心于同样利好的楼市政策，又舍不得一牛冲天的股市，一时间股民彷徨在楼市与股市之间。

而6月股市却上演了"翻脸"大戏，从6月15日到6月26日的9个交易日，A股暴跌近千点。6月27日"央妈"祭出"双降"，市场人士普遍认为，接下来将会是被重大利好政策稳住的交易日，下跌或到此为止，然而事实是，被认为极为关键的扭转跌势的6月29日，反而成为跌情扩大化的起点。6月29日至7月3日一周沪深指数再次深度下探，其中上证指数报收3686点，在6月29日开盘的点位上砍去600点。期间证监会接连发声"回调过快对市场不利""融资融券稳健""养老金将要入市"等，但股市反而像打开了潘多拉魔盒，沪深指数"一日红"后便迅疾下挫，A股指数在7月9日更是触摸到3373.54低点，不到一个月时间，距离年内最高的5178点已暴跌34.9%。前所未有的回调威力，让各方损失惨重。A股市场累计蒸发掉21万亿市值，相当于跌掉了10个希腊GDP；570家上市公司股价遭腰斩，汉邦高科、金石东方、双节电气最大跌幅竟超过了70%；散户、明星、大佬们纷纷中枪，散户人均赔了8年工资，赵薇亏损40亿元，范冰冰的身家被吸走1.2亿……为规避"疯熊"魔咒，1400家上市公司、占比一半的股票高挂"免战牌"，如此规模的停牌潮为中国股市历史所罕见；血洗散户，众多股民选择"大逃亡"。惨烈之中，"沪市，沪市，我是深市，我方伤亡惨重，几乎全军覆没，你方情况如何？""深市，深市，我是沪市，我军已全部阵亡，这是录音，不用回复！""呼叫创业板，呼叫创业板，创业板听到请回答！创业板还在吗？嘟嘟嘟嘟嘟嘟……"之类的段子徒增几分悲凉。一场股灾不期而至。

股市政策调整趋势

　　一场所谓的股灾把有关方面、有关部门打回了原形。在一连串愈发"生猛"（公安部门也出手救市）、不达目的誓不罢休的救市举措"轰炸"下，"使市场在资源配置中起决定性作用"直接被放到了火上烤。不可否认，如此强力救市有其必要性，否则任由股市如飞瀑直下，恐怕满盘皆输，引发社会难以承受之痛。但在股市翻云覆雨的行情中恰恰折射出有关方面、有关部门以市场经济之名行计划经济之实，骨子里总想做市场的"控盘手"，让市场按照自己的意愿和节奏运行。

　　早在2015年两会期间，证监会主席肖钢就公开宣称"本轮上涨行情是合理的和必然的""本轮牛市是改革牛"，就连央行行长周小川也"旁敲侧击"为股市鼓劲："资金进股市，也是支持实体经济。"随后，官方两大"话筒"《人民日报》和新华社更是公然轮番为股市打气，为牛市摇旗呐喊，渲染牛市氛围。于是股市被深深打上国家背书牛市的烙印，市场行情开始扶摇直上。然而，随着股指加速上攻，伞形信托、场外配资的风险日益显化，有关部门又开始"踩刹车"，不断加大对场外配资、伞形信托等的清查、"围剿"力度；同时，两大官媒也开始调转话锋，接连提示市场风险，呼吁理性慢牛；直到6月12日，证监会重申，各券商不得利用网上证券交易接口，为任何机构和个人开展场外配资活动，股灾就此被一手引爆。显然，正是由于有关部门把管理者的角色搞拧成经营者的角色，把好端端的一场大戏给搞砸了。然而，有关方并未吸取教训，反而"变本加厉"，为了救市，居然把4500点都挑明了说（21家券商发布的联合公告承诺上证综指4500点以下自营股票不减持）。虽然有券商站出来澄清，这个点位既不是政策救市的"顶"，也不是政策救市的"底"，但其释放的信息显然不言而喻。如此一来，原本的第三方变成了对方，即多空双方中的一方，管理部门从本应超然于市场的主体自我降格成了市场上名副其实的"大多头"。

股灾中政策出尽洋相之后势必将迎来政策大调整，这种调整必是颠覆性的，标志着大变革的拐点，证券市场本身将被边缘化，以产权交易为主的N板市场，将是未来的主攻方向。证券市场日益由直接融资异化成间接融资，与中国实体经济、科创经济渐行渐远，普罗大众也不适合从事证券交易，在此领域社会敏感度极易被放大，届时证券市场将被国策边缘化，中国式的金融资本将纳入直接的股权交易，而不是证券，未来将是股权经济的时代，中国将不断创新出包括新三板在内的N板市场。被指为股灾"罪魁祸首"的HOMS系统，换个角度，某种程度上证伪了证券市场（至少是证券公司）存在的理由。证券市场被边缘化已是大势所趋，在形势牵引之下，政策也将做出反应，与其一根筋吊在证券交易上，不如重心逐步向股权市场偏移，鼓励股权交易将大行其道。

以上所涉及的政策调整还仅仅是大变革的开始，革命性意义存在于更宏观的领域。救市遭到方方面面的"诟病"，原因仍在于救市要救预期，救规则、机制，救健康的市场，而不是简单的救指数、点位。福卡智库曾预判2015年金融闯关，当年价格闯关，物价暴涨惹得民怨沸腾，倒逼改革，而今金融闯关，股市暴涨暴跌以致股灾，涉及股民一两亿人，几乎囊括这个社会的大部分精英分子，其自我保护意识要远超二十多年前。因此，两者思路套路是一样一样的。金融危机后，美国颁布了《多德-弗兰克华尔街改革和消费者保护法案》，从七大方面对美国金融进行规范，并设立新的消费者金融保护署，大大强化了金融消费者保护。中国至今没有针对金融消费者的专项立法，"一行三会"的分业监管框架中，也没有专门负责金融消费者权益保护方面事务的监管机构。对投资者最有力的救助，来自于从规则、机制上保障其权力，要加速进行类似美国保护金融消费者的改革。就股市自身规则、机制建设而言，对"负面清单、国民待遇、国企改革"三大要点的要求甚至比自贸区还要迫切。

本轮牛市的"三个台阶"

股市"天使"与"魔鬼"二人转

　　股市相关领域的制度层面正在悄然生变。退市制度、注册制改革、沪港通、兼并重组不审批、国企改革、公司分置及监管制度等七大模块，牵涉到股市方方面面的调整，是搭建出相对完整有效的股市框架的基本要素。不过各模块之间并非完全是紧密关联的，因此，无法通过解决某一模块来顺带解决好所有问题，如完善监管规则并不意味着IPO注册制就能自动搞定，而搞定了IPO注册制也并不意味着国企改革可以立即奏效。显然，中国股市还难以存在一招制胜、抓住牛鼻子其他一切迎刃而解的可能，只能在本质重构中逐步搭建出一个基本框架，即每个模块的拼装只会是逐步完成，而难以同时完成。实际上，在新旧交易制度的本质切换中，目前正在出现一种积极的过渡，虽然这种变化是分散的、局部的，一旦各个局部、模块的变化大致合拢到位，就会合成出一种格局性的变化，换言之，格局性行情的质变就有了前提。

　　尽管股市七大模块的完善让"灾后重建"看到了一丝曙光，但是无论是"满仓踏空"的悲怆，还是"为国接盘"的豪壮，甚至是爆仓后的绝望，都挡不住对股市的痴狂，正说明了股市是"天使"与"魔鬼"杂交体。

　　走过25年风雨的中国股市，从青涩到远未成熟，从起步到仍未完善，其间经历了无数次漏洞发现与规则创立以及人性搏杀的过程。尽管中国股市之"恶"备受诟病，被强加的为国企脱贫解困重任、"闲不住的手"翻云覆雨、"半夜鸡叫"，在吴敬琏眼中连赌场都不如，用金融大鳄索罗斯的话来描述就是"经济史是一部基于假象和谎言的连续剧"。显然，这样的股市并不是美丽的天堂。但如果没有股市，社会融资将更加困难，规则更难建立，制度更难完善，体制更难改革，产业更难分化，好坏公司更难区分。中国储蓄率雄踞全球首位，2013年9

月，我国居民储蓄连续三个月突破43万亿元，人均储蓄超过三万元，为全球储蓄金额最多的国家，从传统文明角度来讲，把钱存进银行，不寅吃卯粮，勤俭节约是中华民族的传统美德；但从市场经济角度而言，大量资金沉淀在银行，并不利于经济的快速发展。因此，股市本质无所谓好坏，需要客观看待"天使"与"魔鬼"的两面。

一方面，过分地利用人性之恶，投机过度、泡沫过大，资金无法转到实体经济中由金融资本转变为产业资本，就会异化成跨产品、跨市场的击鼓传花，毕竟增加IPO并不等于增加企业资金，因为市场从不缺乏高位减持、疯狂套现行为，如此一来，股市"天使"的空间就会趋小。尤其是当手段替代了目的，最直接的表现是利用融资融券、股指期货创新工具，伞形信托、场外配资等杠杆工具，放大股市的魔鬼性，反而适得其反，欲速则不达。此前股市急速大跌，与高杠杆率不无关系。股市上升期间，高杠杆能撬动更多资金获利，一旦股市下跌，由于平仓压力如悬在头顶上的达摩克利斯之剑，高杠杆的投资者须卖出更多的股票，导致市场范围内更多的卖出量，这又导致了股价下跌面临更大的压力，随之就产生滚雪球效应。对于借助高杠杆工具的投资者而言，一旦股市发生了重大拐点，股票达到平仓线，因无法补充保证金，将引发强行平仓风险，也将对其财富产生毁灭性的冲击。

另一方面，仅用"天使"的标准建设股市，显然是牛不起来的。试图用喊话、呼吁号召投资者进入股市，也不奏效，反而让投资者止步不前。从某种程度而言，股市中都是贪得无厌、不择手段的"恶魔"，站在道德制高点上高呼"侠之大者，为国接盘"，不过是打着阴谋论与爱国主义旗号的大忽悠，股民没有必要也不可能接住这个"大磨盘"。

本轮行情的"三个台阶"

综上所述，股市的拼图式改革为牛市提供了可能，但改革的快慢、真假也内置了股市波动的基因，更何况股市"天使"与"魔鬼"的本质也决定了此轮牛市的跌宕起伏。福卡智库在2014年7月预判了这轮牛市的到来，2015年2月给出了本轮行情的基本判断：从时间上看，牛市将持续三年左右，中间或会出现断崖式短熊，但持续时间较短；从格局上看，传统规律会兑现，新的异化也会层出不穷，呈现非典化格局；从特征上看，先疯后稳，先快后慢，呈现出混合行情，上午牛下午熊、今天牛明天熊。之所以如此判断是因为，这轮牛市是在股市制度性改革并未实质性展开的背景下仓促人造的大行情。且不说，"国家牛市"刺激消费的别有用心，单一连串的改革马不停蹄，就顿时在股市掀起"讲故事的比拼大赛"。股票是涨了，可回头再看改革，却依然陷于深水区的沼泽中"徘徊不前"。股市"动其根本"的改革"犹抱琵琶半遮面"，以致圈钱投机本性未变，反倒是金融创新如火如荼，只可惜在体制未完善之下就"加杠杆"，等于是打开了潘多拉魔盒。

伴随中国资本项开放，市场化突破临界的"惊险一跃"，将揭开多层次资本市场"八仙过海、各显神通"的大戏。加之，中国正处于"调结构"的转型期，不管是资产价改还是国企改革，深水区改革都已避无所避。金融爆炸能量太大，改革的动能太足，这都不是一个台阶能消化得了的。福卡智库之前就已指出，在资金弹药充足、政策全面持续、改革概念四起之下，牛市的能量太大，但熊市的因素也太多，小到去杠杆、去行政的变奏，大到中国经济基本面不支撑，再到业绩造假、内幕交易、市场操纵等历史积弊并未真正改善，说到底，问题还是出在了国家经营、政治性配置的股市痼疾积重难返。如此一来，行情自然无法一竿子到底，牛熊（多空）都需要在阶段性的换位中来释放其能量。

如此推导，这轮"野牛"需要三个台阶，一年一个，每个两三千点。如果说2000点是这轮行情的起点，那么第一台阶花了一年时间基本已兑现5000点的阶段性高点，并从狂欢到失落，以始料未及的瀑布式下坠来完成"野牛""进二退一"的能量释放。虽然靠着政策救市，股指是站稳了，但"杠杆牛""改革牛"

等暴露的问题却实实在在横亘在那,尤其是面对七成个股被腰斩(有些甚至跌回了这轮牛市起步前),股市需要重新确认这头野牛有无能力继续奔跑。因此,第一台阶的失落,正是第二台阶底部确认的起点。就目前种种变量看,这场股灾的收场,不管是纠偏政策、还是安抚人心、遗忘恐惧,乃至可能发生的人事变动等,都需要大半年的休养生息。这意味,第二台阶的再确认将在剧烈拉锯战中寻找均衡点,然后才会在股市能量的积聚中再度兴高采烈地上冲。一旦攻陷5000点,就将马上对上一轮牛市高点吹响集结号。但6124点始终是个敏感点,因为这个点位凝聚了股民太多的血与泪,当初的疯狂与恐惧在今天仍阴魂缭绕,落袋为安的心理将让第二台阶始终围绕着这一均值"摇摆",从再确认到再遗憾。

但中国股市从来就不差钱,也不缺概念炒作,更不乏"接盘者",作为金融大爆炸的主战场之一,股市将在"众人拾柴火焰高"中冲上第三台阶,见证"全民炒股、各个是股神,没有最高、只有更高"的奇迹,只不过"上帝欲使其毁灭,必先让其疯狂",一旦形成中国奇迹,形成之日就是雪崩之时。因为股市从来不是创造财富的地方,而是财富重新分配的场所。即便当前不乏流动性,但如此圈钱,它的资金终将被掏空。且不说,在日成交量万亿下政府靠收税、券商靠佣金就赚得盆满钵满,资本到底是"见利忘义"的,不仅产业资本会随着大小非解禁离场,金融资本原来想的就是"晃一圈卷了钱就跑",就是机构大户挣钱了也会获利了结。这四大资金的离场,将让继续往里冲的散户成为替罪羊。届时,雪崩开启,政府是堵不住的。

考虑到中国股市的复杂性,实际行情将更为曲折,三个台阶将呈现为三块横向的跳台,台阶间并不是连续的行情,而会表现为断线的关系,后一个台阶并不会是建立在前一个台阶基础上的垂直上升,其高度或程度难以较大幅度超越前一个台阶。这主要是中国股市的铁三角(基本面+运作机制+炒作概念)还未形成全面支撑股市持续走强的格局。从基本面来看,后危机时期,自2012年轮到中国经济实质性的下探,未来两到三年中国经济仍是底部横盘的时期。这决定了基本面对股市的支撑偏弱。尽管中国股市历来是政策市，和基本面的关联似乎不大，但中国股市牛短熊长也实证了单靠政策的行情，其能量是有限的。从运作机制看，股市基本架构难以改变，这也就意味着没有运作机制较大的蜕变甚或脱胎换骨式的升级支撑，股市行情难有超越以往的突破。未来，股市的实质性突破在于政策经济转向规则经济，这是大方向，但政策形成机制仍处于底部横盘期，难以一蹴而就。不过，互联网本身就是现代管理架构，可超越制度陷阱，缩短改革进程，这也将带给股市无限的想象空间。

2016年股市怎么走

2016年股市多空因子

如今，当股市再次进入胶着状态，每一位股民的心都是焦灼的、纠结的，贪婪与恐惧在心中无数次升腾翻滚，眼神却是迷茫的。在此关键时点，2016年股市到底将何去何从？有机构预测"4000点仍然是岁末年初的上证指数的目标"，也有基金明确表示"年底前收复4000点整数关口"，而且"上涨逻辑和上半年实际上没有本质区别"；摩根大通认为2016年股市将维持"慢牛"走势，既不会暴涨也不会暴跌；还有最近大热的李大霄抱紧"婴儿底"，"向着自由，向着解放，冒着敌人的炮火前进！"而这些预测或囿于某一点位，或夹杂着价值判断流于呼吁，而未描绘出具体态势。

显然，中国股市有太多的悲观因素。从经济上，不仅中国股市自身的"恶"使其难以成为经济的晴雨表，何况经济还在去产能过程中，不能成为牛市支撑，依据经典思路必然是看空股市。从政策上看，"放水的"货币政策对股市影响有，但是很有限。实际上，货币越宽松失效越快。宽松货币是刺激短期繁荣，看起来有效，但是这种繁荣意味着再次资源错配。从制度上看，制度改革尚在试错中,主要停留在规则层面,如对"两融"多次打补丁以降杠杆,上调融资保证金比例至100%,对股指期货念起了"紧箍咒",调整打新规则等。以2015年年内最后一次IPO为例,其看点在于市值配售、后缴款、小盘股直接上网定价,其直接效果是买股票变成"买彩票",从而进入全面打新时代,而新股低发行价、低市盈率、低募资规模一如既往的存在,发行节奏仍在有关方面控制中,新股上市之后的若干个涨停依然会毫无悬念地继续,不过是减轻了IPO重启对股市抽血效应。鉴于"闭着眼睛都赚钱,谁会放过",2015年底打新大战必将空前白热化。事实上,机构已经开始摩拳擦掌,例证就是新成立基金大幅增加。而这些对于受人诟病已久的IPO审批制而言,并没有产生根本性的改变。

然而,当下股市波动有多大,未来的空间就有多大。如金融机构大变局,一行三会合并传言,通过换人来换思路;金融反腐标志着告别旧制度,即将开启新制度,而制度一旦开启就难以回头,这将彻底改变股市之根本。尽管肖钢关于2016年3月注册制有结果的新闻被撤下很吊诡,但"发审皇帝"姚刚的倒下可以理解成为注册制清障。国企改革也是改变股市痼疾的一大因素。调结构与GDP的拿捏,老经济向下、新经济向上,都在为股市储蓄动能,但根本上还是市场原教旨主义与计划经济原教旨主义的博弈。如果说这些还是只是激发股市行情的内部因素,那么第四次金融大爆炸则是揭开资本市场大戏的外部背景了。

2016年股市进入第二台阶

鉴于金融大爆炸的能量太大,改革的空间太大,都将会在股市上得到反映。我们判断:经过近半年的休养生息,2015年年底已经进入第二台阶,其起点正是第一台阶的跌落点,在震荡拉锯中确认均衡点位后,正在为向下一个高位冲刺而积聚各方面能量。种种迹象表明,眼下市场已经启动,如2015年10月沪深股市过亿元市值的账户增加了1010个,长线资金开始入场。

鉴于2016年较难看见在制度建设上有大动作出现,又因为有关方面的惯性,依然将演绎政策不成熟行情，一些"小打小闹"的动作会推动股市继续上攻，但要让中国股市下起"牛市雨"的能量还不够充足。具体原因如下：

首先，带有计划经济历史痕迹的A股，其国家经营、政治性配置等痼疾积重难返。肖钢的一个核心、四个要点（注册制+天然权力、信息披露、主体归位尽责、宽进严出），如同当年国资委的李荣融（强调"央企要做到行业第三名"等理念）驴唇不对马嘴，其真实含义是：理想概念+实质性扩容，然而，行情管控与喊话总是"被打脸"，毕竟证监会独木难支，撑不起大牛，因为其无法代表中国股市。事实上，中国股市有"四个代表"——证监会、国资委、财政部、央行，只有"四个代表"拧成一股绳才能牵出真正的牛市，但"四个代表"却各唱各的调：证监会想干事，但使唤丫头拿钥匙——当家不做主；国资委还没想好国企改革方案；财政部连方向感都没有；央行就知道左平右衡，对货币之水倒是收放自如。不过，"四个代表"又似有联动：证监会踩刹车，央行将2015年广义货币（M2）控制在12%左右，保持流动性合理充裕；银监会下发委托贷款管理办法，不允许流入股市；国资委讲国企改革、整体上市、混合经济概念；财政部留后手，实在不行就动动税。显见的是，证监会、国资委等行政部门走向有负面清单管理，由行政审批转为规则制定及运作的监管，其职责转型艰难。

其次，改革已进入深水区，尤其是类似交易制度的改革，由于改变市场游戏规则，意味着股市去行政化，或将经历一个艰难的摸索过程。由于注册制对市场的运作要求与审核制也不一样，市场选择的权重越来越重，很容易出现个股被集体做空的情况，而一旦出现退市又将形成大量的民间诉讼，需要社会法制的支撑，如集体诉讼制度。再考虑到中国目前的信用与监管状况，没有严格的惩处机制护佑，没有对中小投资者的有效保护，对信息披露违规、财务造假等行为处罚太轻，仅是对公司和相关责任人进行警告，或处以几万到几十万元罚款。由此注册制有可能异化为一场内幕交易、信息造假的狂欢，而交易者对市场真实信息的甄别却有心无力，或将沦为造假者的天堂，因而司法体系与监管体系的配合必不可少。由此可见，真正的注册制需要满足市场选择、严格退市、做空、集体诉讼等诸多要素，其改革不是一蹴而就，一改就灵的，也无法成为牛熊的分水岭。

最后，国有企业改革对股市多空的意义更为重要，毕竟国有企业一股独大，在解决股权分置之后，要解决流动性分置问题，带来临界意义上的变化，并不是那么容易，它涉及国企分类、整体上市、混合经济等诸多问题，不可能在2016年一步到位。

由于是牛熊并存，热点、概念变化极大，对于投资者而言，选择炒作波段还是炒作政策？二者区别在于，波段以百点计，政策以千点计；波段是券商、庄家制造的，一星期就可能是一个轮回；而政策不稳定是有关方面的惯性，往往是半年或一年为界，在这种格局下，炒作波段属于散户中极少的技术派、职业派，其几乎修炼到火眼金睛、没心没肺的程度，或能火中取栗；对于面大量广的普通股民而言，由于政策经济的本质在短期内难以根本改变，政策的变化依然会很大，因此要在股市中获利更多有赖于不炒波段炒政策，避免被一茬茬"割韭菜"的命运。

第八章　房市：加剧、加快、加紧

当下的市场变化既不是大拐，更不是崩盘，而是一次收敛。2016年房地产态势将呈现"结构分化加剧、再上台阶加快、不动产登记和房产税加紧、住房重组面大量广"的特征。

房地产将何去何从

房市"变局"

经历2014年的沉寂，2015年下半年房地产市场走势高亢，表现在：一方面，北上广深飞涨。北京新建商品住宅价格环比上涨0.8%，同比上涨8.1%；上海新建商品住宅价格环比上涨2.1%，同比上涨12.7%；广州新建商品住宅价格环比上涨0.8%，同比上涨7.1%；深圳新建商品住宅价格环比上涨1.2%，同比上涨40.5%。另一方面，大平层豪宅凶猛。2015年上半年，北京单价超过6万元/平方米的高端楼盘，共成交210.79亿元，同比增长1.8倍；总价2000万元以上的豪宅，签约420套，同比增长超过1倍。上海一边是10万元/平方米以上的豪宅成交量暴涨，上半年豪宅成交71.48万平方米，同比上升122%；另一边是新建商品房普遍豪宅化，中环宅地价格超5万元/平方米。此外，二手房市场火爆。2015年10月份，24个城市二手房同比上涨。值得注意的是，这也是二手房14个月来的首次平均同比上涨。

事实上，中国的房地产是政治、经济、社会多个变量作用下的结构，而非简单的经济学理论能够"穿透"。我们认为决定房地产走势的核心变量是：货币、政策、供需、土地这四大变量，而经历2015年，这四大变量都发生了天翻地覆的变化。①货币由紧转松。自2014年11月起的12个月六次降息、五次降准，商业贷款4.9%的基准利率创近十年最低，公积金贷款3.25%的基准利率创史上最低。降准降息后，房地产市场已经出现实质性提振效果，不论是二手房抑或是新建商品住宅均出现回暖迹象。2015年10月份，70个大中城市中，上涨的城市有27个，持平的城市有10个。②救市政策频出。一方面，政府出台首付降成、税费优惠、放松首套认定、提高公积金贷款上限、公积金异地流转等直接利好政策；另一方面，全面二胎、户籍改革、新型城镇化等相关政策也能间接影响房地产市场态势。③供需结构性过剩。一方面，截至2015年10月末，总的库存量已经达到6.8亿平方米，其中2亿多平方米的商业和写字楼消化严峻，而住宅库存为4亿多平方米，基本上没有太大变化；另一方面，主要库存集中在三四线城市，前期过热的城市如烟台、呼和浩特、北海等最长去化周期达到30个月，而一线城市和重点二线城市去化压力较小。④土地市场整体升温，一线城市"地王"引爆眼球。截至2015年11月，上海土地出让金合计为1006亿元，较2014年同期上涨8.9%；而北京土地市场合计成交金额高达1920.77亿元，突破了2014年全年创造的1916.9亿元的历史年度纪录，年底"地王"厮杀更趋惨烈。相比之下，三线、四线城市由于缺乏消费能力，且土地价格已偏离实际价值，土地市场较为低迷。

2016年房市走势

关于房地产,我们认为短中期"波动向下、总体横盘、结构分化、长期调整、再上台阶"的特征基本不会改变。鉴于当下楼市总体供应过剩的现实,未来一段时期内,消化过剩的压力使得楼市波动下行在所难免。但是由于支撑中国楼市的基本因素,如人口、土地、货币等因素并未消退,而是进入调整期,积蓄新的力量,因此楼市总体横盘。并且,由于不同类型城市问题不同,一线城市的问题主要表现为房价上涨过快(一线城市房价是三线的3.8倍),而三四线城市的根本问题是产业发展不支持快速增长的供应,因此在调整期两类城市表现会有所不同。一线城市基本面支撑相对较好,市场调整相对平和,而三四线问题较为严重,产业薄弱而供给过多的城市将会深度调整。近几年的行情态势将伴随后危机的进程而延续,在此过程中夯实底部后,5~7年内再上大台阶,其中北上广等一线城市房价香港化,越过临界的市场经济购房群体趋小,新经济的获利者将成为未来主要的购买群体。总体而言,当下的市场变化不意味着要走向极端,而是一次收敛,既不是大拐,更不是崩盘。在调整期,市场将兑现五个回归,即市场化、刚需大、投资小、区域化、正常化。具体来看,2016年房市又会呈现出一些明显特征。

首先,结构分化加剧,再上台阶加快。一方面不同城市、不同地段、不同购买者需求使房市分化愈发严重,在房子普遍相对过剩的情况下,拼的是城市地位与地段,有人口增量的、行政级别高的城市,如首都、直辖市、计划单列市、省会城市,其中心区房产仍是很好的长期投资工具,而那些人口流出、供给过剩的城市房价将日趋下沉,当地政府不得不积极"救市",如武汉年内四次放宽普通住房标准,宁波补贴购房契税等现象并非鲜见;此外,豪宅与普通住宅表现将出现两极化,勾勒出房市鱼尾曲线。另一方面,3~5年内,内地一线城市中心区域房价将直逼香港。之所以如此,乃因三大基石决定房价新常态。其一,随着市场经济深化,国内一线城市地位抬升,类似香港等城市功能被边缘化,地位旁落,城市发展与前途都将折射到房市中;其二,中国进入金融资本时代,股权众筹投资、新三板等使财富分配模式发生变化,实现财富重组,财富效应终将在房价上兑现;其三,2015年是中国金融元年,杠杆化"粉墨登场",中国引发的第四次金融大爆炸推高资产价格则是必然。

其次,不动产登记和房地产税加紧。目前,房地产税已正式纳入全国人大的立法规划,最快在2017年年底前获得通过。从2011年上海与重庆房产税试点,到2013年十八届三中全会确定为房地产税,"一字之差"意味着房地产领域的税收改革从一个税种的征收上升为整个行业链条上一系列税种(如土地增值税、契税、城镇土地使用税等)的梳理归并,整个即房地产税体系建设。与此相对应的是,作为房地产税征收的重要前提,不动产登记正在推进中,国土资源部要求在2017年基本建成覆盖全国的不动产登记信息平台。

最后,房地产税虽然不会于2016年推出,但它始终是悬在头上的达摩克利斯之剑,未来不管确定什么样的征收标准,都会导致房地产格局发生重大变化。如果按照房屋套数征收,必然会发生多套小房换大房现象;如果按照人均面积征收,将引导居民在市中心持有高价房,加剧房地产市场价格的"马太效应";如果按照房屋总价征收,又会把市中心的低收入群体逼向郊区。所谓"牵一发而动全身",房地产税和不动产登记的推进无疑会导致2016年出现房屋量大面广的现象。

商业地产去产能

商业地产过剩

2013年商业地产投资完成11945亿元,增长28.28%,新开购物中心3500家,

2015年达到4500家，2025年还有7000家开业，届时总数将超过1万多家。180个国家拥有的购物中心，其中一半以上在建的购物中心在中国。购物中心在建面积最大的10个城市，8个在中国。而与之形成鲜明对比的是：实际消费能力很差，商业人均面积远超实际需求，空置率惊人。人均商业面积的国内标准是1.5平方米，而银川、呼和浩特、沈阳已达人均4平方米，2014年35个大城市中16个超过1.5平方米。1500万人口的成都2013年商业开业面积全球居首，上海2400万人口，商业面积3300万平方米，居世界第一，成都3200万平方米，世界第二，沈阳人口800万商业面积却仅次于北京。据最新统计，2015年二季度二线城市商业地产空置率达14.9%（空置率10%已算高），北京甲级写字楼面积居全国之首，达800万平方米，空置率4%~6%，上海空置率第二，为8.5%。

最近5年，几乎所有开发商都卷入了商业热潮。凡企业必言地产，凡地产必言商业，盛极而衰，接下来，2016年将不得不面临四难：首先是招商难。购物中心的供给速度呈几何级增长，而消费市场近几年增幅徘徊在13%左右，基本消费面毫无起色。没人买，就难以激起卖的热情，僧（商业地产）多粥（商家）少，不挣破头才怪。同时，互联网、电商对传统商业釜底抽薪，商家去实体化，经典百货公司模式江河日下，令招商更是雪上加霜。其次是销售难。招商难还只是拉开了序幕，没有商家入驻，缺乏盈利预期，谁会来投资商铺？过剩市场竞相争夺日益被稀释的投资能力，要么以住养商，要么不得已出售"精肉"（相对精华部分），剩余部分无人问津。第三是开业难。运营为主的商业项目，其增值是在开业之后，通过商业运营和管理来实现的。但这对招商方式、销售模式、经营团队专业性要求很高，即便闯过招商和销售大关，经营阶段的挑战也难以逾越。最后是经营难。商业地产真正的竞争集中体现在开业后的经营上。诸如消费者定位、经营策略、与时俱进把握消费趋势，包括如何对抗电商侵蚀，是商业地产能否成功的关键指标。然而对于诸多从住宅地产，甚至其他行业转战而来的地产开发企业而言，这绝对充满挑战。这不仅需要专业性，还要有商业敏感性及对大势的准确研判。综上可见,商业地产前景堪忧。

2016年商业地产还有机遇

1.社区商业——五菜一汤。综合体商业凋敝,接地气的社区商业"五菜一汤"却大有可为。"五菜"包含食堂、超市、银行、洗衣店、药店五大类与业主生活休戚相关的日常生活服务配套,"一汤"是指"幸福街市"(蔬菜连锁超市)。此外,开发商通过对居民生活收支数据的整理分析,还可适时调整服务内容与商业业态;通过与电商平台合作,更好实现线下线上对接互动,提供精准服务。如马云所说,生活服务类电商像早上五六点钟的太阳,现在还是朦胧期,一旦天光放明,希望绝对不低于制造业和零售业。因此,社区商业价值模式启动在即。

2.体验经济改变城市功能。体验经济改变城市功能,也改变商业地产业态。互联网时代,消费特征发生明显变化:购物空间立体化(全渠道购物)、时间碎片化、购物移动化、信息传播社交化,要跟互联网抢"生意",商业地产业态只能向体验型倾斜,未来休闲、娱乐、社交、生活服务等体验型业态将加速"上市",成为主体。此外,除了上述城市社区商业,新型城镇化背景下农民就地城市化,当下一味求大的商业体形态也将上演"变形记","幻化"成分布在无数个小城镇的迷你型综合体,只要合理布局,依然能够达到规模化以及"撒豆成兵"的效果。

3.2024年中国绝对消费将达11万亿美元。据全球行业数据和分析机构HIS最新预测,中国消费开支的实际年平均增速将达到7.7%。到2024年,中国消费开支将从3万亿美元增至11万亿美元。未来10年,消费推动将替代投资引领成为增长主动力,这对商业地产而言,属于绝对利好,未来空间有的是。

产业地产迎来新格局

产业地产从"大洗牌"到新格局

数据显示，2000家左右的文化产业园区仅不到10%真正赢利，超九成处于亏损状态。而曾经信心十足的东北五矿营口、武汉美国新都市工业城等一系列标志性产业园区也相继上演"空城计"。这不仅让开发商纳闷，为何产业地产看起来"一片光明"，现实中却"一地鸡毛"？事实上，产业地产正面临一场大规模洗牌。产业地产第一波大爆炸以工业园区为主要表现形式，其发展壮大基于两大前提：一是全球化再分工背景下的中国制造业崛起。上一轮全球化过程中，中国抓住机遇成为世界最大的加工制造基地，对工业地产的需求迎来井喷期；二是政府主导的招商引资野蛮生长。GDP至上主义让政府成为地方经济的主导者，为了配合招商引资，各地开始"比学赶帮"大搞工业园区，试图画地为牢将企业"圈养"。而如今，产业地产的两大前提都被釜底抽薪。不但传统制造业在各地竞相比拼中走上过剩，正处于去产能的半路上，而且原有粗放的、摊大饼式的招商引资模式因透支过度也面临无商可招的尴尬。皮之不存，毛将焉附？

然而，过剩并不意味着产业地产已行至末路，新型城镇化的巨大蛋糕为产业地产打开机遇窗口。此轮新型城镇化的核心是"人的城市化"，而不是延续以往"地的城市化"，这意味着大量农民将进入城市，成为城镇居民。届时，就业问题将成为压在地方身上的头座大山。因为如果没有足够的就业，新一轮城镇化便会演变成"人口集中营"，非但无法化解城乡二元矛盾，反而会加剧贫富矛盾，为社会稳定埋下定时炸弹。因此新型城镇化首先应该是产业的集中营，要给集聚人群足够的就业空间，而不仅仅是一场"圈人运动"。从这个角度来讲，"产城一体化"的实质应该是"产人一体化"。毕竟，在新型城镇化背景下，产业地产的经济学价值将不再局限于从市场经济学的角度来分析，而更需要从社会政治学的层面重新定义。由此看来,产业地产不但没有走到头,反而伴随着新型城镇化的推进,其重要性和空间都将迎来新的局面。只不过,原有低端的、同质化的"圈地模式"难以为继,转型升级势在必行。

"接地气"是转型关键

首先,结合当地资源禀赋打造本土化的产业生态。许多地方注重短期效果,希望投入能够立竿见影,因此更青睐照搬东部沿海的"成功模式",在"工业园区+招商引资"的道路上走到黑,往往忽略本土的资源优势,结果非但没有找到自身特色,还在同质化竞争中"泥沙俱下"。其实,对地方来说,最经得起时间推敲、危机洗礼的核心竞争力是那些独具特色、本土化的产业生态,即依托地方资源禀赋向外围衍生出的产业集群。如北京中关村便依托清华、北大等知名学府的资源打造出全国首屈一指的高科技产业园区,而同样的科技园区模式复制到外地却屡现水土不服。

其次,产业要吻合经济发展规律。很多产业新城最终演变成"空城",并非地方没有意识到产业的价值,也不是没有产业布局的思路,而是选择了错误的产业。如知名的曹妃甸工业园区从荣耀的巅峰坠落,便是因为逆势而上,将钢铁、化工等过剩产业作为主导性产业,结果等待它的是荒草丛生,烂尾项目遍地。但吻合经济发展规律并不是盲目追捧新概念,还要看产业的发展阶段以及目前产能状况。如随着3D打印风生水起,各地开始竞相上马3D产业园区,试图抢占行业高地。且不说目前3D打印机还处于概念炒作阶段,什么时候能够产业化还未知,地方如此无序、散乱大规模上马,迟早会步光伏产业的后尘。

最后,抓住容易深耕的"飞来产业"。"飞来产业",有的可以深耕,有的却"大难临头各自飞"。对于地方来说,只有留下来的产业才有价值。至于如何让产业"落地深耕",地方需从多角度下手:

(1)"筑巢引凤"时要找到与当地劳动力、资源禀赋等相匹配的产业。基础产业、地缘环境以及当地劳动力的素质和特点等能否支撑产业发展都决定着产业能否深耕，这就需要地方在招商引资时考虑地方资源与产业的匹配度，而不再是"抓到老鼠就是好猫"。如五矿营口的产业基础、人才资源、资金优势等各方面都难以支撑五矿产业园的战略规划，最终沦为失败的典型案例。

（2）抓住一个点产业化，打造产业生态体系，而不是停留在低端的工业化。工业化各产业之间是割裂的，各自为政，企业与企业之间没有纽带，因而在危机来袭时容易一拍两散。而产业化则强调企业之间的联系，企业与企业之间错位经营，形成一张生态网，能够相互支撑、互为补充，从而提高抗风险能力。

（3）利益捆绑，培育未来的龙头产业。中国正处于产业变革时期，当下貌似不起眼的小企业很可能就是引领未来潮流的龙头企业。地方可以推动园区通过参股、产权置换股权等方式化解小微企业的资金难题，为地方培育未来的增长点。近期，星河World高科创新园区便推出产权换股权的方式，既留下了企业，解决了招商难题，同时还为未来股权高收益埋下伏笔。

房企突围路径

1.创新商业模式。没有任何一种商业模式能够"千秋万载、一统江湖"，创新商业模式需要房企转变固有方法论。一方面，传统销售捉襟见肘，与其同行类比，不如"剑指"客户。比如市场"精分时代"之下"刚需盘""豪宅盘"等分类除了是目标客户的细分化，也是企业品牌的宣传；另一方面，充满机遇意识更是有助于产品升级，比如朗诗地产利用三恒技术打造的生态地产，足以令其在雾霾盘踞的当下赚足噱头。

2.跨界新领域，形成新引擎。房企投身于旅游业、养老业等早已成了"旧闻"，投资大、回报慢成了扎堆掘金者的难言之痛。困局之下转型无退路，只能找到新的增长点继续前行，恒大联手阿里"玩足球"，资本实力在增资扩股之后大大提升；而万科、百度合作"大数据"，坐享互联网爆炸产生推力，正在试演城市配套服务商的角色。目前万达正在进行的基因改良，称得上是房地产与稀缺资源结合的新案例，而稀缺类服务业不仅仅局限于养老，还有教育、医疗等。由此可见，市场内处处有"东风"，能否借到就依赖于对新事物的敏感性。

3.融入混合所有制改革。新一轮混合所有制改革下，民营房企无论是入股或是被入股，一旦确保股权结构的合理调整，就不仅得了国资的壳，同时又保留了市场的"心"。当看空楼市时，一大批政策允许的国有项目为房企打开投资新局面，加上目前央企被要求加速"退房"，"国退民进"之背景下，房企"好汉"各显神通。

4."登顶"资本链。资金对房企的重要度不言而喻，类似"禁止预售"的政策调控对于资金成本飙升的房企而言无疑是釜底抽薪。不妨用"房产+金融"模式索性攀爬上资本链上游，减少来自融资机构的制约。初阶形态诸如越秀集团收购香港创兴银行75%股份，而从趋势来看，房企"涉银"只增不减，目前已有包括新湖中宝、新华联、万科等30多家房企加入该行列。高阶形态则不局限于融资的考量，通过银行渠道挖掘面大量广的新客户才是真算盘。恒大收购华夏价值33.025亿元股份意在社区金融，看来恒大真正明白"财富藏于民"的道理。

5.顺势平民经济市场得人心。所谓"得民心者得天下"，消费正进入"平民时代"。对于房企而言，如上文所提暴利时代既已终结，改走平民路线在逻辑上符合市场发展大势。房企"高大上"的形象将被腾挪出来，转而关注微生态、顺应新消费。比如商业地产可以考虑与小商小贩的合作，学习摊贩的长久不衰，对力挽商业地产也许有着积极效用；万科在研究新消费上颇有建树，IT男房、空姐房"吸睛"又"吸金"。

6.出走海外的同时，亦可内迁谋生。从2012年开始，中国开发商开始纷纷走出去攻城略地，万科宣布以1.75亿美元与美国铁狮门公司合作开发旧金山一个豪华公寓项目；SOHO中国联手巴西财团以7亿美元的价格购得了美国通用大楼40%的股权；2014年10月，上海绿地集团更以超过50亿美元的价格持有美国森林城公司70%股权，共同开发位于布鲁克林大西洋广场的地产项目。海外楼市环境宽松带来的契机固然不少，但是国内新型城镇化带来的利好也不容小觑，小城镇正在经历"大发展"。目前我国真正城镇化率仅为35%，到2020年计划完成85%，从欧美等西方发达国家经验来看，在城市化率达到80%以前，新增购房需求都会单边向上，此轮城镇化后将带来大批首套房释放。

▶▶ ▶▶▶▷▶▷▷ ▷   ▶▶▷▶ ▷▶▷ 行业篇   ▷▶▶ ▷▶▶

第九章　互联网风起云涌

> 此起彼伏的互联网狂欢，看似是毫无头绪的随机性爆发，但其内生规律和投资逻辑却有迹可循，这也是互联网未来的基本脉络。

互联网混战时代

从狂欢走向混战

或许谁都没料到互联网在中国仅20年就会发展得如此迅速，更意想不到其"星星之火足以燎原"，颠覆传统、改变规则的同时居然改变商业业态，以至于出现大规模行业洗牌，惹得群雄并起而夺之。"战争"如此激烈，与互联网时代的发展格局密切相关。如果说以前是"国外有什么，国内就拷贝什么"，草莽时代的互联网是八仙过海、各显神通，各走各的独木桥，谁也管不了谁，那么始于2014年的互联网兼并，恰恰昭示互联网从草莽争雄演变到"三足鼎立"的"圈地运动"。毕竟百度在搜索、阿里在电商、腾讯在即时通信和社交上各有所长，但也因各自的思维惯性——百度是技术思维、阿里是销售思维、腾讯是产品思维而各有所短，为此，BAT（指百度、阿里巴巴、腾讯三大巨头）纷纷先下手为强。不管是阿里推动电商用户与流量向移动端迁移，还是腾讯扩展微信支付生态圈，都将这场战火烧到PC（个人计算机）端之外，争夺起移动入口的船票，并进一步抢占和修筑自己的O2O（线上到线下）生态：百度将PPS、糯米、去哪儿揽入怀中；阿里收购高德、投资银泰；腾讯也没闲着，入股搜狗、大众点评、京东，BAT瞄向餐饮、生活服务等实业的"野心"，实则意图实现虚拟与实体的纵向嫁接。可有趣的是，BAT之间的壁垒正在坍塌：年初美团和大众点评还在高调秀各自规划，突然之间两家公司宣布合并；此前打得不可开交的去哪儿和携程网也闪电结合，更有此前兵戈相见的滴滴和快的"共结连理"。这些都表明互联网从前期各自为政、占山为王彻底进入了合纵连横的混战时代。

混战背后的风起云涌

从实质上看，当下的局势是中国互联网野蛮生长到一定阶段的必然结果，市场有限、受众重合、产品同质化导致竞争白热化，而在寻找突破中互动奶酪，产生了利益之争。比如，曾经傲娇地宣扬"只要站在风口，猪也能飞"的雷军，如今不得不承认小米手机的发展到了瓶颈期，在1500～2500元的产品线上被华为荣耀超越，500元左右的产品线又遭遇周鸿祎的大神手机冲击，依托内容平台优势的乐视进入手机红海，将冲击小米1000～1500元的产品线，于是雷军一边发起"新国货"运动，一边向互联网金融进军，与和邦股份、信息网、红旗连锁等企业共同发起设立民营银行（筹）。然而，互联网金融早已被阿里的蚂蚁金服在银行、证券、保险、基金、信托、P2P、股权众筹等不同领域大肆布局，在可以想象的地方都已落子，俨然一副全牌照集团的模样。

从内容上看，混战来到互联网时代中最大的富矿——文化娱乐产业领域。在这一领域，基本分成两派：硬件派与内容派，前者以小米为代表，后者包括乐视、爱奇艺、优酷土豆等，中间还夹杂着诸多利益攸关方，如联发科等芯片商、传统家电制造商、控播平台和广电总局等。而为了胜出，科技大佬们也是蛮拼的。张朝阳、周鸿祎、雷军、罗永浩等一众大佬不仅飙智商、头脑，还纷纷转战荧屏，开始飙演技了。张朝阳在《煎饼侠》里的客串开启了一个全新时代，周鸿祎饰演军方智囊团专家的电影《三体》将在2016年7月上映，雷军与黄晓明合作翻拍的经典影片《教父》，气场强大到不容忽视。大佬各种"秀"的喧嚣，其实是互联网文化娱乐产业经历这么多年草莽生长之后，势必将进入决一雌雄，重新瓜分市场份额的阶段。

从模式上看，互联网混战背后还彰显出商业模式之争。电商行业经过十几年发展，剩出京东和阿里两个巨头、两种模式：前者是最大的自营电商，后者是最大的平台电商；前者用物流号令天下，后者携流量统帅三军。京东做的是"零售业+物流业"，阿里玩的是"商业地产+互联网广告"。零售业和物流业的钱需要一分一分赚，效率就是生命，所以京东注定苦逼；地产业和广告业都是暴利行业，成本低、来钱快，阿里成为"土豪"一点都不奇怪。马云抓住了21世纪后中国经济和社会的每一个高增长点：外贸转型、零售业变革、信用缺失以及中国基础物流落后等，并将其变为公司转型的方向，当行业不再呈现高增长态势、需要比拼效率之时，或许阿里的金融、医疗、教育、文化布局已经筑起了另外几座金山，尚未上市的蚂蚁金服更是把马云拱上战略家、思想家的神坛。

从本质上看，互联网成为多事之地，原因在于虚与实之间灵魂上的差异，做硬件与做软件的不同。互联网与实体经济之间的灵魂差异也日渐尖锐：互联网追求时尚、明星效应，比较极端化、夸张，攫取的是几何级数增长，而实体经济只能是算术级增长，诉求不同，矛盾冲突自然激烈，雷军与董明珠之争即为明证。就在互联网行业内，做硬件与做软件的灵魂冲突也日渐加剧。比如乐视手机采用硬件成本价的方式，吸引用户为内容付费，以"开放生态"参与到手机的竞争中，一方面实现"桃树上结西瓜"，另一方面将硬件价格彻底拉到了完全无利润的边界，这不仅是对于小米的一大冲击，对于传统手机企业来讲更是巨大的刺激。这条崭新的道路已经在乐视超级电视身上得以验证,乐视超级电视2014年卖出150万台,而没有利用该模式的小米电视销售30万台,传统电视企业的智能电视品牌销量也都在数十万台。

更重要的原因在于资本力量开始大举入侵,充分利用股权投资、新三板等金融大爆炸提供的机会与手段,整合资源、重组市场,尤其是在金融大爆炸背景下。而资本的逻辑就是用烧钱的方式,以最快的速度干死对手,获得市场垄断权与定价权,因为发展速度意味着规模优势与估值空间,时间上的先发优势就是坚实的护城河,时间上的落后状态将彻底从竞争游戏中出局。而当一个市场领先的创业公司通过产品、服务、广告、推广,甚至资本推动的价格战等各个方面的努力依旧无法击败竞争对手享受市场垄断权的时候,就会很快进入"黑帮教父"彼得·蒂尔所建言的结局:"这时候最好的获得市场垄断权的方式就是老大与老二进行合并。"所以,滴滴与快的、58与赶集、携程与艺龙的并购,都是资本烧钱大战无果之后双方的最优选择,其中最重要的推手还是资本。

四大边界决定混战白热化程度

1.互联网监管的边界。互联网一开始就以技术力量颠覆传统监管模式,避开了行政束缚之手,单因舆论自由、网店逃税、资金流动不受管控等就产生了极大盲区。更何况,华为被NSA(美国国家安全局)长期监控、携程安全漏洞等事件曝光,已戳中互联网安全的命脉,无怪乎相关部委将互联网纳入监管体系,不仅国家成立网络小组控制舆论、阻截"翻墙","央妈"更在"护犊银联"之嫌下果断叫停互联网金融相关业务。这让马云大呼"决定市场胜负的不应该是垄断和权力,而是用户!"但从信息安全看,相比银行信用卡办理必须"三亲"(即亲访、亲签、亲核),虚拟卡在泄密等问题上还未解决,暂停也情有可原。实际上,官方已明确"包容"互联网金融,只不过,市场担心监管大棒在行业萌芽时就强势介入或将创新扼杀于摇篮中。加之,互联网金融的多头监管、分工混乱、政出多门，央行搞个P2P调研就出动了9个部委，况且像比特币这个烫手山芋都不知归于何方，大家都管的后果无疑是谁也管不了。由此，市场与政府的界面不清，内置了互联网之乱的基因，却又挡不住这"两只手"重新寻找均衡点，以逐步适应新经济时代的发展。

2.同行竞争的边界。因为互联网的低门槛不仅引来一窝蜂地复制如团购的"百团大战"，还在开放地格式化传统行业下成为"全民公敌"，余额宝就被抨击成了依附于银行的"吸血鬼"，更别提为了"一股独大"大打出手，马云甚至明言"火烧南极"，要把"企鹅"赶回老家。马云恼羞成怒的背后恰恰是马化腾的"入侵"——微信早已不只是移动社交平台，更试图以微信支付为杠杆撬动所有元素，马云又岂能不攻打腾讯？关系是腾讯的根，就推"来往"，在娱乐上布局；游戏是腾讯的命，就做游戏平台，蚂蚁雄兵，分摊收入和市值；安全是腾讯的痛点，就联合360；开放平台是腾讯的新亮点，就做支付宝开放、微淘开放、微博开放。只是双马之争"杀敌一千自损八百"，比如在打车软件上就以违背市场的补贴"烧钱"来换取各自支付的垄断，这种恶性竞争恰恰表明互联网企业已走火入魔。虽然"同行是冤家"，但"水至清则无鱼"，若一味将同行视为死敌也就只能深陷同行厮杀，殊不知，竞争边界早已模糊，关键反倒在于过程拿捏和度的把握。

3.实体与虚拟经济的边界。这源于互联网的嫁接性。一方面，互联网以摧枯拉朽般的魔力渗透实体产业，以至于超市、百货业纷纷电商化；但另一方面，其又被实体经济影响，不仅百度已非单纯的搜索公司而涉及影视、金融各方面，就是腾讯也不再只是个即时通信公司，反倒成了个娱乐公司，更别提阿里巴巴变身"全能商务公司"、小米正在转型硬件植入的设备企业了。显然，正如金融互联网化、互联网金融化一般，虚实融合已是大势所趋，只是在摸索两者边界中产生诸多困惑，比如因互联网的颠覆性而让纸媒等传统实体"哀嚎遍地"，难道互联网将吞噬一切？但说到底，正如手机等移动设备只是渠道，互联网也仅是个平台，关键还在于"互联网+"、"移动+"什么。因而，或许存在虚实的地盘之争，但既然分不清了，又何必较真？毕竟，实体只有拥抱互联网才能走得更远，而互联网也将在实体产业基础上创新才能茁壮成长。

4.互联网离其本质的边界。互联网风驰电掣地改造传统产业，其膨胀的野心有无尽头？从本质看，开放、共享内置了其踏平一切的征程，但即便像苹果、谷歌等这样的巨头成功后也难以摆脱"利用开放做大规模后又为了巩固地位反而封闭自己"的窠臼。于是，互联网发展往往在开放与封闭的悖论与原罪中曲折前行。当前从国内BAT之战看，谁都想一统江湖，追求高度集中和垄断，可互联网"互通一切"的本义注定其扁平化、无中心。既然这张网上处处节点都是"中心"，又何来垄断？互联网非线性、非终结、排浪式、颠覆性的产业特征，使得逻辑推导、产业递延陷入误区，巨头们一厢情愿地"垄断"也只是逆互联网本质而行罢了。可偏偏，未来互联网的关键在于打通链接。

"将经济一网打尽"

"新三驾马车"装上"引擎"

首先，网络催生新产业。网络技术使原本不可能的产业变成可能，苏宁云商（苏宁易购）使苏宁产业链由"手机+平板+电视"的硬件向"手机+平板+电视+云服务+软件商店+运营商"的"软硬件产业园"转变。其次，网络创造新业态。互联网是大众创业、万众创新的新工具，只要"一机在手""人在线上"，就可以成就无数业态。"滴滴打车""人人快递""智能金融"等迅速点燃各自产业的业态"变革之火"。再者，网络缔结新模式。"电脑+人脑"可以引爆无限创意模式，B2B（公司对公司销售）、B2C（公司对个人销售）、C2C（个人对个人销售）、C2B（消费者向企业发起）、C2C2B（个人介绍他人来消费或经营、他人推荐更多的商家加盟来获得更大的消费群体）、C2B2B（消费者提需求、电商企业整合信息、继而向生产商定制）等电商模式逐次版本升级。当新产业、新业态、新模式"新三驾马车"都装上互联网的"引擎"，互联网被奉若神明就不难理解了。

互联网掀起传统行业"第二春"

　　互联网融化到各行各业，合则力大，两方面的"合"共同指向一个结果，即加速企业做大做强。就以苏宁为例，最初的苏宁纯属坐等消费者的实体店，随着互联网尤其是移动互联网的兴起，碎片化的、随时随地的购物需求成为主流，倒逼守株待兔式的门店零售向互联网跨界布局，线上线下全面融合，苏宁向电商"归队"后的2011年销售额同比激增390%；不仅如此，云技术撮成云服务，苏宁的转型从弯道进入直道，前台后台，从供应链服务、金融服务到产品品牌推广、智能解决方案，每一个毛孔都在全部互联网化，互联网打通全价值链，苏宁完成向"店商+电商+服务商"的"综合商"蜕变。

　　不过，天下大势，分久必合，合久必分。当下以互联网为标志，是合的时代，之后行业细分将逐渐显形。尤其是在新经济接踵而至的背景下，①新经济是建立在信息技术之上的经济，而信息技术正以超"摩尔定律"的频率更迭，新技术与业务的融合便孕育一个个新的子行业，正如有了移动操作系统就有了智能手机，有了微电子技术、自动控制技术、大数据就有了移动医疗，有了数字技术、快速成型技术就有了3D打印；②新经济的精髓是创新，不管是产品创新，还是模式创新，都容易引发行业分裂，例如，网络游戏安装包由大向小革新，由此创造出花费时间较长、适宜18～25岁用户群的"端游"[1]，花费时间较少、被职场

---

[1] 端游：客户端游戏，即传统的依靠下载客户端，在电脑上进行游戏的网络游戏。

白领喜爱的"页游"[1]以及争取零散时间、抢占更为广泛用户群的"手游";③新经济的特征表现为速度经济,在新经济中"不是大鱼吃小鱼,而是快鱼吃慢鱼",速度是新经济的自然淘汰方式,快速度的洗刷慢速度的,从中引发行业的更新换代,行业替代的过程也是行业衍生的过程。特斯拉纯电动车挤压混合电动车,其超级电容器取代传统动力电池,眨眨眼就能拍照的谷歌眼镜替代传统电子设备,凡此种种,皆是明证。依此趋势,未来行业将越分越细。

互联网前景

未来至少2～3年内,互联网经济将经历大爆炸式的野蛮增长期,一切行业、企业都无法独善其身。正如宇宙大爆炸会形成星云继而诞生恒星,也会消灭普通物质,产生"暗物质",互联网经济到底能"炸"出什么结果？一方面,互联网大爆炸不单将带来商业形态的去中介化,更将颠覆那些靠长尾、闭环效应实现壁垒或垄断的行业,取而代之是安卓的开放、苹果的体验、特斯拉对汽车产业的重新定义,传统零售、制造、服务等都将借助物联网、大数据等重构产业链。在此过程中,传统企业将"恶补"互联网思维,若对其参悟不透,就极易变成这场大爆炸中的炮灰,殊不知,只有回归产品本质才能真正"悟道"。另一方面,互联网自身将出现"裂变",因为从市场独唱逐渐纳入政府监管体系,意味互联网的游戏规则将重塑,从而带来诸如收税、信息安全等各种"蝴蝶效应"。因此,在传统企业"反哺"互联网中,互联网若离其本质越远,那么这场大爆炸持续时间就越长、爆破点越多、越复杂。

具体来看:①行业兼并重组将异常惨烈,单一商业模式将不得不选边站。②版权保护首先在互联网领域得以强化,收费模式将重回中国。③这场混战将改写

---

[1] 页游:网页游戏,又称Web游戏、无端网游。无需下载客户端,是基于Web浏览器的网络在线多人互动游戏。

上下游产业生态，涵盖各类艺术形式。④体验经济的巨大魅力将通过资本市场爆炸充分展现。⑤牌照式管理只是文娱产业管理的过渡阶段，如同当年的第三方支付牌照一样，广电总局面临前所未有的蜕变压力。⑥小型创业型内容提供商将遍地开花。⑦硬件免费将是大势所趋，以亚马逊为例，亚马逊以一个低到让人无法相信的价格销售Kindle系列产品，为的是要将这个硬件变为入口，送到尽可能多的用户手中，Kindle同时也提供了一个拥有图书、电影、音乐、移动应用的数字市场，而与这些服务捆绑在一起的，是每年79美元的Amazon Prime项目。⑧芯片、音响等无法替代的硬件将成最大赢家，难怪高通60亿元罚款能一次性全部到账。

第十章 汽车产业遭遇岔路口

> 2015年是汽车业摊上大事之年,2016年车市未来的空间在哪里?新能源与智能化两条路线尚未争出个子丑寅卯,革命性的颠覆变量却全面袭来。

汽车似乎开到头了

2015年汽车行业摊上了大事了。2013年还保持两位数高速增长的中国车市在2015年陡然失速。2015年5月汽车产销量同比出现断崖式下跌,6月乘用车销量更是出现罕见的同比、环比双降的局面,7月销量进一步下滑,降至17个月来的最低点。截至2015年前9个月,汽车销量同比仅增长4.7%,其中轿车部分甚至为负增长。2015年前9个月累计销量仅819.5万辆,较2014年同期减少79.5万辆。尽管车市依然保持正增长,但行业内却充斥着紧张、焦虑的情绪。从2015年5月份开始,以上海通用为首的各大汽车厂纷纷祭出价格"屠刀",大手笔下调全国市场厂商指导价,车价开始一路下滑,车市价格战硝烟弥漫,能级远超以往经销商小打小闹的降价促销。与此同时,汽车业库存高企,2015年上半年汽车库存预警指数已连续三个季度红灯高挂。往昔火爆的4S店如今成了烫手山芋，赔钱卖车，资金链断裂，大批经销商面临倒闭。零部件商也不好过，欧洲几家主要的供应商都在调整对华产能。整个汽车行业被调整的气氛包围，形势一片惨淡，车企甚至面临前所未有的大面积停工停产潮，业内悲观情绪弥漫，不禁催发思考，昔日"高大上"的汽车行业何以沦落至此？

首先，来自"行外人"的颠覆。"互联网预言大师"的凯文·凯利曾预言：任何行业的颠覆者都是来自"行外人"。一语成谶，2015年汽车行业行业外的颠覆性变量来自特斯拉与优步：①特斯拉的拥趸们津津乐道于其颠覆性：颠覆了生产，特斯拉反向而行，外包转内包，集横向一体化（模具冲压、铸造及动力系统全在一家工厂内实现）与纵向一体化（电子马达、转换系统与电路电子系统集成一体，由传统汽车的1000多个零件简化为16个零件）于一身，确保效率与质量。颠覆了创新，不是自己创新电池技术，而是大胆运用松下18650（很多笔记本电脑使用的电池）进行某种新的连接，不仅技术成熟、成本低廉，最重要的是便于家庭充电，一举解决了电动汽车的最大痛点，且按照历史经验，电池成本每年降7%，即便特斯拉自己没有规模化电池生产厂，6年内电池成本也会自然下降35%。颠覆了汽车的单一运输功能，没有人单为电动汽车概念埋单，但大家都愿在超炫跑车上花大笔的银子，更何况它还加载了移动互联时代的半成品偏好，可以像配置一部手机一样装备完全个性化的座驾。颠覆了营销，用直销取代4S店，病毒式营销取代广告狂轰滥炸，网上定金模式解决现金流，云服务提供即时性自我诊断等。不得不承认，斯特拉从问世的那天起，每个毛孔都散发着颠覆者的味道。由此可见，特斯拉与其说是汽车，不如说是披着汽车外壳的最大移动终端，作为行业颠覆力量，它集新能源与智能化于一身，尽管存在技术瑕疵，但其横空出世标志着新时代的开启。而今几乎全球所有互联网巨头（包括国内的百度、华为等）都聚焦于汽车行业，原因在于，正如苹果CEO（首席执行官）所言："这个行业似乎将会出现巨大的变化，非常大。我的确认为该行业正处于剧变的临界点上，不只是渐进式的变化。"剧变的临界点，从来都是最佳的抄底时机，错过它就错过了一个时代。②如果说特斯拉是行业颠覆者，那么优步则是社会变革者，至少它重塑了自市场经济以来人类所固有的资源要素配置方式，是新经济"粉墨登场"的锣鼓点，将成为老经济的砸脚石。尽管各国对此都颇有些不适应，阻挠之声此起彼伏，而谁能率先醒过神来，谁就会在新经济卡位中抢得先机。颠覆与革命的致命性冲击当前，汽车业这一工业经济最经典的集大成者，其长期引以为傲的产业链最完整、产能规模最庞大的垄断管理体系正面临坍塌。管理学的诸多理论创新，从福特制到准时生产制、精益制造、全面质量管理等，无不与汽车产业的生产实践息息相关。如今，来自行业外、手握资本的颠覆者，将彻底肢解与经典工业经济相对应的一整套汽车生产、销售、服务体系，汽车业高门槛不攻自破，垄断不再。

其次，"诸侯模式"遭遇围剿。一个国家市场经济难敌三个市场经济（企业、国家、全球）同场竞技。汽车产业最能反映中国"诸侯经济"特征，"四大四小"个个有"后台"，都无一例外地"维系"着一方经济发展。一穷二白起家，政府主导的国家市场经济有其合理性，但时至今日，三个市场经济同场竞技，全世界企业都在一个平台上竞争，汽车三巨头早已在产业三大环节实施全球战略、全球管制、全球责任，市场经济浩浩荡荡，几可横扫一切阻挡利润创造的障碍，国家都要让位于跨国企业利益（通用汽车、微软成为中美矛盾的协调者即为明证），"诸侯"之力只能是螳臂当车。即便中国凭借国家市场经济强势闭门造车，自娱自乐，但市场经济一日千里，没有人会在原地等你。就算以保护幼稚工业之名在WTO得以残喘，TPP与TTIP的门槛又怎么破？换个角度，市场经济比政府主导更为高效，特斯拉只从美能源部拿了4.65亿美元贷款，而一汽花了223.4亿元研发费也打造不出一辆完全自主研发的汽车，市场配置与行政配置效率高下立现。

再次，政府政策"有心无力"。自20世纪80年代，中国汽车产业开启了市场换技术的发展道路，即通过引进技术，消化吸收，自主研发，最终打造出强大的汽车产业。但客观上，政府主导缺乏市场灵敏度；主观上，地方政府各怀私心，导致汽车业严重路径依赖，环保汽车产业半推半就，半真半假，始终踯躅不前。现在传统汽车一下子被纯电动汽车釜底抽薪，过渡性的混合动力汽车也立马被逼上绝境，政府主导有心无力。实际上，硬件以摩尔速度在更新，软件以光速在全球传播，迅速格式化各行各业，将大大消解区域与产业壁垒，这已经超越了政府主导的能力范围。此外，同样是补贴政策，补贴生产者与补贴消费者是两种截然不同的路径，前者只会引导车企"取悦"市长而非市场，这也是国内新能源车产业屡推不动的症结所在；后者才是实打实的市场导向，通过不断满足消费者推动创新与升级。而所谓的目录管理，更是绞杀创新，继而阻碍产业转型升级的"罪魁祸首"。放开股比就吵得一地鸡毛，汽车业至今死守着严苛的准入制，目录管理不仅将民间制造业拒之门外，扼杀了创新的活水源头，还把国内汽车业变成了温水青蛙。当车企为特斯拉无法进入产业目录而窃喜时，殊不知在经济负面清单化的大背景下，去审批化已为准入制敲响了丧钟。

最后，环保、堵车甚揪心。据研究，电厂排放会在10公里内稀释几万倍，但汽车排放会在500米内形成高污染，PM2.5浓度极高，因此，汽车是城市污染的重要源头（上海数据显示机动车流动源"贡献"了PM2.5的25.8%）。据说马斯克染指电动汽车的初衷就在于："汽油车实在太荒唐了，它既产生噪声又产生污染，简直就是一颗定时炸弹。"这颗定时炸弹已在中国引爆，有数据称汽车业对高达70%的雾霾难辞其咎。中国城市人稠车密，如成都面积只占四川省的2.8%，汽车却占了四川的一半，其五城区只占成都市面积的3.4%，汽车却占了成都市的一半，相当于将人集中起来"吸毒气"。另据荷兰发布的全球堵车排行榜，前50名三成来自中国。最变态的是，一到节假日，全中国沦为世界最大"停车场"，到处是车，随便一堵就是数小时，塞的是车，堵的是"心"，且不说事故频发，即便把"生命浪费在路上"，也会大大降低幸福指数。

中国汽车前路

中国汽车市场空间还有多大

中国车市的空间到底有多大？主流一般喜欢用保有量作为标准，但问题是，谁决定中国汽车未来的保有量？按人口，若将来中国人口15亿人，三分之一拥有汽车，则是5亿辆；按中等发达国家千人400辆，中国13亿人口就需要5.2亿辆；按2014年世界平均千人160辆（2014年中国为105.83辆），人口以14亿计，保有量约为2.24亿辆；按美国千人800辆计算，中国14亿人保有量将达到惊人的11.2亿辆！而业界普遍认为，中国不太可能重复欧美老路，比较靠谱的千人保有量峰值为280辆左右，按14亿人口计算，保有量约为3.9亿辆。以上测算的缺陷在于，仅考虑了横向比较，而忽略了其他更重要的变量。事实上，决定中国汽车保有量有四大变量：能源、环保、塞车、共享，而这四大变量基本截断了中国汽车业沿经典路径发展的脚步。

据统计，"十一五"和"十二五"期间，国内新增炼油能力几乎全被新增汽车吃掉。能源压力正在制约中国汽车产业可持续发展，不仅表现在国内，还表现为能源消费将大大影响中国在国际政治格局、外交关系中的定位与纵横捭阖的空间，控制能源消费是大势所趋。对雾霾的恐惧与憎恶，对污染"吞噬"生命的谴责，使得环保越来越上升为发展的头等大事，限行限购仅是限制汽车使用的开始，未来诸如巨额污染税等的调节手段将层出不穷，对汽车业造成下压态势。塞车破坏社会和谐，损害效率，一旦达到某个临界点，深受其苦之后肯定是深度反弹，反汽车文化也将大行其道。而共享经济登上历史舞台，将大大加速现有资源整合与集约化使用，在汽车领域，新技术与新商业模式融合为定点乘车、拼车、顺风车等共享经济提供支持，既方便又顺应环保诉求，将大大消解大众的汽车需求。如优步拼车服务两个多月在杭州减少排放二氧化碳500多吨，几乎每三天就向杭州贡献一个西湖大小的森林。新加坡测算，无人驾驶嫁接汽车共享之后，汽车总量将从目前的95.6万辆减少至30万辆。

综上，中国车市的空间将受制于两条曲线，一条是经济发展与消费升级换代所导致的向上的自然增长曲线，一条是由上述四大变量所构成的向下的曲线，两者间的相互作用决定中国车市的未来空间。

新能源与智能化

车市低迷中，新能源汽车与智能化汽车却逆风飞扬。据2015年10月份最新数据，新能源车产量同比暴涨5.2倍，远超预期，预计全年产量将达30万～35万辆，而至2014年年底其保有量仅为12万辆，增幅惊人。高科技企业，不仅谷歌、特斯拉斥巨资研发无人驾驶、智能化汽车（包括推动相关立法），连苹果也暗示要"分一杯羹"。国内更从顶层设计层面锁定了汽车产业的智能化方向，"中国制造2025"中对此有明确的时间与进度表。

因此，对中国车市而言，正处在两条路线的岔路口，即新能源化与智能化，究竟谁能拔得头筹，预示着汽车行业的未来方向。新能源汽车有政策做后盾，优势在于政府有形之手的推力强大。为对抗危机、拯救经济，2009年政府推出振兴汽车产业规划，效果惊人，当年汽车产销双超1300万辆，同比激增46%，即为明证。现今，新一轮新能源汽车扶持措施扑面而来，各地争当"排头兵"的势头不亚于当年，如上海在国家政策基础上加码，不仅免去新能源车8万多元的牌照费，还提供包括纯电动、混合动力等多种选择，既有中低端的比亚迪等，更有宝马i3高档车。智能化、无人驾驶有高科技、新生产力为背景，贵在代表新经济的发展方向，后劲十足。两者各有千秋，前者方向已然锁定，但要靠政府来推动，实践证明，效果终究有限。后者目前看虽成本较高，仍处于实验阶段，但一旦实现戏剧性的全球突破，前景不可限量。最近，新加坡政府与麻省理工学院共同研发的无人驾驶汽车项目已进入公共道路实测阶段，由于采用不同于谷歌的感应技术（谷歌感应器一个要8万美元，整车价格堪比法拉利），成本骤降（不含运营成本平均每辆3万美元），因而将大大加快智能化无人驾驶的应用进度。而新加坡摸索成功，也就意味着全世界的迅速普及。作为把善巧方便、左平右衡操练得炉火纯青的国家，中国显然更倾向于通吃两者的好处，因此，"半吊子折中"上路的概率更大，即新能源与智能化两手都要抓，至于孰软孰硬，则会与时俱进，相机而动。

第十一章　现代服务业：新经济主导

相比工业2.0对应2.5生产性服务业，工业4.0将产生4.5智能性服务业，既是对2.5产业的版本升级，又是对"新经济"的服务再匹配。以新经济为主的大变局正在颠覆既往的章法规律，让以往的路数越来越吃不开。而把握住新经济发展的大方向是攫取下一波现代服务业发展红利的前提。

大变局时代

制造业下坠、服务业升腾

中国制造业陷入了"前有狼后有虎"的凶险境地。①制造业低端、高端两端受挤压。在中低端制造业领域，中国曾依靠劳动力、土地等优势从发达国家虎口夺食，但如今用工成本、商务成本急剧攀升削弱了制造业红利，而品牌与创新又未来得及填补这一红利缺口，东南亚等地以更低的制造业成本与中国抢食。在中高端制造业领域，中国还没来得及转型升级，欧美就开始重振制造业，积极推动再工业化战略，如美国的《先进制造业国家战略计划》、德国的《德国工业4.0

战略》、英国的《英国工业2050战略》，这些新的工业革命浪潮直接冲击中国制造业发展的原有路径。②制造业遭遇环保浪潮的修理。《穹顶之下》一石激起千层浪，中国工业化进程引发的环境污染问题再度被推向风口浪尖，高耗能、高污染性行业（如钢铁、水泥、火力发电等）成为千夫所指。与此同时，堪称史上最严厉的《新环保法》已经落地实施，这为传统制造业套上紧箍咒，那些不识时务的企业将不仅遭遇产能过剩的挤压，还会栽倒在严苛的环保标准上。③制造业面临代际更替的冲击。中国过去三十多年的工业起飞离不开企业一代敢打、敢拼、敢闯的创业精神，以及普通劳动力吃苦耐劳、任劳任怨的职业精神。但几十年过后，企业家和劳动力都开始进入新老更替的阶段，企二代早已没有了企一代的创业激情与勇气，而在这个剧变的时代，单靠守业精神反而容易不进则退，是守不了业的。与此同时，"90后"一代的劳动力也早已没有了父辈们肯吃苦的精神，年轻人越来越不愿意在工厂上夜班，不愿意从事辛苦的、危险的制造业。

如果从更深层次来看，制造业最关键的制约因素则是文化基因。正如"做产品到最后都是做人"，这也是制造业发展的内在灵魂，这在各制造业强国的发展路径中表现得尤为突出。比如，美国个人主义的文化内涵孕育了其独特的创意型制造业，创新、创业的激情不断为美国制造业注入想象力、张力与活力，进而不断引领全球制造业的最新潮流，之前有微软、谷歌，如今有苹果、特斯拉、3D打印等。而德国文化基因中的逻辑与严谨等特质，也为其制造业烙上深深的印记，于是德国人擅长于高端、精密、复杂的设备制造，"德国质量"也就成为其制造业的金字招牌。而日本文化深处的细腻敏感也在其制造业上有所显露——在追求产品品质的同时还注重满足人的个性化、人性化需求，在精致、精美、精细上无人匹敌。反观中国，在过去红利遍地的时代，单靠"山寨"文化、"善巧方便"的文化、"差不多"文化就可横扫世界中低端制造业，但如今粗放式发展路径已经到头，而制造业文化上还没跟着扭转过来，还是习惯于看重眼前的利弊得失，缺乏静下心来安静做事业、做产品并做到极致的工匠精神，也缺乏大胆想象、积极冒险的创新精神，更缺乏在产品制造上做到细致入微的人文关怀，这些深层次的文化缺失正是中国制造业有待突破的瓶颈所在。

与制造业窘困境地所不同的是，以新经济（体验经济、生物经济、生命经济、新工业、数字经济）为支柱的现代服务业正迎来爆发期。相比工业2.0对应2.5生产性服务业，工业4.0将产生4.5智能性现代服务业，从一定程度上看，是对2.5产业的版本升级，传统运输、贸易、金融都将在信息化武装下变得更智慧，包括移动互联网、互联网金融等新版本。"工业4.0"最初是由德国推出的概念，美国推出的叫"工业互联网"，中国则称之为"中国制造2025"，也就是"互联网+制造业"，即智能制造。在"工业4.0"的概念下，未来新工业将展现出一幅全新的蓝图：在一个"智能、网络化的世界"里，物联网和务联网（服务互联网技术）将渗透到所有的关键领域，实现网络化制造、自我组织适应性强的物流和集成客户的制造工程，使得动态的、适时优化的和自我组织的价值链成为现实，通过虚拟的、移动的方式开展工作，使传统的行业界限消失，发展出全新的商业模式和合作模式，促进形成全新的信息物理系统平台。具体来看，工业4.0包括工业物联网、云计算、工业大数据、工业机器人、3D打印、知识工作自动化、工业网络安全、虚拟现实和人工智能等9大技术支柱。

当然，除却工业4.0这一新工业外，现代服务业的升级版同时也是对其他"新经济"的服务再匹配，如物联网的智能服务、高科技体验、基因改造下的医疗服务等，及由此产生的新教育、新培训等衍生市场。尤其当世界"半人半机器"融合时，服务将不仅针对人类，机器及人机合作相关领域的新兴服务将"浮出水面"。由此，相比传统服务业围绕工业经济、市场经济的直接需求展开，现代服务业将围绕工业4.0、体验经济等泛起层层涟漪，将更多地体现在眼球经济、概念经济、秀经济和粉丝经济等新聚焦点上。

资源时代谢幕

从未来的发展趋势来说，传统意义上的工业化、城市化进程将在大范围内完成，而资源需求的粗放式增长随之终结，资源时代也将谢幕。更为关键的是，技术革命不断改变生产生活方式，资源供应和资源需求的内涵有所改变，表现为智慧资源对自然资源的某种替代。

（1）生活方式变革减少对资源的需求。互联网的普及已大大改变了人们的沟通和交往方式，通过减少商务旅行、改变信息和物流传递方式等，改变和减少了某种资源的需求。再比如，低碳、绿色、健康的生活方式降低了人们对煤炭、高卡路里食物的需求。

（2）生产方式的变革减少对资源的需求。诸如大数据、3D打印、智能制造、机器人、工业4.0等生产方式的变革，逐步实现研发、生产、物流、消费等过程中的一体化、集成化、智能化，从而降低资源在生产过程中的权重，提高资源的利用效率，减少商品流动过程中对资源的消耗等。

（3）技术进步推动资源开发利用的快速增长。每一次资源短缺的危机都带来资源开发利用领域的暴利，资本与技术随之大肆涌入，新的替代资源或补充资源被发现，并且迅速填补传统资源的供应缺口。当人们曾担忧煤炭资源被耗尽时，危机逐渐被石油开采技术的进步所化解，再后来太阳能、页岩气革命纷至沓来；当人们担忧粮食危机时，转基因技术带来的粮食高产将其化解。

（4）技术进步填补资源的有限性。虽说理论上地球资源是有限的，但技术进步足以让地表深层、深海乃至太空都成为人类资源开发的领域。人类迄今一共开采了17万吨黄金，但这远不及地球海洋中的总储量（估计在100亿吨左右），更不及一颗叫爱神的小行星上的储量（至少有4000亿吨黄金），显然，一旦技术成熟黄金也将不再物以稀为贵。

（5）技术进步提升资源循环利用的权重，构成源源不断的增量供应，弥补资源的稀缺性。美国环保署的数据显示，2012年美国人回收了8700万吨的废弃物，将近美国废物总量的35%，超过1990年的回收速率两倍以上。目前，我国再生铅产量只占到全国铅产量的30%，欧美发达国家的比重是90%，日本则是100%，如此高比率的回收利用，意味着无须太多增量矿产的开采就能基本满足对资源的需求。可见，资源的短缺在某种程度上只不过是技术瓶颈的表现，一旦实现技术突破，资源价值也就不再风光无限，资源时代也就真正落幕，技术变革、创新、创意等变量作为智慧资源正在逐步登场，并将全面开启"智源"时代。

新经济登堂入室

1.体验经济。早在1970年，托夫勒就在其著作《未来的冲击》中预言"服务业最终还是会超过制造业的，体验生产又会超过服务业"。如今，作为第四大经济形态（前三个经济形态分别为产品经济、商品经济、服务经济）的体验经济已从理论概念脱胎为商业竞争的"招牌"，不但迪士尼、星巴克这样的大牌企业不断在体验上大做文章大把吸金，就连雕爷牛腩这样的小餐厅、巴掌大的黄太吉煎饼铺也通过体验来吸引眼球。这背后的逻辑就在于，当商品、服务走到巅峰，超越物质的精神、感觉、情绪需求就自然成为消费的"主心骨"。正所谓"体验的快乐大于商品本身，消遣的快乐大于装饰品本身，工作的快乐大于拥有财富本身"。体验经济大行其道的结果是，城市所以源起的功能，即交易功能被"挤"得退而居其次，消费、娱乐、享受跃升为城市的核心功能，甚至成为决定城市兴衰的关键。迪拜就是典型的因体验而兴的城市，表面上各种奢华构成了迪拜的特色，但根底里，迪拜在衣食住行玩乐等各方面所创设的对感官精神的刺激，才是它成为全球青睐的游乐圣地的"底牌"。正是其无与伦比的体验特色，在迪拜这个只有3980平方公里的土地上,从1995年到2008年,GDP增长了267个百分点,人均收入上升了126%,出口增量为575%,人口增加了186%。而迪拜不过是今后城市发展的一个先行"样板",城市功能的这种转变不可避免地将使得按照经典的工业经济思维发展的城市愈来愈力不从心,今后大量的城市将从城市定位、规划布局乃至到建筑设计被釜底抽薪,面临迎合体验经济的功能重塑问题。

2.生命经济。21世纪将是生命经济的新时代。抗艾滋药物、抗癌疫苗等成功研制与应用,让人类远离绝症对生命的威胁,利用干细胞造出的"人造血"让各种血液病人再无血液供应不足而导致的性命之忧,能清除衰老细胞的药物让延缓衰老不再是白日梦,人体再生复原技术预防和治疗疾病、预防和中止人体提前衰老、原位再生复原提前衰老的组织和器官……生命科技的进展与突破将使得古代帝王梦寐以求的延年益寿,甚至长生不老在一定程度上兑现。21世纪上半叶,人的寿命延至120~150岁将不是小概率事件,人的生命质量将前所未有地提高。而随着生命不断突破既有极限,所有新经济的指向都将是服务于生命经济,满足生命的欲求。

3.生物经济。生物产业已成为全球增长最快的产业之一。单就生物技术主要应用的医药行业来看,近年来全球生物制药市场年均增长15%~18%,2010年全球生物制药市场规模达到1400亿美元。中国自"十二五"以来生物产业保持年均20%左右的增长,2013年生物产业规模达到2.8万亿元。而这些还只是生物经济发展的冰山一角。比尔·盖茨曾经预言,超过他的下一个世界首富必出自生物技术领域。这并非虚妄之言。生物技术在改善人类生存生活质量,提高医疗健康水平,加速生物进化过程,调整人与自然的关系等方面的巨大空间,诸如基因诊断技术用于预测潜在疾病、利用生物技术制造出治疗乙肝、血友病、白血病等不治之症的药物,生物能转化技术把植物转化成能源等,这种突破以往各种极限,堪称"化腐朽为神奇"的力量决定了生物经济必将从更深层次改变人类社会的面貌。当然,由于从转基因动植物、胚胎干细胞、克隆人到基因诊断、基因治疗、基因修饰，基因技术不可避免地会挑战、冲击人类既有的伦理道德和准则，从而引发生物技术安全方面的争议，甚至因而阻滞了生物经济的发展。这在中国表现得尤为突出。不过，纵然曲折，生物经济前进的步伐难以阻挡。生物经济之于中国，往小里说，其深化程度决定土地规模化的进度，往大里说，决定中国经济发展进程。

4.大数据。如果说互联网（3G）改变了世界，移动互联网（4G）重塑生活，那么物联网（5G）将真正"釜底抽薪"。因为未来5G就如神经系统一样遍布各个角落，以至于"万物互联"，不仅产生更多数据，更将让大数据吞噬互联网。据国际数据公司报告显示：人类迄今为止存储的数据中90%以上是近两年新产生的，2008年全球数据量为0.5ZB（1ZB=十万亿亿字节），2010年为1.2ZB，约每两年就翻倍，预计2020年将突破40ZB，相当于地球上所有海滩上沙粒数量的57倍。届时，这种前所未有的数据膨胀，不仅让存储技术迭代难以招架，已有专家预警到2020年人类恐将用尽所有硬盘空间，就是传统软件也将"淹死"在数据中（因为很难用常规数据库和工具来处理）。毕竟，当前仅0.4%的全球数据得到了分析，大数据的应用几乎是一块未被开垦的处女地，但问题是，数据大并不等于"大数据"，真正的大数据是在海量数据的基础上找出内在逻辑，并给出结论性意见。不过，单是美国四家银行每年为存储新增的40PB数据（1PB=100万GB）就须增加3.2亿美元投入，若要从浩瀚无垠的数据海洋中分析出什么，岂非"大海捞针"，更别提这个数据"宇宙"还在无限膨胀中，如此看来，大数据就是个不断烧钱的生意。正如马云所言，人类在正从IT时代走向DT（数据处理技术）时代，国家竞争焦点将从资本、土地、人口、资源转向数据空间，届时，数据将成为最宝贵的生产要素，大量数据正聚合到不同的平台上，成为企业的核心资产。而依据大数据分析，更多企业可以实现商业模式的颠覆式创新，推出不同用户群体的个性化、定制化产品。因此，如果说上一轮互联网革命让世界变得更小，那么，大数据革命将让世界变得更聪明。

第十二章 新媒体时代

与传统媒体秋风萧瑟形成鲜明对比的是，新媒体一派春光明媚、欣欣向荣的景象。然而，媒体无论新旧，不同的只是形式，提供有价值的内容才是根本。未来媒体的荣辱并非"在手上"，而是"在脑子"，它们不再需要作为官方喉舌或民间意见领袖而存在，而是当一面镜子，成为映射出人们理解、个性的一种平台。

旧媒体"已死"

电视台走向消亡

电视产业正处于前所未有的"危机前夜"，受众流失、人才流失、广告流失等惨不忍睹。事实上，导致电视产业陷入危机的罪魁祸首，是以互联网为首的技术创新已抽去电视媒介的功能。一方面，传统公共电视网（典型如央视）需要发射器、中继器、基站、塔楼、各种电子设备与混凝土设备等，成本巨大，门槛极高（有施工资质要求）。网络技术虽对基建依赖性也强，但胜在接入更快捷便宜。另一方面，传统电视台受制于频道划分，内容泾渭分明（甚至经常为此发生内讧），网络电视则将所有内容放在同一平台，任观众随意切换。更何况，移动互联时代，人人都是新闻官，高分辨率手机可随时随地实现最快最新的新闻发布，电视台的新闻时效性优势不再。不仅如此，传统电视台始终引以为傲的内容产业，也在越来越多高质量网络自制剧（综艺）、线上直播（收看超越地点限制）等面前败下阵来。此外，网络极强的互动性也是传统电视无法比拟的。网络视频播放的最大优势在于，可清楚地统计出收看时间、时段、速度等至关重要的用户习惯数据，不仅便于视频发布者随之调整内容，更有利于广告点对点的精准推送，这也是广告大量流向新媒体的重要原因。然而，技术改变的只是形态，更本质原因在于互联网时代去中心、去权威特征，对传统电视台单一话语权垄断的颠覆。电视台在经典语境中长期等同于中心、权威，虽有其历史理由，但面临新时代切换，被压制得越厉害，反弹就越高，被"革命"也在情理之中。更为关键的是，电视台背负着市场化与宣传喉舌的双重属性，而这两者日益背离，电视台自身定位陷入"人格分裂"，以至于既不像企业、又不是单纯的公益类事业，存在感极大弱化（央视新闻、财经等频道收视率下跌最大），某些频道甚至沦为腐败重灾区。

新闻媒体的最后"看门狗"走了

2015年6月4日下午，阿里12亿注资第一财经，世人还沉浸在马云描绘的"中国式《华尔街日报》《彭博商业周刊》"的畅想之中，题为《最后一个"看门狗"也走了》的文章刷爆朋友圈，发布仅两个小时，转发量就突破10万，文章对秦朔不乏溢美之词，将最后一个"看门狗"的殊荣也赠予秦朔。

事实上，"看门狗"本是他山之石，意指经典自由主义传播学说对媒体的定位：秉持公正、客观立场的媒体，是代表民众监督政府行为的"看门狗"。媒体行业尤其是新闻媒体过去作为信息集散中心，扮演着"舆论引导者""社会守望者""历史记录者",甚至"危机化解者"等多重角色,公正、客观可谓是媒体的"宪法","看门狗"理应作为行业操守。20世纪更是不乏"看门狗"的践行者,诸如主持尖锐犀利"自由骑士"专栏的门肯、揭露水门事件的鲍勃·伍德沃德、被誉为美国新闻第一夫人的海伦·托马斯。

但不容忽视的事实是,媒体也是一门生意,多元化经营也需资本提供弹药,这也在一定程度上影响或决定其立场。金融危机后,低迷的经济让依赖广告谋生的媒体捉襟见肘,不断上行的纸张、印刷等成本费用支出也让媒体无可奈何,手机、互联网等对消费者进行分流更是加剧新、旧媒体竞争。三面夹击之下,为维持媒体的正常运转、经营,"傍大款"成为其不二选择。虽然通过多元化生产或投资能实现"东边不亮西边亮",解决媒体的燃眉之急,但是天下没有免费的午餐,媒体不能说"东家的坏话"也就变成顺理成章的事情。媒体在政治、经济利益等面前的"变节"就是例证,譬如美国违背联合国决议入侵伊拉克,媒体对美国政府提供的大量存在瑕疵的"证据"毫不迟疑地进行了传播和报道;又如2003年媒体和商界的丑闻层出不穷,先是杰森·布莱尔的系列造假事件,接着是《今日美国》记者杰克·凯利有关外国的虚假报道,以及随之而来的哥伦比亚广播公司连续数月的系列失实报道。

此外,虽然自媒体、新媒体加速了信息的传播速度、透明度,但也使得新闻娱乐化,让其变了味,显然无法套用"看门狗"的标尺。诸如四川违章女司机遭遇人肉搜索这类的网络冷暴力本就违背媒体"伤害最小化"原则。

最后,人才的良莠不齐也使得要媒体人统一思想变得难上加难。以媒体深度报道部门为例,要呈现事件的真实面貌,记者就必须是社会学、心理学、经济学、写作等方面的全才。正是媒体生存方面的无奈、媒体人的良莠不齐、自媒体等因素使得"看门狗"的理想难以照进骨感的现实。

新媒体欣欣向荣

新媒体"君临天下"

与传统媒体秋风萧瑟形成鲜明对比的是，新媒体一派春光明媚、欣欣向荣的景象。从数量上看，我国微博用户规模达到3.31亿（截至2013年6月底）；据腾讯内部人士透露，微信用户数量突破6亿，月活跃用户数量已经超过2.7亿人，其中公众账号数超过200万个，每天保持约8000个的增长速度。从影响力上看，新媒体传播形式碎片化，扩散速度光速化，传播终端多元化，信息结构裂变化，再加之传播主体庞大，个体对事件认知差异，形成观点交锋和碰撞，推动事件升温，成为社会舆论的重要发源地。从商业变现上看，活跃的自媒体人名利双收，如《罗辑思维》节目的主持人罗振宇在微博上发起一项"史上最无理"的会员募集活动，5500个会员名额在6个小时售罄，轻松收入160万元。从颠覆性上看，新媒体除扮演了老媒体的"掘墓人"角色外，还颠覆了如广告业等各行各业。

新媒体之所以能把传统媒体帝国逼上岌岌可危、分崩离析的境地，原因在于互联网技术突飞猛进、移动互联网异军突起重构了内容形态（碎片化生存）、重构了内容消费时间（黄金时间、垃圾时间再定义）、重构了社会的组织形态（社交化），信息在关系链流动中又重构了信息本身（内容再生产），并带来传媒商业模式的嬗变。其一，信息从贩卖到免费，从资源垄断到共享。传统媒体因人们对信息的渴求而产生，靠售卖各类信息而强势；超越时空限制的互联网时代，信息免费传播，事件现场直播，人人都有麦克风，人人都是电视台，都要成为"自己的媒体"，让内容与新闻不再单属于传统媒体的垄断资源。其二，传统媒体内容宽泛，照顾大多人的口味，难免流于平庸；基于大数据的新媒体精准把握每一个人的胃口，向每个用户推荐不同的新闻资讯内容，显然，广告主永远在寻找最精准的抵达目标人群的传播方式。其三，传统媒体平台管控严格，新闻出版广播电影电视总局将报纸杂志、书籍出版、广播、电视和电影的监管集于一身；相比之下，新媒体则更适合吐槽、调侃，嬉笑怒骂皆文章，成为社会情绪的释放口。其四，传统媒体的文化依然是精英统治、领导为王，夹带着体制内或专业人士的优越感，而新媒体则讲究开放、平等、服务、创新，是草根与屌丝的狂欢；传统媒体是做一篇稿件让读者看，传达"我的价值观"，而新媒体则是为用户的需求创造内容，甚至大量使用用户内容，两者不可避免地将发生冲突。

为何自媒体能够崛起

谈到自媒体，总如镜子的两面一样，让人想到了官媒，现实中的官媒、自媒体也是屡屡"两边倒"。自媒体脱胎于互联网，互联网开放、自由、平等、免费的特性，使得博客、微博、微信、社区论坛等以零成本、及时性、比特化的特点颠覆传统媒体对信息的垄断，自然人取代传统精英掌握信息传播的权力。具体来看，相比官媒的种种"黑历史"，自媒体的优势非常明显：①自媒体占用了个人一切可以利用的零碎时间。而今，抬头看红灯，低头聊微信，睡前刷微博，醒来写贴吧。自媒体已俘虏了"低头族""手机控"，越来越多的人将被自媒体所绑架。②自媒体打动人的内心。自媒作为各派观点碰撞的场所，更能在相互磨合之中逼近真理。官媒的宣传话题主要是一种引爆点，而自媒体的分析评论更深刻，更撼动人心。③自媒体能够灵活商业化，更吻合市场规律。内容创利，持续产出优质内容的网易云阅读借"粉丝对写手打赏鼓励"、百度百家借"平台广告位开放"的商业模式盘活粉丝经济，得粉丝者得天下。

不得不承认，尽管当前自媒体发展势头如日中天，但也确实存在一些问题。如"扒粪"内容无所不包，多报、夸大危害，或者拉仇恨，针锋相对地将矛头指向官员。事实上，自媒体脱胎于互联网，网络的开放、平等性也给予了造谣者无中生有、混淆是非的平台，公民合法权利被误伤，2009年央视主持方静身陷"间谍门"便是明证。从这个侧面可以看出，自媒体可以发展壮大，但不能脱缰，不造谣、不传讹是其底线管控；而如果官媒少一些意识形态控制，摒弃"高大上"的"漂白语"及"闪烁其词""欲说还休"的"晦涩语"，将工业经济的管控思维转向信息经济的公开思维，官媒和自媒体才能各自承担各自的职能：即官媒担当新闻的提供者和话题的制造者职能，自媒体担当新闻的解读和思想的争鸣职能。

媒体应重新找到自己的位置

从发展趋势来看，人们对于媒体的认知进化过程，已从曾经被动地通过耳朵、眼睛接受信息，到如今通过互联网、手机等新技术对信息进行编辑、整理阶段，而未来则将进入到交流"理解"的新时代。届时，媒体不再是作为官方喉舌或民间意见领袖而存在，而是成为一面镜子，成为映射出人们理解、个性的一种平台。海量的信息是基础，深刻的理解是主体，而真正画龙点睛的将是媒体通过自身的抛砖引玉，引发人们对于新闻事件、社会热点，甚至是人生意义的思考与讨论，进而搭建起新的"圈子"和平台，让思想的价值在这一过程中被进一步放大、深化。在这样的重新定位中，传统媒体和新媒体都将重新找到自己的位置。应该说，没有成功的媒体，只有时代的媒体，聪明的冲浪者总会找到将自己送上巅峰的浪花。

鉴于此，未来媒体或将分为不同层面：①单纯的信息传播，将重在免费。随着"云计算"的实现，任何人都可以从"云端"撷取所需的信息，这类媒体最容易做，竞争也最激烈。②自动信息定制。这类媒体对用户浏览、收藏、转发、评论新闻资讯的行为不断进行分析，再结合其阅读习惯、时间、位置等多个维度，实现对用户个人属性更加精准的把握，从而向每个用户推荐不同的新闻资讯内容，如"今日头条"应用程序。③数据处理。阿里金融用大数据发放小额贷款早已不是新鲜事,《纸牌屋》也是用大数据"算"出来的电视剧,在制作过程中,每天收集在Netflix(美国最大在线视频点播商)上产生的3000多万个用户行为,包括用户会在哪里暂停、回放、快进,以及评论和搜索请求。④娱乐化分析。比如罗振宇的《罗辑思维》,秉承"死磕自己、愉悦大家"的理念,将"有种、有趣、有料"的各种段子融入话题内,为观众奉上精彩的网络脱口秀节目。⑤内在的深刻分析,"独家报道"走向"独家解释"。媒体获得信息的时差几乎为"零",媒体独家首发的时间优势在"云端"被消解掉,媒体竞争从"信息的独家首发权"转向"信息的独到解释权"。

企业篇

第十三章　企业大洗牌

前所未有的大变局正不以任何人的意志为转移，呼啸而来，接踵而至的，将是前所未有的大洗牌，企业已非简单地靠收收放放便可侥幸过关。"丧钟不是为谁而鸣，它就是为你而鸣。"

大变局与企业大洗牌

2016：企业生死劫

且不说大企业神话破灭，戴尔穷途末路、诺基亚轰然倒塌、微软迟暮西下，曾经的霸主都"无可奈何花落去"，只能感慨"创新是找死，不创新是等死"！更别提中小企业，一遇危机死得最快的就是它们，就是互联网公司也在速生速死中坐上云霄飞车，看不懂行情，即便抓到了风口，猪还没飞起来就摔在了地上。企业家在焦虑中无所适从，既对外部复杂形势"参不透"，又对内部利益调整"控不住"，一句"读MBA终于把企业败了"道出无数心伤。

2015年那些企业到底因何而死？①资金链断裂，互联互保崩盘尚属小病小痛，更具杀伤力的是银行惜贷、雨中抽伞，一碰高利贷则直接开启死亡模式。②缺乏核心竞争力，缺技术创新、无品牌溢价的光伏、LED、传统服装业等倒闭潮最甚即为明证。③互联网釜底抽薪，百货商场、大卖场、家居卖场等经典业态全线溃败，渠道为王彻底被颠覆。④既有商业模式穷途末路，美容深陷所谓"三涨三低"——"房租涨、人工涨、物价涨；烫染率低、套餐率低、员工工资低"漩涡苦苦挣扎，基本证伪了服务行业普遍采用的"预付费"模式。⑤政策调控力度不减，如史上最强反腐"钳制"高端消费（尤其是餐饮、酒店、奢侈品等以往公款消费的主战场）；环保压力倒逼去产能"削铁如泥"，钢铁、水泥首当其冲；房地产政策"一言不发"胜过"千言万语"，北上广终破"不跌金身"。⑥国际经济大环境不佳，外需不振连累外贸节节败退，航运链上下游惨不忍睹。

　　总结下来，既有企业内部、微观原因，也有外部、宏观理由，但归根结底，在于对宏观经济中低增长、旧经济退场、新经济登场、危机进入第三阶段的"新常态"缺乏认知，更谈不上思想观念转型、主动应对变局。"有钱、任性"的时代已成历史，接下来或许还不得不直面"有钱没钱，都得认命"的惨痛现实。企业家"心中的落寞"有谁能知？以前说企业家"外表风光，内心彷徨，容颜未老，心已沧桑"，如今则在"道路难走、好景难续、困局难破"中变本加厉。

　　那么，2016年企业命运的水晶球将如何转动？2016年，相比2015年，企业死亡现象将有过之无不及。背景性原因至少有三：一是危机第三阶段已展开，其主要内容是去杠杆，将以各种方式进一步挤压实体经济。有机构做过研究，目前非金融企业的债务杠杆率大体在60%~70%左右，离韩国当年最高80%已不远。高杠杆率直接表现为利率高企，资金要么沉淀、要么流出实体企业，进入金融领域空转。换言之，杠杆率已近顶点，实体经济"过度饱和"难以吸收新投资，必须靠降低杠杆率，重新撬动投资，形成新平衡。因此，最近两年将经历残酷的被动去杠杆过程，资金链断裂引发企业接连倒闭将集中爆发。二是中国经济深度"调整"不可避免。中低速增长，不仅源于规模日趋庞大，更在于增量单纯扩张将更多地被存量优化所替代，这也是所谓新常态的题中之意。结构调整有两条路，一条是内部有增有减的权重变化，一条是整体加快新陈代谢，哪条道都不好走，中国当下是两手都要硬，这路上都将铺满企业的"皑皑白骨"。三是新、老经济交替，新、旧企业青黄不接。除宏观大变局外，企业广泛对五种新经济感到不适应，习惯于工业经济逻辑下的生产制造、市场营销乃至商业模式，面对新经济洗礼无所适从，正如马云所云：传统企业对互联网模式往往先是看不见，然后看不起，最后来不及。如果说，2015年传统企业充分见识了互联网思维的巨大威力，那么2016年它们还将全方位深度体验来自互联网为代表的新经济的全面围剿。新经济装不进旧体制，对企业而言，具有同样意义，自我革命的转型何其之难。因此，看似已万分煎熬的2015年注定只是"餐前甜品"，"最后的晚餐"将在2016年隆重开席。

寻找大洗牌的背后推手

企业大洗牌至少有四大推手。1.世界范围内产能过剩——中国是主战场。全球产能过剩与发达国家债务过剩是危机元凶，可怕的是，为拯救危机各国竞相注水自救，令过剩变本加厉。中国曾现三次大规模产能过剩，第一次是亚洲金融危机前后的轻工业过剩，第二次是2004—2005年左右的制造业过剩，第三次则是本轮危机后的制造业整体过剩。前两次均顺利化险为夷，但此次却一直停滞不前，原因不仅在于WTO大进大出模式已将中国产能推升至全球无人能敌的境界，一旦外需断崖式下跌，过剩也将是世界级的，更关键的是化解危机的万亿产业提振项目，人为地制造了新的天量过剩，中国一举沦为全世界过剩的主战场。事实上，自2009年始，欧美国家产能利用率已逐步回升，只有中国非但未能挣脱下跌态势，反而愈演愈烈，产能利用率直跌至约60%，远低于80%左右的国际标准线。发达国家去产能一般采用消化、转移、淘汰三种方式，有两种模式，一种是市场主导型，典型如美国，利用周期性过剩实现产业升级转型，尤其是抓住工业革命、技术革命的契机，包括本次危机，美国一手抓再工业化，一手抓高科技革命，正加速逃离金融产能过剩的"魔爪"。一种是政府主导型，典型如日本。日本解决产能过剩问题更多是利用产业政策，政府对产业的直接干预力度较大，但后遗症颇多。主要是政府出资兜底，破坏了市场经济自然规律，使企业失去自救能力。如今，中国徘徊在歧路，三种方式、两种模式兼而有之又全未到位，以致去产能的长期性与激烈性均超出想象。国务院发展研究中心对3545家企业的最新调查显示，近七成企业认为至少要三年才能消化掉当前过剩。可见，未来三年是事关企业生死存亡的关键时间窗口，熬过去了就又是"一条好汉"。

2.自由市场经济被国家市场经济所叠加。以美国为首的发达国家，历来被视为自由市场经济的肥田沃土，新自由主义泛滥肆虐，结果是经济金融化，20世纪80年代以来，金融危机几乎每10年来一次。这似乎反证了西方宁可承受危机，也不肯轻易干预经济，捍卫自由之心昭然若揭。然而，事实果真如此？且不说以国家投资拯救危机的凯恩斯主义被资本主义世界奉为圭臬，始终阴魂不散，即使在经典微观经济领域，若真的严守企业市场主体的绝对自主权，为何美国不惜专门组建机构——外投委（成员来自财政部、司法部、国防部等12个联邦机构）严防死守，基本断了外资来美大型并购的念想？基于比较优势与等价交换原理，中国等国理应可用自己的资源、劳动力优势合理换取发达国家的高科技产品，缘何又屡屡受挫？从当年中海油并购优尼科、海尔收购美泰克折戟沉沙，直至近期华为、中兴美国受阻，自由市场原则早被抛到脑后，国家市场经济公然走上前台。即便是美国这样拼命自我标榜新自由主义的国家，自由市场与国家市场经济尚且始终如影随形，遑论中国这样本就起家于国家市场经济的非典型性市场经济体？某种意义上，中美均是两者叠加的最佳"典范"，区别仅在于权重排列组合不同。若国家市场经济权重上升，涉及国与国竞争的企业，在外挤压感倍增，在内则风生水起，反之，若自由市场大行其道，则是兑现比较优势企业的黄金时期。国家市场经济角力将成未来一段时期主旋律，外企要么放弃中国市场，要么就得上演"变形记",方可求得一席之地。

3.新生产方式、新交易方式对传统商业模式的釜底抽薪。一个6岁美国女孩,仅借助谷歌在线电子表格工具,及谷歌数据管理和可视化应用软件,轻轻松松在几分钟之内,便绘制出了一份标示了其住家附近17家店铺的冰激凌地图,远比原有谷歌地图更为准确与人性化。这一源于父女间的互动游戏之作,只需稍加利用,立马可开发出一系列商业化应用,新商业模式随之应运而生。新技术让一切皆有可能,颠覆传统既稀松平常,又现实可操作。新技术带来新生产方式(自我生产、即时生产如3D打印)与新交易方式(如支付宝搭建的移动医疗服务平台,促使传统就医模式向未来型医院转型),催生新生活方式(宅一族等),从而改变消费习惯与形式,至少可在两个方向颠覆传统商业模式:顺势而为或反其道而行之。前者表现为热情拥抱新经济,以新经济所指引的未来引领今天,革新商业模式。后者则在于充分利用反新经济的红利:新经济越发达,人格越分裂,人性需求越回归本质,越需要面对面的交流、实打实的感受,超越虚拟体验,变得弥足珍贵,是蕴藏着无限商机的富矿,取之不尽用之不竭。相应的,拒绝三新方式,或难以抓住人性(心)的商业模式,必然是被洗掉的对象。

4.中国的复杂在于自由市场经济尚未到位,其他都覆盖过来。为何中国的问题特别复杂?为何在中国做企业特别难?不同语境下的舆论解读各执一词,反而把问题搅得更复杂。其实答案很简单,一言以蔽之,因为中国绝无仅有地同时面临着五种市场经济的洗礼。国家市场经济相当强悍,不肯轻易退场;自由市场经济如弱冠少年,羸弱却成长空间巨大;全球市场经济时涨时落,中国还称不上勇立潮头的冲浪者,尚在随波逐流中;社会市场经济欧洲已走在了前面,虽暂时遇挫,但资本社会化大方向已然锁定,中国紧随其后,苗头已现;作为世界人口大国,前三种市场经济产生的"过剩人口"又倒逼平民市场经济,即重点以解决就业为导向的市场经济,加速登场。其他国家,往往只有一两种市场经济的矛盾比较突出,而中国却要同时协调五者,彼此间相互掣肘又丝缕相连,想不复杂都难。企业生存之道，在于踏准不同市场经济的浪头，同时规避其他市场经济的"明枪暗箭"。

企业结局各异

覆巢之下无完卵，前所未有的大变局必定带来前所未有的大洗牌。那么，不同企业，其命运将何去何从？总结下来，各行各业，林林总总的企业或将面临以下12种结局。

1.能连续踏准制度红利及行业景气的企业，不仅完成了原始积累，做大规模，集成资源，纵向能做到头（第一方阵），横向既在国内跨行业，又在国际搞投资，此类企业极有机会问鼎世界500强，悬念仅仅在于资金链的分寸上。2014年7月新公布的《财富》世界500强中，史无前例地出现100家中国企业，其中绝大部分为金融（银行）、制造（钢铁、机械）、能源（石油、矿产等）类行业龙头。值得注意的是在7家新进榜者中，严介和领衔的太平洋建设集团首次参选，居第166位，名列中国大陆私企第一。这家企业起家于市政基建，不仅踏准了全国大拆大建的景气周期，还充分享受了中国式改革政府与市场"二人转"的制度红利，完成资本积累后，更是纵横捭阖，从基建到智慧产业，横跨资本、文化、教育等诸多领域，完美晋级世界级企业。不过，相比之下，它挺过2006年媒体风暴与资金链断裂的经验更值得借鉴，这也是检验企业真实成色的试金石。以此为始，未来类似企业亦将纷纷浮现于国际舞台，一展风采。

2.国有企业虽说充分享受了国进民退的好时光，但历史进程需要国企"立地成佛"，改装成社会化企业，混合经济并不是应景的权宜之计，而是其"变形"的过渡。国企向来命系改革，按当下的改革取向，可预见的未来，向混合经济变型已不可逆。现在普遍纠结于怎么混，其实是对国企本质缺乏清晰认识。所谓社会主义，国企的终极目标便是为社会所有，那么，第一步先"掺沙子"，纯粹国有转为混合所有，继而股权社会化。就此而言，本轮混合经济改革根本不在于搞好国企，而在于改造国企，使之向社会化企业转向，这将成为未来国企命运的基准点。

3.制造业内的强势外企，这些年超国民待遇赚得盆满钵满，如今反垄断削其暴利，全面遏制其发展空间。裹挟着全球产业链大转移与贸易全球化大潮，加上所得税两免三减半、五免四减半，土地零出让，环保无所谓，世界上哪有这样投资的肥田沃土？几乎所有知名制造企业都蜂拥而至，分食中国饕餮盛宴。但"出来混总是要还的"，"客气"终究不是福气，以反垄断为开端，标志着外企各种放肆、放任已经到头了。中国正步入新的历史发展阶段，外企也将不得不寻找在华的新存在方式，埋怨是无用的，调整是必须的。

4.所谓自主品牌，特别是汽车领域，在洋品牌各档次、各种价格的挤压下，基本没戏，以合资为平台的自主品牌，在原有技术、工艺路线上追赶已是不可能的了，唯有新工艺新技术方向上的斜向赶超才有希望，但这一希望也很渺茫。如此结局看似颇为悲壮，但放在全球产业大变局，尤其是第三次工业革命背景下，却又在情理之中。一方面外部颠覆此起彼伏（特斯拉式创新非但未终结，还会愈演愈烈），另一方面内部还仰仗着仅存的一点空间按部就班地沿着经典路径升级，错位不是一星半点。即便想要弯道超车，又受制于创新思路、"诸侯经济"等诸多掣肘。总体上，传统支柱性制造企业命运多舛。

5.一开始就打国家市场经济牌的高铁类企业——南车、北车等将凭借国内垄断、国际集成、新兴市场超前等综合优势，成为另类世界级企业。围绕美国为何修不起高铁，官媒与网媒观点形成强烈反差，前者认为美式民主导致发展无效率，后者则抨击中国建设无视市场效率。两者的真实差异，究其根本，仍在于未能理解企业市场经济与国家市场经济的勾兑乃中国之法宝。高铁既是基建，更是国家战略。中国早把"二人转"唱得出神入化，企业市场经济弱下去，国家市场经济立马可补台热场，两者形成某种程度的动态平衡。因此，国家市场经济代表性企业必然做大做强，港口建设突然提速即为明证。

6.制造业中的大量中小企业将被迫在去产能中落寞,能剩下的大多将参与到产业链的再调整中,成为配套性的一环。大量中小制造企业面对的,一面是需求萎缩堵住了靠跑量取胜的老路,一面是3%左右的毛利率,难敌资金被理财产品抽水,资本成本高企,前景可想而知。要幸存只能靠迅速提高生产效率,并使自己嵌入新的产业链整合中。

7.IT互联网领域的强势外企,在信息安全背景下衰落。如面对去"手机后门"[1],苹果或将被迫收缩中国这一世界最大手机市场。目前,小米、华为、中兴等国内手机品牌异军突起,风头甚健(甚至由"第一夫人"免费"代言"),大有超越苹果、三星取而代之之势。同时,作为经济命脉的银行大举去IOE(IBM、甲骨文、易安信)化,而这三者分别是小型机、数据库和高端储存主流供应商,一度被视为大型金融企业后台,如今这些后台都将被信息安全所倾覆。未来互联网安全敏感度只会水涨船高,外企将不得不为内资企业腾出巨量空间。

8.在服务业高端领域,如会计、审计、征信等,因所谓网络会计版的全面窥视,基本泄密,将导致外资服务性企业分三年过渡性"出局"。四大中外合作会计事务所本土化改制便是标志性事件,事实上,世界大多数国家,仅允许在本国注册的会计师成为合伙人,这已是国际惯例。高端专业服务业(会计、律师、咨询等),往往掌握着一个国家经济运行的最核心信息,因此,外资服务业本土化是大势所趋,本土性相关企业也迎来发展契机。

9.房地产进入长期调整,意味着该行业进入成熟期。第一梯队(2000亿规模以上)将更加嚣张,如万科、万达等;第二梯队(千亿规模的约20家左右)中,少量或因资金链、或因方向搞错而出事,大部分忙于兼并重组;大量中小房企只有挣行业草创期、成长期利益的命,将不得不收手改行。

10.传统百货公司,乃至大卖场,都将难以挣脱互联网的捆绑挤压,大部分

---

[1] 后门:指绕过安全性控制而获取对程序或系统访问权的方法。

企业将无奈地离场。传统商贸流通企业，商业模式单一、业态、功能单一，又扛不住高成本重压，若无法与"四新经济"（新技术、新产业、新模式、新业态）嫁接融合，唯一的出路只能是退出历史舞台。

11.脑子活反应快的传统企业将出现"云团"现象（像有些鸟、鱼成群成团地生存），以所谓的平台经济、集成经济、基金经济等，总之以群的方式生存于混沌且不确定的商业社会。当下大学里各种继续教育培训班之所以层出不穷，备受追捧，与传统企业拿着上一轮的资本积累急于寻找新方向，不无关系。其目的在于试图通过不同的组织平台，冲破传统企业、产业关联关系，跨界联合、跨行混搭，碰撞出新的企业"抱团取暖"生存路径与商业模式。

12.异军突起的企业现象，将出现在新经济领域，其具体方式还难以界定。人类无尽欲望为新技术突破提供无穷动力，这也是大变局的主要内在逻辑之一。新技术势必引爆新经济，而新经济的魅力便在于其爆发性、表现形式的不确定性，却又屡屡令人眼前一亮，正如移动互联对PC、手机行业的颠覆，未来物联网、3D打印等又将如何颠覆生产、交易、生活三种方式，值得期待。此外，就企业形态而言，"高精研贸"与隐形企业、迷你型企业都将是下个时代的精彩。

企业管理被颠覆

公司被解构

如今新一轮移动互联浪潮表面看是技术引发的，可实质却是消费主体的"斗转星移"——未来10~20年，"80后"、"90后"将成为社会主力。当前淘宝近800万卖家中85%以上是"80后"，每年创业的2500万企业中年营业额500万以下的微小企业100%都是"80后"。"80后"不但成为创业主力，也将是消费主力，2013年汉庭酒店一年客流量的72%都是"80后"，出国旅游购物更是"80

后"打了先锋。而在移动互联网上3/4的用户是"80后"、"90后",试问,消费观念、习惯都变了,企业的产品服务不变能行吗?就连马化腾都焦虑:真是越来越看不懂年轻人的喜好!一个个传统行业不断被互联网冲击甚至颠覆,所有颠覆都来自于边缘式创新,所有竞争者都不是庞然大物,而是新鲜生猛的消费者文化。人性的本质就是要更新,即使你什么错都没有,或许就错在你太老了!只可惜,企业都还未来得及面对形势变化,及时拥抱"80后"、"90后",突然就发现"80后"成了企业骨干、"90后"进入了职场。如果说"70后"还是进取、现实、能吃苦耐劳的中坚一代,那么"80后"在车奴、房奴、孩奴等重压下只能是追求物质的重商一代,更别提在互联网中成长的"90后"恰恰是个性张扬的社交一代。对于工作,"80后""要工作更要生活","90后"则"不以钱途定前途",于是中国的老板们发现再用西方管理之术"管不住人"了。

毕竟,西方是契约文化,讲规则、重承诺,管理机械化、流程化、绩效化,但到了中国这个人情社会,一切制度流程和规则都会被打得一败涂地。因为西方人想的是简单地遵从,但中国人想的恰恰是如何变通甚至跳过,于是管理方式"西为中用"的结果是更为严重的官僚主义,甚至是"上有政策、下有对策"。更何况,如今MBA(工商管理硕士)传授的西方管理理论基本延续了泰勒的科学管理脉络,试问100多年前西方工业文明下的管理思想,岂能解决当下中国的管理问题?精益管理、流程管理都把人当作生产流水线上的一颗螺丝钉,属于工业思维下的管控体系,并不适合"释放人性"的服务体验时代,又怎能匹配中国人脉圈子的运筹帷幄?绩效主义就毁了西方自己的企业,因为一味将业务成果与金钱报酬挂钩,恰恰让员工失去了内心对工作的狂热。而为衡量业绩,不仅企业"劳民伤财",短期利益驱动更抹平了团队精神。可现实是,不仅工作无法简单量化,若一切都以指标论英雄,员工岂能心甘情愿为企业"卖命"?诸多中国企业却还把过时的考核指标、管理模块当宝,殊不知,那只是手段而已,若一味将精力陷入管理细节,本末倒置反将简单变复杂了。想当初,组织层级化是为了更好地协同，可如今越来越庞大的流程已不利于上传下达，一旦超过10步，效率基本为零。面对今天快速变化的市场，过去流程僵化、决策专制、自上而下的"重管理"模式岂能抓住机会？

移动互联时代，传统的管理方式显然被颠覆，不仅速度变快、管理变轻、团队变小，重心也从生产转向用户导向，在产业无边界浪潮下组织更松散化。因为公司存在的价值就是为了达到交易成本最小化，于是伴随互联网浪潮，信息不对称在很大程度上得到解决，公司将告别直线职能制、矩阵制等传统层级，逐渐让每个员工都能直接面对客户。尤其是3D打印、大数据等技术应用一旦成熟，未来无人工厂里都是机器人在管设备生产，释放的劳动者很多都将进入定制服务与体验领域，比如个性化生产就将在家里进行，只要将自己的创意输入3D打印机就能"自产自销"。由此，生产者、渠道商、消费者等都"三位一体"，公司越来越小，可能一个人就是一家公司，工厂就在家里，虽然未来还会出现大公司，但大公司面大量广的格局不复存在。物联网"连接一切"将肢解公司这个"中心"，不仅让公司在业务互联、彼此嵌入中融化于社会，而且这种"去中心化"将使每个员工都成为市场中心，业务流程极简化，以至于管理被一下子压扁，管理者被极大分权，以至于最后可能只剩下提供一个平台的权力。合伙人制和平台经济的风靡已是先兆。

这么看来，19世纪属于帝国，20世纪属于大公司，21世纪无疑属于个人。就连管理大师德鲁克都曾预言，21世纪的公司，"每个人都是自己的CEO"。未来劳动者将以液态形式自由流动结合，通过大数据平台将客户需求与人力资源精确匹配，甚至于一切管理都可"远程移动操控"，这样公司还需要固定的办公室吗？管理都在云端、业务被模块集成、组织架构扁平化，公司显然被解构得面目全非。如果说，过去传统企业只需盯着自己的一亩三分地，千方百计让自己的利益最大化，那么现在，企业只不过是互联网无数结点中的一个，只顾自己、封闭自己都可能"自毁长城"。麦肯锡研究就表明，一个公司的业务增长有2/3是由市场动力决定的,即市场基本增长率、通货膨胀、收入和消费力。而未来的市场霸主是那些兼顾更多地域、更多行业和更多类型的竞争对手、潜在合作伙伴、价值链参与者以及更多政府和非政府利益相关方的"全能运动员"。因为伴随"用户复兴"时代到来,企业对外只有围绕用户将各方资源整合,才能利用开放的力量兑现商业价值;对内,员工将从过去只从属于一个机构,逐渐变成从属于一张网络,因此,企业关注的将不再是雇用了多少人才,而是联盟了多少人才。

企业权力架构趋势

一场企业权力的大调整正拉开帷幕,而欲看清企业权力架构必先对组织化方式"了如指掌"。

(1)股份制主流化,变异化。因为在经营权和所有权分离之下,资本家与企业家上演了一出出爱恨情仇,却仍放不下对企业权力争夺的野心,以至于股东结构关乎企业稳定。若"一股独大"则极易陷入"帝王"独裁统治,但若股权配比差不多,又将因势均力敌、难以抉择而让公司陷入重组困境。于是就出现了股权的"双轨制",Facebook就以AB股上市保障创始人以28.2%的股份获得56.9%的投票权,从而防止恶意收购及被逐利的资本绑架。而在中国,国有股、法人股、外资股区别对待下,股权分置改革至今也未彻底解决"同股不同权",四大国有银行上市后,资本还不依然要看行政脸色?

(2)合伙人制蔓延,创新化。相比公司制是一股一票、股东之间通过公司章程、公司法等标准契约定义权利与义务,是典型的"法治",合伙人制是一人一票、合伙人之间通过合同相互制约,"人治"见长。因此,合伙人制流行于投行、律师、会计、咨询等领域,而今弥漫到房地产、互联网行业。年初万科就宣布实行"事业合伙人"以防股权结构分散下遭遇外敌入侵。加之,万科三年来约有一半执行副总裁及很多的中层管理人员离开,通过事业合伙人吸引并保有更多优秀人才,也迫在眉睫。相较之下,阿里的"管理合伙人"(标准:5年以上;

每年一次；现任75%选票；无固定任期）更多想通过控制多数席位的提名进而控制董事会，形成投票权、提名权的"双轨制"，其创新可见一斑。

（3）混合所有制将"混"出特色。且不说管理层收购（MBO）可能引发国资流失，就是员工持股计划也可能变味沦为"内部人控制"的工具。海航系将地产业务注入亿城，而亿城实际控制人竟然就是海航工会，以工会控制上市公司股权就难免引来曲线MBO之嫌。更有华为另辟蹊径对内上市融资，形成虚拟股机制。任正非仅持有1.42%的少数股份，但因为员工手中的虚拟股仅享受分红和股价增值收益，所有权、经营权和分红权的"三权分立"恰恰让工会掌握所有权，话语权却仍在创始人手中。混合所有制不是对内股权多元化，就是对外上市引入社会资本，在杂交中混出新架构、新模式可谓意料之中。

（4）企业平台模式蔚然成风。毕竟企业曾只停留于直线职能、事业部、控股公司制等平面组织化，而如今除了横向同类在技术、渠道竞争，纵向产业链上下游合作之外，1+1>2乃至3的魔力在于合纵连横形成了生态共生系统，这让企业进入了空间坐标下的立体组织，其本身在网络化下扁平化，却成为了具有连接功能的中介平台。于是海尔构建"员工的平台"，小米打造"用户的平台"，固安捷等诸多企业摇身一变，成了产业价值链的组织者。不仅地方融资平台、国资整合平台等应运而生，就连传统企业都在电商化中转型流量平台型互联网公司，企业一下子掉入了"无平台不欢"的漩涡。

（5）公司基金化趋势苗头乍现。虽然当前公司普遍流行"股东会—董事会—监事会—经理层"的架构，但伴随IMF等国际组织、非政府组织的兴起，"理事会—执行董事会—总裁—常设职能部门"的松散架构开始蔓延到公司。正如比尔·盖茨认为的，基金会不但是个慈善机构，还应是个能赚钱的机构，于是，基金会公司化运营后，越来越多社会型企业开始以理事会取代股东会，作为企业最高权力机构。这让拥有少数股权的国资代表、创始人、管理层乃至工会、独立董事也能"说话"，从而打破了"以资本论英雄"的紧箍咒。

显然，从历史看，公司脱胎于政府特权，直至工业革命创造无数小工厂主才让公司能够平等开放、自由注册，从代表国家走向代表市场，但伴随企业从国家（特许公司）到个人（家族企业）再到法人（有限责任公司和股份制让公司变成了虚拟个体），21世纪的企业组织化已进入杂交融合阶段。这不仅在于"淡马锡模式"的复辟、综合商社的隐性扩张，还在于"新国企"（既拥有私企特质又是国家权力的工具）再生，公司的社会化浪潮。在这一风潮下，谁也不敢理直气壮地豪言"股份制代表未来"。因为上市"圈钱"虽然解决了企业资金需求，但随之企业也被市场绑架，以至于企业经营异化为经营预期，管理者被上蹿下跳的股价捕获，这也难怪马云"让资本赚钱、不让资本说话"了。毕竟，当前公司制在进行普遍的市场化、法制化、去行政化和对国民待遇的统一，股东、创始人、管理层等各方力量，谁都不能"独霸天下"。想当年，高盛改组股份制，不也保留了部分合伙人制？至今高盛上市后的合伙人还保持在300人左右，并每两年进行一次"合伙人才库"的选拔，才造就了今天高效而又稳定的高盛帝国。马云当前的盘算也正在于此：即构建"合伙人层—战略决策委员会—执行层"的架构，以此对公司事务自上而下治理、对人才培养自下而上输送，从而构成两条权力线的双向运行。

毕竟，单纯的"人治"与"法治"早已难以摆平当下复杂的人际和社会关系，加之，新科技革命和互联网时代的到来，将主导权从企业交棒给用户，不仅市场从产品驱动到需求导向，就是企业权力架构也被压扁了。于是，相比曾经科层制的层层传达，如今企业层级精炼化之余，每个层级都直接面向了市场，甚至于管理层都被"用户"所领导。这意味企业组织与用户融为一体，小米就将闭门造车的工程师拉出去直面用户，以至于管理员工的权力实际从老板转移到了用户身上。因而，如果说以前企业权力是金字塔型的等级制，那么如今伴随企业越来越迷你型、网格化，其权力架构即便变成"倒金字塔"型也不够用，反而可能出现正反连接在一起的"双金字塔型"组织创新模式。尤其是未来第三次工业革命将催生"创客"风潮，不仅中规中矩的企业家被不屑一顾，更多的创业者随性而为，并不乏创新家以标新立异乐此不疲，这就不难预料，企业组织架构将在各种权力的拆分中更松散，并可能在不同时期进行不同层面、不同模式的嫁接，进化出随环境变化而伸缩的"变形金刚"组织。

由此，相比英美股权主导型、德日债权主导型、东南亚家族主导型以及东欧内部人控制模式，"颠覆传统管理理念"的时代已经到来。当前无论是界面太清晰还是太模糊，都将造成股权大战，适度模糊、灰度的第三条道是企业"有主又无主"——从两权分离到三权分立，股权的N元制、管理权的N元制……企业将在持股多元化、组织化创新和模式叠加中进入权力复合时代。这意味着，面对混合大势，既要不搞浑以防有人"浑水摸鱼"，又要在模糊中保持适度的清晰。这将极大考验企业在授权与集权上的分寸把握，尤其是大企业，行权之道贵在分合相济，收放自如——既要像放风筝一样的放权，使其能充分应对市场竞争，随风起舞，也需设置制度、文化、监督三条可以控制或把风筝拉回来的线。如果说制度决定标准和底线，文化凝聚人心和行为，那么有效的监督机制是防微杜渐、良性分权的保障。正所谓"权聚坚其内，权分强其外，外助内更坚，内辅外越强"，两者相辅相成才能促使企业权力架构和谐有序、壮大发展，管理自然水到渠成。

企业传承难题

二代企业家宿命与机缘

没有任何人能跑赢时间，继承者们终将登场。一边是名利场上声名煊赫的家族企业，另一边是舆论场中引爆眼球的"二世祖"；一边是遵循淘汰逻辑的市场规则与"富不过三代"的魔咒，另一边是追寻永续逻辑的企业愿景与基业长青的希求，当这些被结合起来时，依然是民营企业家圈层里最引人注目的话题之一：二代如何接班企业？二代企业家的宿命是什么，机缘在哪里？

一代打江山，二代坐天下，似乎是历史的自然规律，但无情的统计资料表明，在全球范围内，70%的家族企业生命周期只能存续一代，能延至第二代的只有30%，延至第三代的仅占15%，只有5%的家族企业在传至三代以后还能继续为股东创造价值。因为从父子到兄弟，第三代的家族企业将步入"表亲时代"，之后兄弟阋墙、父子反目式的狗血剧情随时可能上演，用德国谚语形容三代即为"创造、继承、毁灭"。古驰王朝的幻灭、三星家族内斗、新鸿基地产兄弟纷争即是例证。尤其是中国家族企业置身于富有鲜明特点的特色"国情"之下，市场和体制杂糅作用下的商业环境、现代与传统交织影响下的文化背景，构成中国家族企业极具特殊性的生存土壤，使得企业传承、权力过渡、财富转移中的变数、风险与危机更大。具体到一代与二代传承而言，二者之间方方面面的差异也注定二代企业家"命运多舛"。

首先，一代与二代承担的责任与使命不尽相同。前者出身苦寒，披肝沥胆，草根创业，白手起家，草莽经营，开疆拓土，建立一番霸业；后者守土有责，治土有方，既要强化前辈打下来的江山，又要发现新机会，并做小规模的投入和卡位。其次，一代与二代面对的时代背景、市场条件有所不同。前者享受到巨大的制度红利，却受制于体制束缚，是工业经济时代的英雄，考虑的是产品驱动，规模扩张；后者面对的是商业游戏规则的剧变，新技术革命造成秒杀式的冲击，思考的是消费者驱动，实业与资本的相互协调；前者对时代的变化怅然若失，后者却不知所措。如比尔·盖茨的接班人鲍尔默，恰好碰上移动互联的前夜，使微软落后于时代潮流而黯然下课，尽管其在任期间微软年营收增长4倍，年利润增长10倍。忠实地执行乔布斯路线的苹果的继任者库克至今毁誉参半，虽然苹果公司实现净利润达85亿美元，同比增长12.71%，公司股价自2014年以来累计上涨超过24%，却没有拿出一个全新的颠覆性产品，苹果不再是一个让世界惊艳的公司。

最后，一代与二代的领导方式、经营模式与心态不同。前者强调威权主义，机会导向，专断与自信集于一身，保守与创新合为一体，商业直觉大于知识储备，"摸着石头过河"，讲求人情世故变通，善于搞官商关系，背负太多的非市场压力，往往以"不惹事"为心态，以"不犯错"为最大处事原则；后者大多有国外求学经历，更推崇市场规则，崇尚好玩、任性，讲究企业运营技巧，对政府关系有一种天然的疏离感。此外，一代与二代还存在个性差异。从某种程度而言，一代企业家个性等同于企业性格，由于个性的无法继承性，必然导致继任后企业文化变迁。再加之，一代企业家长期形成的特殊资产难以转让，如庞大的人脉资源、关系网络，个人的商业才能、经营智慧、人生阅历、过人胆识、坚强意志，以及气场、名誉与声望等，注定一代企业家成为一个相对特殊并难以"复制"的人群，也使得二代企业家很难走出父辈伟岸身躯留下的"阴影"。

因此，如果企业在创始人阶段就达到"巅峰"，仅靠血缘权威，没有魅力权威，亦没有企业内部君临天下的强力领导态势，又面临竞争者借助金融投资和互联网高科技的力量迅速开拓全新市场的挤压，二代企业家只能以守成者居多，不断强化创始人留下的基业，进而成为面目模糊的掌门人。当然也不排除那些被压力压垮的能力不足的二代，或被巨额财富"毒害"的二代。不过，也正是由于二代企业家与父辈的成长环境、教育背景差别很大，两代人的价值判断、思想观念、生活方式、视野也发生翻天覆地的变化，随着新"智本"时代来临，"全能式"企业家减少，也不乏走自己路、开辟自己天地的继承者们出现，比如李泽钜、王思聪。从此意义而言，继承本身也是一个关于"创新"的问题，是一次新的创业。即便时代在变，市场在变，但企业精神领袖的思想精髓——创新，却在无形之中薪火传承。

事实上，在血缘和亲缘关系基础上构建起来的权威，能够在一定程度上帮助企业领导权、财富控制权向二代过渡，但终究无法避免子孙后代为分家析产而进行的明争暗斗，进而家族企业溃败于内讧危机。而打破"富不过三代"魔咒，确保企业存在与发展，还需要一代企业家过管理权转移的心理关卡。不能否认的趋势是，到第三代接班时，经营权与所有权、财富权的进一步分离。福特、杜邦、IBM、沃尔玛、J.P.摩根、松下、索尼……这些遍及各行各业的世界级跨国公司均由家族企业发展而来，伴随股权结构改革，创始人家族在企业的股份逐渐稀薄，并且退出经营管理，让位于专业化的职业经理人团队，这一去家族化的历程往往经过几代人的努力才得以完成。国内诸如美的创始人何享健、三一重工董事长梁稳根深知"家族管理的麻烦"，都已偏离了传统的父传子的继承模式，将管理权外放给了职业经理人，以保证企业公正、公开、透明、规范。

家族企业迎来新生

曾经饱受争议，甚至被等同为落后代名词的家族企业如今似乎翻身了。根据《财富》世界500强，家族企业约占所有公司的19%。自2008年以来，家族企业销售以每年7%的速度增长，这个数字略高于非家族企业的6.2%。中国家族企业发展的势头更盛。《福布斯》的调查数据显示，截至2014年7月31日，中国2528家A股上市公司中，家族企业占比达到29.5%。而在1485家民营上市公司中，家族企业占比高达50.3%。另据普华永道的调查，高达84%的中国家族企业在上一财年实现了增长，远高于全球65%的水平。这与人们普遍熟知的家族企业任人唯亲、管理混乱、粗放、效率低下、眼界短浅等种种"黑标签"难以相关联。如何理解这之间的反差？

自中国改革开放以来，家族企业夹杂着草根和野蛮气息，在中国蓬勃兴起，对家族企业的批评和非议就没有停歇过。而曾经创造奇迹的王安电脑公司，在子承父业后的迅速衰败，以及曾经的中国民营企业500强之一、中国最大的猪皮革企业远东皮业集团在兄弟反目后几近崩塌等，众多民营企业失败的案例都成为人们批评家族企业的"口实"。此外，在全球范围内，70%的家族企业的生命周期只能存续一代，30%的家族企业可以延续到第二代，15%的家族企业可能延续到第三代，也是认定家族企业存在致命缺陷的一个重要佐证。但家族企业发展至今的状况证明，家族企业存在的各种问题也只是硬币的一面，对其彻底否定，恨不得一棒子将其打死，实际上都是有失偏颇的。家族企业在中国遭到口诛笔伐，一个重要原因就是中国的市场化、现代化是以美国为楷模的。而相比欧洲，家族企业这种组织模式在美国并不占据主流。更为关键的是，尽管根据相关研究，美国前500家最大的上市公司中有1/3是家族企业，家族企业创造了美国生产总值的一半，雇用的劳动力也占一半，但美国社会并不待见家族企业。在美国主流商业价值观里，家族企业和裙带关系等负面词眼总脱不了干系，而与现代企业制度背道而驰。而且美国人更推崇创业，认为创造就业岗位的是创业者，而不是家族企业。因此，在每个人都希望称自己为创业者，强调"我们不是家族企业，我们喜欢正规做事情"的社会氛围里，家族企业在美国的社会形象和社会地位都不高。这种偏见不但抹杀了家族企业实际的价值，而且也影响了美国对外的价值理念输出。从商学院到商界，美国对家族企业有意无意的忽视、贬低，不可避免地在潜移默化中影响了以美国为学习借鉴榜样的中国。

除此之外，中国传统文化的断裂与碎片化也使得脱胎于农耕文明的中国家族企业受到牵连，成为"脏水里的孩子"，在对传统文化的批判中，大有被"一起倒掉"之势。作为一种古老的企业组织形势，从明清"商帮"，再到近代民族工业的传奇荣氏家族，家族企业一度在中国商业经济发展史上发挥着举足轻重的作用。然而，建国后对资本主义工商业的改造，将民营资本收归国有，使得家族企业在中国发展的历史沿革被打断。改革开放后再出发的家族企业既缺乏对传统优秀基因的传承，又难以迅速和西方现代文明充分对接，特别是"文化大革命"中，"砸烂旧世界"破坏了传统文明，也在某种程度上斩断了家族企业的"魂"，让重生的家族企业缺乏了文化气质和精神内核，在市场经济大潮的冲击下，荒蛮的特性被加速放大。所以，与欧美家族企业从历史中走来，并跟随市场经济、工业经济的发展而不断注入现代化的元素、版本持续升级不同，家族企在中国市场化、工业化过程中并未得到很好的承接。有人就曾撰文称："中国家族企业的躯体内，存在着一种天生的'死亡与破产基因'，这种基因潜藏在企业体内，而它的内部又潜藏着一种文化的缺失。从创办企业的第一天开始，家族企业家自身的文化形态、价值观念、思维模式和精神境界就注定了企业的失败。"这种观点虽然有些极端，但也从一个侧面反映出，在中国传统文化出现断层，与现代文明的进程脱节、滞后的大背景下，加上中国家族企业自身发展历程的中断，家族企业反而背负了很多历史包袱，诸如小农思想、家本位、家长专制等，都成了家族企业的"标签"，家族企业给人的印象简直成了封建残余。对家族企业的理解如斯，也就难怪家族企业在中国被误解了。

但是家族企业并不是天然和落后画等号的。从全球范围来看，随着家族企业不断融合现代企业制度，其固有的弊端已经被大大弱化，家族企业早已脱胎换骨。这在欧洲特别是德国表现得尤为典型。德国的中小企业在机床、金属加工等制造业的诸多细分领域往往代表了世界的最高水平，被誉为工业制造领域的"蚂蚁"冠军或"隐形冠军"。而这些中小企业大都坚持家族式经营方式。据统计，营业额低于1000万欧元的21万家德国中小企业中，家族企业占比95%；营业额超过1000万欧元的30万家德国企业中，家族企业占比87%；而营业额超过5000万欧元的1500家企业中，家族企业占比49%。其中占德国企业数量达95%的中小企业对德国GDP的贡献率达70%~90%。人们通常纠结于家族企业"富不过三代"，但非家族企业又有多少可以富过三代？更何况长寿的家族企业也不在少数，数据显示，超过100年历史的家族企业，在欧洲有6000家，在美国有800家，在日本据推测可达三万家。对德国年营业收入超过5000万欧元的家族式企业的抽样调查显示，德国的家族式企业平均"年龄"为84岁，而如今叱咤风云的德国巨头如大众、宝马、博世等，都是家族企业；世界上最长寿的两家企业日本小松法师长寿旅馆和日本建筑会社"金刚组"都是家族企业。显然，用陈旧的眼光来看待家族企业，视其为"陈芝麻烂谷子"显然与家族企业实际的发展已发生背离。当然，不可否认，中国的家族企业现代化程度还远远不够。中国家族企业强劲的发展势头除了自我进化的因素，更是拜中国经济增长的大趋势所赐。其他新兴国家的家族企业也面临类似的问题。

而抛开个别因素，就总体而言，家族企业这种组织模式历久弥新，在于其难以替代的特性。一些人指责家族企业以家族利益为本位，家族式管理是个紧箍咒。然而，也正因为如此，区别于非家族企业通常偏重于追求做大做强以及短期的利益甚至上市后的瞬间爆发，家族企业最本质的能量就是更加专注于做事业，舍得下本钱进行长期投入。诸如德国瑞凯威（Recaro）飞机座椅制造有限公司、德国刀具机床企业Vollmer集团等，将资源集中于一个非常狭窄的市场缝隙中，从事专业化生产并在特定市场中坐上头一把交椅，靠的就是打造百年基业的事业心和目标，从而成就"小事大作，小企大业"的奇迹。唯其关注长远，德国3/4的中小家族企业肯拿出3%的收入用于研发，且越是大型家族企业，研发经费的比例越高。除此而外，还有很多籍籍无名的家族小店，出于一份钟爱和热忱，几十年如一日地默默坚守，更是别有一番唯美和浪漫。据此而言，古老的家族企业即便从组织内核来看依然传统，但"传统意味着传播火种而不是沉溺于过去"。因为追求一种永恒，家族企业做企业的内涵也有别于非家族企业重在强调业绩，而是把企业的存续与生活本身画等号，企业传承与生活目的水溶交融，不分彼此。广布全球的家族企业基于家族的需求，不但解决了自我就业问题，而且提供大量的工作岗位，成为社会资本发挥温热的重要平台和载体。

因此，伴随着五种市场经济的发展，未来家族企业的发展还将别有天地。自由市场经济、国家市场经济以及全球市场经济行至巅峰，社会市场经济和平民市场经济的诉求随之迫近，因为前三者膨胀的结果必然是社会和平民受挤压。当下已显露端倪的就是机器人替代人工。在前三种经济形态下，机器人技术日新月异，不但大有将生产线上的工人赶出工厂的势头，而且连服务员、翻译、咨询、司机等这些更具柔性、弹性的工作也面临被机器人占领的困境。在这种背景下，机器人业已形成的对人的替代已经使得对平民市场经济的诉求不断提升，未来随着形势的加快推进，大量人口的就业问题成为社会的头号问题，如何安置闲置人口将是各国政府普遍面临的难题。同理，国家市场经济搭上全球市场经济的快车之时，社会资本的出路问题也将提上日程。届时，家族企业作为解决就业和资本问题的一个出路势必将进入新的全面发展阶段。而在目前，发挥家族企业的作用，化解就业和资本的矛盾，已经作为一种势不可当的历史诉求提前到来，这种诉求未来将日益迫切。迎接五种市场经济的到来，谁能够更好地发挥家族企业的作用，谁就更能在新的经济形势中游刃有余，更好地纵横捭阖。

第十四章　国企改革大转向

从放权让利到做大做强，再到政企分开，直至混合经济提出，国企改革一波三折，在不同阶段有着不同目标，加之国企承担着国家战略功能，使得国企改革的方向愈发朦胧与复杂。

国企改革的朦胧与复杂

有关方面对国企改革频频发声，各种猜测不绝于耳。主要集中在以下三方面：①先是在2015年6月5日的深改组第十三次会议上，提出"把国有企业做强做优做大"，随后在7月中旬的考察调研中，把这一表述调整为"做大做强做优"，更像是之前"做大做强"提法的升级版。②提出推进国企改革的"三个有利于"标准——"有利于国有资本保值增值，有利于提高国有经济竞争力，有利于放大国有资本功能"，则意味着国企进而不退，"国退民进"已沦为"单相思"。③央企党组织的领导和央企纪委监督功能被"五化"，即普遍弱化、软化、退化、虚化和被边缘化，其本质是党组织被架空，并为国企量身定制了《关于在深化国有企业改革中坚持党的领导加强党的建设若干意见》，这明确强调了党组织的领导作用，标志着国企要回归"优良"的老传统。中纪委网站也于7月20日刊文《加强党的领导是头等大事》进行呼应，指出离开了党的领导，就不叫央企、不叫国有企业；把党管干部原则抛到一边，以董事会取代党委会……正式拉开上市国企领导权悖论的大幕。由此来看，混合经济的主题词，或将被边缘化，以适应自由市场经济为改革主攻方向的国企，似乎出现了前队变后队，后队变前队的大转向。

然而，国企改革发生如此转向并非偶然或意外，恰有其深刻背景与逻辑理由。其一，本轮金融危机带来贸易去全球化的展开，金融再全球化的加速，国家间的利益冲突上升，自由贸易权重相对下降。其二，后危机时期，进入综合国力比拼阶段，国家市场经济权重相对上升，直接代表国家利益的国企恰能在国际秩序大调整时期扮演重要角色。其三，直接反应国家战略意志：召之即来、来之能战、战之能胜（另说），在中国非国企莫属，尤其是随着"一带一路"以及企业"走出去"战略的提出，中国企业将面对更多国际竞争。其四，国内历经三十多年的市场经济进程，原教旨意义上的市场经济也似乎漏洞百出，并未显示出包打天下、包治百病的功能。最后，"两个不能否定"——不能用改革开放后的历史时期否定改革开放前的历史时期，也不能用改革开放前的历史时期否定改革开放后的历史时期，意味着当下的政治钟摆将进行回摆调整，虽然目的是寻找均衡，但在回摆的过程中，自然呈现退的态势。可以说，当下国企改革转向是国际环境变化、国内经济以及思想状态等各种因素的集中体现，产生了由"谋划长远"到"解决近忧"的转向之举。

虽然有因可循，但国企改革转向直接造成了两大难解悖论，增加了改革的复杂程度。一是场内与场外的悖论，即针对上市国企与非上市国企两种企业分类，改革路径是否相同的问题。对上市企业而言，证券市场是市场经济顶级场所，是用统一的证券交易规则公开、公平、公正地运作，法人治理的商业规则必然决定着董事会及法人代表的权力，必然要求将扩大上市国企股份流通量，在现有股权分置向公司分置的过渡中，将国有股权逐步转换为社会资本共同拥有，从而实现真正意义上的全流通，同股同权，率先在股市上实现国民待遇。而对于非上市国企改革而言，则遵循市场经济原则下的资本社会化、多元化，对市场竞争性国企、公共服务类、公益事业类国企等不同企业采取不同的改革方案，不搞一刀切，也不仅仅是上市一条路。倘若将场内与场外统一为"做大做强做优"，实现国有资本的保值增值，那么置市场化、现代企业制度要求于何地？

二是法人代表与党委书记，董事会与党委会究竟如何匹配，这也是国企权力架构中无论如何也绕不开的悖论。回顾国企改革历史，这两种身份之间是机械的绝对化，要么是绝对分开要么是绝对的二合一。前者如20世纪80年代初的"厂长负责制"，虽然在很大程度上搞活企业，但导致厂长与书记的矛盾对立，"厂长神气、书记憋气"即是普遍写照，并引发一波"以票子（企业经济效益）换帽子"的风气。后者则因政企合一、所有权与经营权合一，"双肩挑"导致"一把手"腐败不胜枚举，如2004年陈久霖导致中航油期货巨亏、2007年中石化总经理陈同海腐败案均体现了"一把手"权力过大、缺乏有效监管的问题。如今，引入董事会制度，最大的问题是董事会虚化、"花瓶化"，其没有任免经营层权力，因此也缺乏对经理层的实质性制约权。换言之，政治在市场化改革的30多年的微观基础中并未找到自己的位置，以至于一种倾向掩盖另一种倾向。

时至今日，就国企领导权的整体性迷茫与混乱依然存在。其根本原因在于，理论上"全民"才是国企的真正股东，但在实践中全民不得不委托给中央政府，中央政府委托给国资委，国资委则委托给某些官员去行使股东权利，这样一个过长的"代理链条"提高了代理成本；而政府作为大股东，必然行使对应的股东权利，包括国企高管的任免权利，但在"党管干部"思维的引导下，混淆了企业家（或经理层）与官员的边界，加剧政企不分现象，突出表现为国企高管的"官员化"，不仅保留了与官员体系相一致的行政级别，而且国企高管与政府官员之间保持了密切的双向流动。事实上，解决国企领导权问题，关键是国企的经济与政治在法理中分开，在运行中融合。对于在经济组织中的党组织问题，至少回归到战争时期"支部建在连上""军事首长负责与政委监督配合"以及党组织集体合作的关系。对于国企运行问题，国资运作平台是在国资委与国企间插入一个"弹簧"，起政府与市场间的过渡、均衡、衔接、减震作用。至少从目前看，正面作用正在显现，上海成立了两大国资运作平台，2015年上半年实现国企净利润增长12.4%。

国企改革的悖论即复杂程度，在一定意义上反映的是普世自由的市场经济与国家利益冲突的矛盾，以及单一国家内市场深化与社会化的矛盾。而福卡智库关于五个市场经济——自由（企业）市场经济、国家市场经济、全球市场经济、社会市场经济、平民市场经济的论述，实际上已经为国企的现实地位及未来发展提供了一种理论假设。上述五种市场经济，既能够解释为什么需要一般意义上的市场经济，而这种市场经济又是存在天然的原罪，需要国企担当一定的责任，如参与国家竞争、维护经济安全，从而解释了国企存在的意义，但实现"社会、公正、协调"的普世价值，还需要用社会市场经济与平民市场经济理解，也喻示着国企的未来。在上述理论推导下，未来国企改革大趋势将表现为：从近期看，2020年实现市场经济起决定意义的临界，国企与民企实现共进退、互不拆台，双发展的均衡格局。从中期看，在国企准确分类且分化的基础上，实现市场经济竞争意义上的去垄断，以及混合经济的实质化。从远期看，促成"新国企"格局的形成，即在国土上运行的企业不分性质，在国家统一的商业规则以及公开公平的战略框架内实现国家战略利益与企业商业利益的双赢。

国企改革的历史逻辑

2015年被定调为国企改革深化的关键之年，历经艰难。9月13日《关于深化国有企业改革的指导意见》正式出台，标志着一轮涉及15.5万家央企与地方国企、104.1万亿元资产和3698万人（数据截至2014年）的深化改革，即将再次起航。国企改革在中国从来就是牵一发而动全身的重大议题，争论旷日持久，政策反复进退，各方利益博弈激烈。这次之所以终于破茧而出，背后有着深刻的复杂背景。

首先，去WTO的国家竞争白热化。危机爆发后，全世界范围内掀起了去WTO浪潮，自由贸易、全球化的反面，便是单个国家利益的膨胀与扩张。当每个国家都目光向内，摩擦与冲突势必取代合作与融合成为时代主题词。作为上一轮WTO的最大受益者，中国首当其冲地沦为众矢之的，这一方面大大缩减了中国的外部空间，迫使中国不得不向内挖潜，另一方面也使得中国急需寻找能够抵抗住未来外部冲击的抓手。众所周知，国企在国民经济中占比巨大（2013年国企资产占全国工业资产总量的40%，而国企数量仅占1.1%，国企在职员工数占全国城镇就业人口总数的18%），却大而不强，其中蕴藏着极大的可释放空间。同时，鉴于其特殊地位，对外体现国家战略的历史重任天然地落在国企头上，而国企"泥足巨人"的本质显然难堪此任。

其次，中国市场化改革三十多年的恩恩怨怨终要了断。改革三十多年，基本围绕国与民的进退关系展开，双方"一个改革，两种表述"，各自委屈。民企抱怨国企既然是长子，本应包揽所有"脏活、累活、苦活"，怎能仗着垄断优势与民争利，牢牢把控着市场经济最核心、利润最丰厚的一块不放手，让民企"无路可走"，以致经济内在动力始终不足。国企则自诩根正苗红、财大气粗，关键时刻能挺身而出，国家碰到大事哪一次不是靠国企，单凭这个，就该占据制高点。

国与民在市场经济中的边界问题不解决，一味拖延，使问题越来越糟。

最后，五个市场经济的结构复杂。金融危机证伪了自由市场经济，进一步证明市场经济实际上有五种，而比较纠结的是，这五种市场经济时而"你方唱罢我登场"，时而是"二人转"同场竞技，时而是你在台前我在幕后。简言之，经济社会发展的不同阶段，五种市场经济不仅权重不同，且排列组合方式不同，而国企是贯穿五种市场经济的重要元素。国企是自由市场经济的重要组成部分，在国家市场经济中唱主角，在全球市场经济中代表国家战略，在社会与平民市场经济中可发挥重大作用。综上，国企改革深化如箭在弦，不得不发。

深化改革，离不开国企改革的历史逻辑。过往国企改革可分为三大阶段：第一阶段是放权让利，以承包制为核心，时间跨度为1978年到1992年。1979年7月，先后颁布《关于扩大国营工业企业经营自主权的若干规定》等5个文件；1986年颁布《全民所有制工业企业厂长工作条例》，国企领导体制由原来的党委集体领导下的厂长负责制，改为厂长负责制，并在1988年4月以《中华人民共和国全民所有制工业企业法》的法律形式固定下来。1988年2月，规定了"包死基数，确保上交，超收多留，欠收自补"的承包原则。此阶段改革的整体脉络是分权与放权，承包制与厂长负责制首次在权力层分割国有经济这块大蛋糕，打破铁板，在当时具有相当积极的作用。然而在企业管理层面，由于缺乏规范的现代企业制度监督、约束，高度集权使得一些一把手演变成为所欲为的"土皇帝"，到后期其实大大削弱了改革的效果。

第二阶段是抓大放小，主要表现为以公司制改造国企，时间从1993年至2003年。上一阶段改革的生产力释放红利逐步衰减，出现了新问题。1990—1995年，国有工业企业总产值从13064亿元增加到31220亿元，年均增长18.4%。但铺了"新摊子"，经济效益却未同步提高，且国企经济效益与企业规模明显相关，究其根本，主要在于市场化程度不高。于是，十四届三中全会通过《中共中央关于建立社会主义市场经济体制若干问题的决定》，明确指出："国有企业实行公司制，是建立现代企业制度的有益探索。"以此为里程碑，国企改革沿市场化方向深入推进。1995年9月，十四届五中全会提出国企改革新思路：一是转变经济增长方式；二是实行"抓大放小"。开始尝试用市场的办法来抓大，即依托经过初步改革、建立了现代公司制度的企业，通过在资本市场上转让股权或收购兼并等，实现对国有企业的战略性重组。1997年起，开始对国有经济进行战略性调整，国有企业战略性改组步伐加快。以企业为主体，以资本为纽带，通过市场机制形成的国企大公司、大企业，其效率与效益都是改进的，生命力很强。但产权不清、政企不分始终困扰着国企。因此，试图终结"多头管理"的国资委横空出世。

第三阶段是政企分开、产权明晰，改革跨度从2004年至2014年。尽管国资委统一了管人、管事、管资产的权力，坚持政企分开、政资分开，所有权与经营权分离，改革也从国企改革上升到国资管理体制改革的新阶段，但政企分开受制于国家经济体制改革的大环境，政企分开首先要求国家减少对经济的直接干预，在"党管干部，党管人才"前提下，国企表面上建成了现代治理体制，却无法解决党组与董事会的权力分配、管理层的市场化以及国企特殊政治责任问题。

当下，国企改革实践具体落实在以下三个方面：一是搞好国企，抓手是资本化，时间跨度为2014年到2020年。通过国企整体上市，隔离政府与企业的直接产权关系，有利于政企分开；国资资本化、证券化后，国有投资机构的所有权和企业法人财产权分离，解脱了国有资产与特定国有企业的捆绑关系。政府管资本不管企业，可以超脱地正确处理和市场的关系。二是构建三层国资管理体制，即在国资委与集团公司中间搭建一个资产运作平台。三层架构将改变国资委"身兼三职"的现状，保留其规则制定以及监管两项职能，各类国有资本运营公司或者投资公司承担出资人的职能，这种模式更趋市场化。如此一来，国资委只当"老板"不做"婆婆"，同时理论上全社会的国有资产都可推向市场，由国资运作平台统一管理。三是国企本身分解为三个层次，即全资集团公司；控股、参股两级公司；三级子公司及项目公司。目前一般情况下集团公司均为国资，二级公司多为控股、参股企业，所有制已有所松动，到了三级公司，尤其是为某个项目而设立的公司，混合所有制已实质性展开，这一层次的公司即便股权再多元化，也不会改变整个集团公司的"成分"，故而已成诸多国有大集团启动混合所有制的试验田。

此外，当下国企改革还涉及三个层次的监管。首先是资产监管。一方面，国资监管思路从"管资产"向"管资本"切换，资产运作平台主要负责对所授权的国有企业履行出资人权利，"不求所有，但求所在"，监管力度明显加大。另一方面，将原来隐蔽在党政机关、事业单位的国资剥离，放在平台上公开化市场运作，有利于集中统一监管，与过去相比，监管深度加强。其次是企业内部权力监管。十八届三中全会以来，将坚持和加强党对国有企业的领导作为重大的政治原则，促使党委与董事会权力分配有了新版本，即从过去董事会说了算，董事长当自己是老板，转变为党委监督、书记制衡。党委会与董事会、股东大会构成国企内部决策圈，进而形成新的权力架构。最后是国企的政治监管。关键时刻国企要体现政府相关经济发展的战略意图，打个比方，国有企业放弃眼前的经济利益，服务于国家重大的战略需求，或长远利益，其中的标准设定、管理体制都要有所安排。坊间对此一直有所讨论，认为国企改革终将走向淡马锡模式，但事实上，中国有自己的特殊国情，与新加坡不同，国企改革两大核心问题不容回避：一是政治核心是否会扩大为一切的核心，从而影响政企分离的改革方向；二是激励机制如何构建。其实，这两大问题均指向一点，即政治监管由谁来定？

综上可见，国企改革一路走来，问题倒逼型特征显著，这决定了新一轮国企改革很大程度上也只能跟着形势走，采取渐进模式。然而，历史固然可以照亮未来，但很多时候，未来引领今天的智慧之光也会照进现实。

搞好国企还是"改造"国企

所谓国企本质,即对内弥补市场失灵,对外体现国家战略,就此而言,新一轮国企改革并非以搞好国企为出发点,让它与民资民企争名夺利,抢夺市场份额,而是促使国企向其本质回归。因此,本轮改革的核心题意,与其说是搞好国企,不如说是改造国企。

衡量改造国企的真理标准有两大坐标,纵坐标体现历史要求,即企业发展递延的六个阶段要求。客观上,世界范围内但凡大企业,一般要经过六个经典发展阶段,生产经营—科技创新—生产性服务业—产融结合—嵌入式集成—战略引领。这六个阶段之间具有逻辑关系,大企业起步于生产经营,实现规模效应后,靠技术创新提高生产率,当生产力达到峰值,产业链开始纵向延伸,分工细化,主副业剥离,生产辅助性产业进化为新的产业门类,继而横向跨界融合,经营多元化、利润高端化、资本虚拟化促使产业与金融迅速结合,至此,以规模、体量取胜的工业经济抵达巅峰,然而,新工业革命引入新生产方式。把自身组织架构延伸到产业链或相关产业的其他企业中,彼此嵌入,将自己打造成一个集成各种优势资源的平台,获取集成利润,便成为大企业攫取高利润的新路径。而大企业发展的最高境界,是以战略为产品,以引领性地位占据食物链最顶端,典型的如IBM的智慧地球项目。一般而言,类似中石油、中石化这样的超大型国企,前四个阶段都能做好,有的尚能风生水起,而后两个阶段则颇为艰难,主要受制于体制、机制,但未来更多的国企要突破险阻达到第六阶段。因此,改造国企(尤其是大型国企、央企)成功与否,就要看其能否顺利进入到后两个阶段,特别是第六个阶段。而要跃升至第六阶段,股本构成、组织架构、企业制度、内外界面都要做与之相匹配的调整,如若利润增长点主要来自于卖战略(对外是中国国家战略,对内是引领经济发展方向、产业结构调整),则意味着改造成功,反之亦然。

　　横坐标则是五种市场经济。某种意义上，与西方国家不同，中国的国企是五种市场经济的天然载体。国企最突出特点便是利用国家市场经济为其开辟道路、做大做强，积极投身于自由市场经济的搏击，它也是中国企业界进军海外的主力军，享受着全球市场经济的红利，未来还将通过资本社会化践行社会市场经济，同时更是平民市场经济（以创造、吸收就业为主业）的主战场。以五种市场经济为横坐标的意义在于，不同发展阶段与程度，五种市场经济的权重不同，要"弹好钢琴"，国企就是非常好用的筹码，关键在于怎么改造。如自由市场经济领域，要弱化国企存在感；在对外竞争中，要强化国企代表国家市场经济参与国际竞争，去全球市场经济的领地开疆拓土。社会市场经济，即市场经济真正实现"民有""民享"，是以资本社会化为前提，而资本社会化可借道国企股改。巨量国有股减持，单靠有限的民营资本来接盘，根本难以承受，相反，若能发动"沉默"的社会资本（中国居民存款总规模约为50万亿元，而截至2014年5月末，A股市场总市值仅为23.97万亿元，流通市值仅为19.95万亿元），蚂蚁雄兵的力量不容小觑（这当然涉及相应的制度安排）。而一旦国有股社会化、分散化，改造使命完成的同时，也兑现了社会市场经济的题中之意。待平民市场经济登上历史舞台，消化"过剩人口"上升为国家头等大事，便可将国企改造成承接就业的主阵地。综上，在这个纵横坐标系中，完全可根据不同时空背景需求，对国企采取不同的改造方式，而不必纠结于"一股独大"、混合经济还是全面民营化，因为其各自都有存在的领域与时空。

　　不过，未来的复杂性在于：满足了国家市场经济的需要，往往又将遭遇全球市场经济、自由市场经济的诘难，在国家市场经济层面具有合理性，但也将面临国际、国内两个市场的反垄断压力。

混合经济的动机与效果

相对公有制为主体,混合经济出自中央之口(2013年发布的《中共中央关于全面深化改革若干重大问题的决定》中明确指出"三个允许"这一新的政策框架,即允许更多发展混合所有制经济、允许非国有资本参股国有资本投资项目、允许企业员工持股),单从改革方向来看,以国企为切入口,以"资本管理"取代"资产管理"算是一大历史进步。不过,若从各地方的操作层面来看,当下混合经济的价值取向仍是朦胧的。其核心的问题是,混合经济的动机究竟是什么?解困、效率、圈钱、改革(国民待遇)、布局、战略意志还是挑战未来?若是为解决过去的遗留问题,推混合所有制则可理解为让国企通过社会化方式降低财务、投资的压力。但若以此为目的,且不说现有证券制度是否还能支撑通过上市圈钱来为国企改革服务的功能(当年建立股市的初衷就是为了替国企解困),即便是当下的IPO行情也决定了押宝于整体上市并非长久之计。若是为推动当下的改革,其经济上的表达式应该是资本的社会化。换言之,混合经济是要通过引入社会资本,将政府控股转变为社会资本共同拥有。

但就目前主流的一些方向来看(如领导持股、员工持股),这样的混合经济似乎仅是特定范围的国民待遇,改革稍有不慎便会沦为少数人瓜分国资的盛宴。若是为着眼于未来的长远考量,实际上,中央层面的战略意图是明确的,即通过改革调整公司治理结构,转换经营机制,从而使其更好地成为市场竞争主体和独立法人。但问题是,中央仅给了个方向——目标在河对岸,出于各执行层面自身的需求,其布局方式和调整方向难免夹带"私心"。如央企更看重资本机会,地方更注重效率、布局,国企经营层则盘算着自身利益的确保。由此可见,当下各地方政府虽沿着自身的路径积极推进改革,但似乎还并未完全把握"混合经济"的精髓。

事实上，能否把握混合经济的精髓一定程度上决定了国企在新一轮改革中的前进方向和自身定位。但就目前来看，且不说全国各地尚未探索出可预见的有效路径，即使是走在改革前头的上海也存在着认识的盲区。一方面，国企基本上只代表昨天的辉煌与今天的荣耀。以百联集团为例，在经历了10年间"四换帅"之后，百联总体业绩虽发展平稳，但其推动引擎却早已失速，更别说引领服务业商业模式的创新。一边，连锁百强老大的位置被苏宁云商超越，旗下最重要的超商板块在完成整合后也未见大的起色；另一边，在门店拓展的战略布局上，已从当年的扩张转为收缩，基本上放弃了在全国大规模的拓展，转而退守华东区域，甚至以经营上海本地为主。另一方面，国企难以担当"市场决定性"以后的领袖城市的前卫功能，更难担当进入战略碰撞期的新使命。随着中国经济由战略机遇期向战略碰撞期过渡，"引领性"缺失是国有企业最大的短板。如绿地集团在商业模式创新上比不上嗅觉灵敏、探索体验型商业地产的万科；在能源板块革新上，虽然通过煤炭深加工、商业模式转变等方式提高了能源运行质量，但却难以成为引领行业突围的中坚力量，深陷不景气的囹圄。此外，在战略性的新领域（如互联网安全）几乎没有国企能够主动承担战略角色。就此而言，若简单地把国企分为公益类、自然类、竞争类，有违五个市场经济的现实，简单地退出竞争领域，有点形而上学，混合经济理应更好地吻合五类市场。

既然混合经济尚在混沌中，此轮国企改制的路径究竟在哪？对此，我们给出了混合经济的三维坐标。维度一，沿着企业发展完整的六个阶段向后走。国企多为大中型企业，基本都经历生产经营—科技创新—生产性服务业—产融结合—嵌入式集成—战略引领的过程。从趋势来看，当工业化进入后期，产融结合已成必然，其中产业与金融资本融合的空间颇大，而国企改革则可通过诸如资产证券化、企业债等方式作为引入社会资本的契机。维度二，大城市国企改制需吻合城市本质的进化。城市的本质是交易，在过去的工业时代，交易的对象以工业品为主，而在以信息服务、体验消费为主的未来，能否随时代切换而主动调整自身发展模式将是大城市国企有别于普遍意义上改革（做大做强）的根本差异所在。

维度三，寻找五类市场经济中的公约数。当下改革形势复杂一定意义上就是五类市场经济彼此冲突所致，如平民市场经济强调就业、社会市场经济强调资本的共有，而这与追求国家、企业利益最大化的市场经济显然格格不入。因此，国企再难用过去"补市场不足和承担战略角色"来简单定位，而是需要寻求几大市场经济的公约数，从而平衡整个市场。由此概括，混合经济必须吻合三大目标，即市场决定性、未来战略布局、国民待遇（原有垄断的让步）。

过往的历史证明，在探索性的改革过程中，积极的动机、正确的方向未必就代表着满意的效果。因此，混合经济要实现"既要效率，又要改革，还要布局，更要未来"一举多得的效果，首先须破除几大思维惯性。①资本股权说了算。由于国企承担着"公的性质"，若无法打破资本/股权相匹配的窠臼，就无法真正将国有股权转化为社会资本共同拥有。事实上，就中国的政治制度而言，效仿西方"金股制"模式更行之有效，即平时不参与分红、不干预，一旦遇到重大决策，如高层人士调动、处置资产等方面，政府则享有"至高无上"的否决权。如此，既能保障政府在公益领域的控制力，还能防止股权博弈中的不平等。②经营大事依然掌控在国资委手中。所谓让市场起决定性作用，一定意义上即是"让更懂的人去经营"，作为政府部门，国资委只需以启动和切入的方式做好相关制度安排，而非事事躬亲（这不但将导致效率低下，更是与市场化背道而驰）。③完全市场化。在工业资本占优势的时代，如果一味推行市场化，一旦水电煤等公共资源被利益驱动，就会导致价格猛涨，这将导致工业成本的提升，从而影响整个国民经济的稳定。如委内瑞拉正是在放开了战略性行业的私有化后造成了价格高涨、社会动乱，以至于最终不得不将电信公司、电力公司和石油业重归国有。④以利润为唯一标准。其实，混合经济的三大维度已经证伪了这一思维方式，国企角色的"多重性"理应对应更多元化的标准。由于国有经济主要分布在战略性支柱性产业、先导性产业、国民经济命脉产业以及民生保障等领域，其中相当一部分在成长初期往往属于既不赚钱却又不可或缺的行业，若过于强调追求利润，在意识上则难免落入上述"完全市场化"的惯性思维。

由此，兼顾就业和环境等多元因素（即上文所述五个市场化的平衡）势必将成为国企未来发展的新标准。

第十五章　政商关系大调整

全面性产能过剩倒逼审批经济退场,"政商勾兑寻租"的土壤不复存在,但就此做出政商"割袍断义"的预判,也太过武断,政商关系调整的空间将表现为方式的变换。

新、旧红利的时代切换

从过去三十多年中国企业发展史来看,企业曾受益于四大红利。首先,从释放经济体制潜能中获得"制度红利"。中国经济奇迹第一波推动力来自"由计划转向市场的改革",由计划经济切换到市场经济必然会形成能量释放,并且经济体制切换期新旧体制并存,不乏用计划手段对待新市场主体的,由此产生"制度红利"。其次,享受全球化进程的"开放红利"。不仅中国企业凭借WTO红利从"世界加工厂"中获得资本积累,单是中国为吸引外资开出的"两免三减半"的税收优惠也让外资企业赢在了起跑线上。再次,放大成本优势的"资源环境红利"。不说中国高速增长的GDP没有考虑到资源环境成本,就是冯仑、潘石屹等地产商人也是借助土地资源的分割游戏成功跻身企业家群体。最后，是持续了几十年的"人口红利"。正因"人口红利"形成了劳动力丰富、抚养负担轻的"黄金时期"，才使高储蓄、高投资和高增长的环境孵化其他红利。一定程度上，适量、适龄的劳动力人口是中国奇迹的根本保障。诚然，中国三十多年的经济发展，依赖于劳动力、土地和资本等要素打破计划经济窠臼进行市场化组合，也得益于中国加入WTO而获取的全球化红利。

基于计划经济与市场经济、封闭与开放等板块的交织、错位、切换表现在方方面面，所以相关"红利"也就一波接一波，如招商环节的土地财政、税收优惠、项目审批，生产过程中的劳动力红利、环保红利，流通环节的出口退税，交易环节的双轨差价，企业制度创新领域的企业转制……诸多"红利"横到边、纵到底，一度由中国独有，好处自然是经济爆炸式井喷——在"红利驱动器"作用下，中国改革开放后35年间年均经济增长率高达9.9%，地区GDP总量暴增近800倍，经济发展规模之大、速度之快，在世界范围内绝无仅有。正是因为红利那么多，中国企业也被红利宠坏了，深陷红利难以自拔，企业已不知利润为何物——上一阶段，企业吃尽政府政策、劳动力要素、全球化等红利；眼下，从总裁班到公共媒体，人们津津乐道于下一波红利在哪，而把转型期的微薄利润、行业平均利润不当利润——商人们已经习惯了超越正常经营利润的"红利"，不断追逐制度性红利，渐渐地把正常经营利润看成是傻事。"企业正常利润"被"制度红利"所取代，企业经营源代码异化，经营细胞也发生着病变，渐渐就弱化了正常经营的能力。

特别是，这些"红利"还存在着公正性问题：计划经济向市场经济的体制过渡期，一方面虽在半市场化规则的框架下挖掘民间创新的活力，释放首轮市场化改革红利；另一方面行政权力却主导市场经济，通过名目繁多的政策及审批权，插手资源配置，哪些企业可以得到税收优惠，哪家企业能够获得特类经营许可，完全由政府直管部门说了算。而今，市场化改革仍在继续，红利却发生了变化：

新一轮的改革具有典型的两大特征，一是下放与市场接近的权力，如行政审批权，深入推进市场化，"放权"有利于扼住"政商勾兑"之手，而深入的市场化正是"潜规则"、"政策漏洞"的掘墓者，也是公平、公正的推动者；二是政府功能从经营性转向服务性，通过完善规则，协调各方利益，这样格局更大，"社会主义"的味道更浓。由此带来"红利"的变形——经济领域的市场化改革历程还远未结束，依然存在很大的空间，但这种"红利"往往会演变成普世的，而非定向的，如负面清单向包括国企、民企、外企在内的所有企业开启国民待遇；有些体制性改革更是难以产生直接的企业经营的"红利"，更多的是社会性的"红利"，如精简行政机构使其高效、便民，户籍制度改革铲除户口壁垒，养老保险制度改革破除双轨制坚冰，推动社会福利更加公平、更全覆盖。至此可断，"红利"将不再是原来那个"红利"。

改革红利的内涵与外延随着市场化改革的推进都发生了变化，而企业因"尝到了甜头"仍在寻找原来的改革红利，以至于对目前有无改革产生了怀疑。从根本上讲，拿市场化改革初始阶段的改革红利套用于市场经济深化改革阶段，这本身就犯了时空错配的错误，显然已失去了时代的准头。事实是，改革仍在真真切切地进行，只不过，改革的不同阶段释放出的红利不同，旧红利的结束恰恰是中国社会、经济环境变迁的反映，眼下正处于红利的拐点期。首先，人口红利向"人才红利"转变。工业化后期，在人民币升值、房租涨价和周边东南亚地区等更廉价劳动力的挤压效应之下，低端劳动力的成本优势退潮。就城市化的阶段而言，目前大型城市对于农村年轻劳力的吸附基本完成，留在农村的"老弱病残"很难参与更深入的产业升级。科技园区、生态园区、高端制造等都需要大量职业型、技术型人才，低端劳动力显然无法匹配产业升级的用工需求。随着人口红利的切换，也将驱动"智能替代"、医疗等行业的发展。其次，资源环境红利向资本红利过渡。显性资源环境如水、土地、空气等在全球气候大会以及国内健康意识提升环境下，已经向绿色、环保、低碳频道切换，过去制造污染来赢利，未来则是治理污染来获益；对隐形资源而言，最大的资源莫过于国企对通信、能源、电力等行业的垄断，以及对金融资源的"独占"，在国企海外并购因出身问题受阻、"经济上低效、而政治上话语权却超强"的悖论之下，无论国企集体上市还是混合所有制改革都是为资本提供的一场盛宴。其三，科技红利时代的开启。无论是TPP、TIPP搭建的高端贸易护栏，还是德国工业4.0、美国制造业回归之下的智能制造，抑或是周边地缘政治动荡之下引发的军事博弈，其中的核心就是谁能在科技创新上技高一筹、赢得先机，这从3D打印、物联网、大数据、云计算等科技概念层出不穷就可窥见一斑。其四，制度红利权重下降。近年审批经济之下，商人上演的是"眼见它高楼起、眼见它楼塌了"，在简政放权、注册制、负面清单等的改革之下，政商关系重构新生态，制度、政策向透明化、公开化迈进，也意味着因制度的信息差获利的权重将下降。

企业家政治与心智

讲政治与懂政治

随着近几年市场地位的提升，当下企业家的心思正变得越来越微妙：一部分想着"两耳不闻窗外事，一心只赚金元宝"，孰料势比人强，"在商言商"与其说是恪守本分，不如说是自欺欺人；另一部分则事事从自身出发，抱着"有钱任性"的观念也想花钱玩把政治，却不知政治的本质就是寻找均衡点，权力的指针并不会永远偏向经济。

但中国政商关系自古以来就充满了悲哀，企业家与政治搭边就注定是一场精疲力竭的苦游戏。那中国企业家能否效仿西方，对其避而远之？事实上，"企业家能否不讲政治"在中国本身就是伪命题。因为中国特色的本质在于政府与市场的"二人转"，政治因素自然早已渗透在市场和企业的每一个角落。就此而言，中国企业家不仅要讲政治，更要懂政治。相比于美国"小政府"政治模式下的企业管理理念，中国企业家却是既要盯住内部管理，又要盯住市场间的同业竞争，还要盯住政治方向的调整。所谓"宏观一转，一切皆变"，当年李泽楷欲出售电讯盈科的电信业务与资产给外国公司，却遭遇国企背景的第二大股东（中国网通）强力狙击的事实便是未能看懂政治之果，纯粹的资本之手最终败于非市场经济之手。

如果说企业家不懂政治将被政治局势拖着走而疲于奔命，那么读懂政治则可让其安身立命、游刃有余，但若要先人一步而决胜于未来，就必须先摸透政治变局的变化规律。中国政治格局之变已近在眼前，而企业家如何适应新环境将是当下之所急。具体而言，主要将集中于三大方面。

（1）潜规则变成显规则。所谓"潜规则"大多都是利用法律和制度的漏洞，以投机取巧的方式将制度架空，让显规则失效，从而滋生腐败。究其根本，一方面是权力过于集中之过，另一方面也是程序过于繁杂，过程难以公开所致。如过去企业家"有事找一把手"的疏通方式即为明证。不过，十八届三中全会提出国家治理制度的现代化即意味着对过去模式的颠覆，而制度创新又必然导致政商游戏规则的改变。负面清单和备案制虽看似是政治变局的第一步，却是对行政权力的釜底抽薪。随着企业准入和业务创新空间的拓宽，企业竞争或将由过去的"拼关系"逐渐转变到"拼创新"的轨道上来。

（2）政、企界面将走向清晰。众所周知，无论是英国还是美国，国会议员都属专职职业，在任期内拿工资，其工作的核心就是全职服务民众，并代表民众在国家立法中辩论、讨论、表决。相比之下，中国人大代表均来自各个阶层、各种职业，虽看似更接地气，但往往也会造成政为商用、以权谋私的弊病。如果说过去的政治身份可以提供免费的信用保证（不少企业家创业之初便是利用政治背景做保障从而实现"空手套白狼"），那么未来的政治身份或将意味着更为严厉的监督。而事实上，中国在2013年两会期间已经有提出"全职代表"的建议，届时,"从商"还是"从政"的界面也将愈发清晰。

(3)政治平衡点面临调摆。当下的企业界和学界似乎对"市场在要素配置中起决定性作用"的解读过于乐观,认为当市场占据主导地位时,企业家将彻底翻身。事实上,企业家地位的大幅提升自不必说,但若想呼风唤雨无疑又是过于自信。一方面,随着市场化的真正推进,"富人愈富,穷人愈穷"的两极化将是大势所趋;但另一方面,市场说了算即意味着是大佬说了算(如美国和香港),而社会主义的本质又决定了政治家不会任由弱势群体被边缘化,政治平衡在所难免。

心智决定未来

时代背景发生切换,企业家心智在企业经营中愈显举足轻重。首先,企业进入冰冻期,原有的生存之计、竞争之计失灵。国内经济转型,国际危机蔓延,原来的三大红利逐渐消失;投资经济的后遗症及资本、货币市场上的泡沫决定了政府不可能再采用激进的货币政策来拉企业,即便货币助阵,因缺乏与中小企业对接的金融体制,中小企业"贫血症"依然难解。这样,企业陷入"成本高、融资难、市场窄"的漩涡,利比纸薄,哪怕再有勇、有谋也无济于事,甚至会变成"主动找死",在此种境况下,心智成为一种显性竞争力。

其次,企业由做利润转为做生活,心智起主导。或者物质积累到一定程度,企业家厌倦了经商的劳累、欲换一种"人生方式",遂登上从"财富自由"到"心灵自由"过渡的台阶,"做生活"半道而兴;或者从一开始就不屑于"投入资本—丛林跋涉—做大做强—恶斗不已—追逐利润"的"商规"、"商律",而选择把企业当作生活方式的寄托,无利润数字的压力,"做企业"是价值理念、情感、想象力、人生态度的自然外露,身心舒展自由。无论是前者还是后者,都需要强大、成熟的心智。如常州"巧婆婆手工坊"坚持1%利润,诠释着对小、美、幽静的守望,备受粉丝追捧。

最后，市场走向"精明"，愚笨者反而"得势"。中国这条大船瞄准市场经济的航向，已航行三十余年，现船过江心，胆识、策略、投机取巧、突破底线的竞争等各种"伎俩"都已练过兵、上过场，无法继续"打动"市场；从市场自身而言，经过三十余年的成长，外加经济危机的挤压、收窄效应，来到了"三十而立""爬坡过坎"的关键档口，岁月催人精明，磨砺给人精明，当今的中国市场越发"圆滑""老练"，在这种时空背景下，"愚笨""呆傻"的企业家反而受市场青睐。浙江医药股份董事长李春波不被"钱生钱、赚快钱"的行情所迷惑，苦心经营实业，并且在利润率风行的氛围中坚守"薄利多销"，正是凭借这种傻气、憨气，把企业从"混杂军"锻造成王牌军。

企业家心智的重要性可见一斑。实际上，企业家心智作用的施展从反面折射出市场经济深化过程中的一种必然逻辑，即单个主体过于精明、只顾自己、闷声发财，全然不管吹大的泡沫，整个社会最终将上演大崩溃。这从美国金融危机的爆发得以印证：20世纪70年代布雷顿森林体系垮台，全球纸币失去与黄金的最后一丝联系，美元如同脱线的风筝开始上升之旅，美元购买力越来越低，诚实工作的劳动者与企业者无法度日，不得不将资金放入资本与货币市场，金融投资家们有了充足的弹药，一手盲目借贷给房地产抵押消费的"群氓"，另一手接连炮发金融衍生品、各种投资产品满足普通投资者；普通投资者、华尔街的金融家们个个都像敏锐的猎手，出手迅速，抢夺令人垂涎欲滴的猎物，他们瞬间成为反映美国金融生产力的英雄；但个人越聪明、社会越愚昧，获利的投资者、获得天量红利的金融家、超前借贷消费者共同铸造了含毒的债务，一旦偿债链条断裂，债务毒性大发，房产暴跌、银行倒闭、股市剧烈震荡等烽火连天，将直接导致经济社会萧条破败。可见，精明、争利、自我的个体集合成愚昧、失序、危机的社会。

个体利益最大化，社会利益就会损得体无完肤，这足以使人警醒。规避这一厄运的关键在于完善个体的心智，而精明、争利、自我的个体禀性本身吻合、构成唯物辩证法中的"矛盾双方对立统一体"，其对立面即代表着个体心智完善的方向，从而也是预防社会崩盘的穴位所在。总结开来，企业家心智调整的趋势有：①崇尚协作。眼下实体行业下行骨瘦如柴，倘若企业继续只顾自己、竞相争夺，恐怕会将行业啃得连渣都剩不下，业消经殒，民生凋敝。艰难的生存环境及相互残杀的危险前景抽去了"单独打天下"的根基，善于集成与协作的企业家将迎势而起。就目前来看，平台经济及嵌入式经营模式正是集成与协作的典型表征，京东整合产业链打造系统生态，格兰仕"嵌入"天猫电器城，都促使关联方协同、共振式发展。②虚怀大度。在合作经济中，倘若锱铢必较、吃不得半点亏，处处只想占便宜，妄想日生，骄心日盛，一旦一方有了骄狂的态势，纷争便起，什么事情也办不成，甚至会反目成仇；相反，洞悉"吃亏是福""难得糊涂"的真谛，谦恭地从别人立场出发，包容大度，福报在后头。"二马"（马云、马化腾）在互联网业务厮杀之际，共同出资众安保险、入股华谊，初露大度风范。③愚钝傻气。过于精明的企业家市场并不买账，"傻里傻气"之人反而备受偏爱。如浙江宝石缝纫机有限公司以先免费使用一年再付款的"傻帽营销方式"赢得了市场、兑现了创业理念。

第十六章　商业模式大创新

2016年，企业竞争的最高境界来自商业模式竞争。然而，商业模式并非万能，当大家都以其为王之时，恰恰也是其掉下神坛之际。伴随着行业和企业同时进入洗牌与调整期，商业模式的再造即将开启。

商业模式再造

商业模式自20世纪90年代流行至今受到无数追捧，甚至有企业家将"每次失败归于技术，每次成功都归于商业模式"。商业模式突然变成了"天上的飞猪"，谁都想勾搭上，仿佛有了它就有了制胜法宝。因为事实是，360杀毒靠免费直接淘汰了金山毒霸，淘宝过万亿的电子商务销量将传统零售逼入了绝境，连天上发了卫星的沃尔玛都难以招架，更别提余额宝等互联网理财抢了银行的饭碗，腾讯微信的语音通话硬是打劫了三大通信寡头。于是，企业不管不顾地对商业模式趋之若鹜，殊不知死在商业模式上的大有人在，比如免费模式虽能瞬间吸引人气，可天下没有免费的午餐，若没找到收费的增值点就盲目免费，那无异于烧钱，搬起石头砸自己的脚。

商业模式显然并非万能，当大家都以其为王之时，恰恰也是其掉下神坛之际。毕竟在互联网时代，传统商业模式已无以为继，不仅去中介化压扁了曾经长长的供销链，以至于经销商大批出局，而且开放分享的思维更将商业原先固化的载体全部打碎，如今谁都无法忽视线上的力量，不管是粉丝的膜拜还是共享的魔力，一切旧有模式都将被互联网"格式化"。于是一边，行业越来越无边界，并在产能过剩中蒸发与洗牌，而另一边，企业属性越来越模糊，这不仅是经营多元化使然，更在于它越来越只是一个平台，比如小米虽然出身"互联网公司"，但它在2014年卖了440万个耳机、199万个手机充电器、53万个米兔、21.1万件衣服，雷军就坦言，小米不是手机公司，也不是移动互联网公司，而是品牌公司。因此，当世界从单一实体维度变成"实体-虚拟"两个维度，创新颠覆就成为了常态，比如全球最大出租车公司优步没有一辆出租车；全球最热门媒体Facebook没有一个内容制作人；全球最大住宿服务商Airbnb没有任何房产。未来若所有物品都带上芯片，物联网一旦成型，或许所有健康数据、货币流通都在光速之间，商业模式又岂能不变？而当前，伴随行业和企业同时进入洗牌与调整期，商业模式的再造已经开启。对此，企业究竟如何下手？且看商业模式再造的四大要素。

（1）关系。如果说农业、工业经济时代商业模式是基于事物，靠毛利率生存，那么互联网时代的商业模式则基于关系，事物将变成零毛利率。因为互联网或许不能改变10%的事物成本，却可能将90%的中间成本变成零。正如里夫金所言，互联网的最大贡献在于产生了协同共享的组织模式，零边际成本社会到来，未来商品和服务将趋于免费。比如在美国一座中等城市，八成的汽车可能取消，人们将使用更便捷更便宜的"汽车共享"。数据显示，每次汽车共享都可以少生产15辆汽车。相比当前全球数十亿的轿车、公共汽车和卡车，如果全实现共享，2亿辆车就可以满足人类需求。既然基于事物的毛利率越来越小（趋零），即不能只从事物本身赚钱，那么有句话叫"羊毛出在狗身上"，就要从事物的关系上赚钱。尤其在产能过剩下，产品在质量等方面都无差异之时，关键就在于能否吸引人气，经营好用户关系。因此对商家来说，以前经营实物，现在经营关系，实物是手段，用户才是资产——从共享房屋到共享汽车，"共享经济"模式即是典型。

（2）连接。因为互联网的基因是 "三互"，即"互联、互享、互动"，互联网将实体系统的"N"，通过互联在信息系统聚集成"1"，由于信息交互创造新的价值，再回到实体系统在"N"中实现。如果说在实体系统，节点的价值是加和；那么在网络系统，节点的价值是平方，互联网的价值与节点平方成正比，即从N+N到N^2。从这个意义上讲，互联网既是节点的连接器，更是价值的倍增器。更进一步看，PC时代互联网连接网页，移动互联网连接人，"互联网+"则让互联网连接需求与供给。互联网是大开放，可以组织强大的生态系统，将所有供应商、合作商、分销商、服务商到用户全部互联互通，企业由此变成"平台"，因此，商业模式再造需要以"连接"打通"奇经八脉"。毕竟，相比工业时代的正态分布，互联网时代的分布是幂律分布（80%的财富集中于20%的人），比如支付宝之于网银支付、微信之于移动IM（即时通信）都属于赢家通吃型（适应度最大的节点占有所有连接，而其他所有节点几乎没有连接）。未来，随时随身的连接可能是"人物时点"的自由"连接"，届时，产品是1，社群是0，基于产品和点建立连接将加倍变现商业价值。

（3）嵌入。既然未来将"连接一切"，那么商业自然将呈现"大平台+小而美"格局，企业要么处于中心，自己变成一个生态系统，要么融入其他人的生态，甘心做个节点。这也意味着，单打独斗的时代过去了，企业将在彼此嵌入中发挥"1+1＞2"的力量。比如"平安文旅荟" 动的就是这一脑筋——集合并发挥平安（银行）、碧桂园（地产）、华谊（影视）、海昌（海洋公园）、砂之船（奥特莱斯）、艺术北京（艺术展览）的各自优势，重点开发城市中心文旅综合体和周边文化旅游城。这种嵌入还只是构筑一个各司其职的战略联盟。"雷布斯"的高明之处在于移花接木式地嵌入,小米的所谓互联网手机通过便宜破坏市场定价嵌入手机市场(A市场),真正收割的是一个收费账户(B市场)。手机只是个道具,小米的硬件可以不挣钱甚至免费,但硬件变成入口,将所有硬件成功连接,就能靠后续服务和衍生产品赚钱。因此,互联网时代,当虚实彼此融合,"嵌入"需要把准位置,一旦掌握入口,那么企业就好比电力公司,"哥卖的不是电表,收的是电费"。

(4)重组。伴随电视台、报纸等广告模式,被越来越快的信息速度碾压,原本基于信息不对称的商业模式被"釜底抽薪"。在这种旧模式的淘汰中,行业洗牌是商业模式的"炼金石",强者将通过兼并重组、攻城略地,进而收拾行业残局、调控战略格局。而这种大浪淘沙也将迫使企业加快商业模式创新,因为模式一旦被复制,其边际效应递减,除非拥有不可替代的核心竞争力,让他人无法复制,或者,即便被复制,也因在创新上保持领先,以至于他人不可持续。尤其是当未来各类芯片全部武装、数据如光速流淌,真正万物互联,商业模式的创新势必将需要在"三个世界"(物理、网络和数据世界)中自由穿行。比如传统零售就被互联网平台极大替代,但体验型、便捷性的门店可能存在,因为消费者依然有这样的需求和生活场景。实际上,商业模式的再造将是关系的重组,关键在于场景的切换。企业却往往将思维局限于单纯的物理世界,将邮轮仅作为交通工具,将酒店单纯当成住房场所,殊不知,它们是个"创新空间":邮轮难道就一定要达到彼岸?它也可以是移动的城市,体验游牧般的生活;而酒店为何不可能成为产品展示和销售的场所?酒店将顾客作为粉丝,卖艺术、卖体验,又何尝不可!

如此看来,不管是连接嵌入还是关系重组,商业模式的再造都将让企业重新卡位。而这种位置、次序的重新洗牌,首先将取决于企业的"自知之明"。当前许多企业之所以死在商业模式上,就在于心态失衡,导致自己的定位不清。殊不知,只有了解透自己的方方面面(行业趋势及所处位置等),才能真正拿自己的商业模式动刀。其次在于创新思维,因为无边界浪潮之下,未来将出现很多跨界打劫的企业,抢占用户、数据与人才,自定义产业边界,比如,未来的小米、顺丰都可能是生态公司,前者经营年轻人(粉丝经济),后者经营社区生活(物流商业),或许未来在哪个行业并不重要,掌握这个产业的关键资源才是最重要的。尤其是随着物联网和"互联网+"的流行,大部分企业都会"变身"互联网企业,商业模式将从单纯的一次性买卖,变成实时与互联网相连的互联网服务。反倒是百度、阿里巴巴等从互联网起家,如今投向健康、金融、地产等,已然成了一个个"八爪鱼"。既然外行颠覆内行都成了常态,企业自然不能再只顾着低头拉车,更需抬头仰望星空。正如凯文·凯利在《技术元素》中所言,只要找到1000个铁杆粉丝,就可以形成一种商业模式。这个奇迹发生在移动互联时代,痛点越来越少,但未来都是个性小众创业,提供的是超预期的产品,商业模式或许又将回归小众的原点。

秒杀与恒定的选择

2016年秒杀式的商业模式仍将大行其道,其在众多领域内大展神通是时代切换的必然:①在产能过剩的挤压下,靠模式突围已成企业的重要选项。产能过剩彻底暴露甚至放大了企业传统发展模式的种种弊端,原有的路径难以为继,靠技术突围又非朝夕之功即可见效,而商业模式的转换却往往能发挥"短平快"的功效,在短时间内化腐朽为神奇。②互联网经济的跳跃性、颠覆性、革命性天然地为模式变革、颠覆提供了思想和技术基础。互联网技术消解了信息不对称、突破了时空壁垒,让打破产业、行业、企业边界分分钟成为可能,而依托互联网技术,各种不着边际、天马行空的思想也有了兑现的可能。③消费群体的多极分化为多种模式创造了市场空间。随着社会阶层分化、价值取向多元化、生活方式多样化，消费群体不断分化、裂变，小资、小清新、杀马特、二次元等新兴价值主张不断涌现。与此相对应，迎合这些纷繁多变需求的模式也有了施展拳脚的空间。于是乎，传统的星巴克依然顾客云集，而精致婉约的小资咖啡馆也不乏人气。④充沛的资本为各种模式创新提供了充足的弹药和可能。在资本相对稀缺的时代，企业获得资本不易，几乎没有可折腾、腾挪的空间。而今在雄厚资本的支撑下，企业得以在较短时间内整合各项资源，不但降低了企业的试错成本，加快了项目的推进速度，又提升了模式的成功概率，新兴商业模式由此喷薄而出。不仅如此，四处寻找投资机会的各路天使、PE、VC的支持也使得一些无中生有的商业模式成为了可能，如打车软件、外卖软件等都是通过烧钱补贴用户的方式强力改变用户使用习惯，创造新的赢利模式。

不过，虽然秒杀式商业模式看上去风光无限，但这并不意味着秒杀模式就能横扫一切。一方面，秒杀式商业模式往往更容易速生速死，经不起市场考验。塔勒布在《反脆弱》一书中介绍了他用来预测一个东西会存在多久的"经验方法"——已经存在的时间越久，继续存在的时间也就越久。与此相对应，在短时间内实现爆炸式发展的商业模式也就更容易经历"生死时速"的洗礼。社交网站从人人、开心到微博、微信更替不足一个年代，团购市场从遍地开花到满目疮痍不过三四年，微信上的热门应用更是在短短数月内已从脸萌、围住神经猫切换到了时下红火的颜龄测试网站How-old。实际上，众多异军突起的新商业模式在短时间风光过后偃旗息鼓，近日倒下的家政O2O鼻祖Homejoy即是最新的例证。另一方面，有些领域不是靠秒杀模式就能突围的。对部分已发生前提性、格局性变化的行业而言，模式的转舵也不过是杯水车薪，如互联网带来了日益增多的数据交换需求，使得以语音交换设备见长的阿尔卡特-朗讯无论如何构筑自身优势，也难以改变被以数据交换设备见长的思科取代霸主地位的结局。又如光学巨头柯达无论在营销模式上获得了多大的赞誉，甚至部分早年拍摄的广告至今仍被行业奉为圭臬，也难以阻止其随着数码成像技术的普及而轰然倒下的命运。更何况，在某些高精尖领域，技术才是王道。

事实上，尽管秒杀式商业模式抢夺眼球，成为媒体舆论争夺的焦点，但仍有大量的企业凭借恒定的商业模式在竞争中牢牢占据一席之地。而这些恒定商业模式不倒的背后，亦有其存在的理由：实际上，相较而言，较为稳定的战略方向和商业模式更有助于企业持续累积相关领域的内外部资源，集中力量深耕，在一轮轮的延续性创新中培养和强化其核心竞争力。更何况，企业商业模式的变更是有相当成本的，在企业资源有限的情况下，每一次模式转变的沉没成本都增加了新模式成功的难度。更何况，企业商业模式的频繁更迭容易导致企业"主心骨"的迷失，更有可能造成员工对领导者决策能力甚至是企业信心的崩塌。说到底，任何一种产品的生产和出现，都是建立在满足人类需求基础上的，而对于这种需求的解决效果最终将决定企业在该领域的成败。

如此，到底是该秒杀还是恒定？实际上，两者并不矛盾，成功的商业模式往往在恒定中有秒杀，在秒杀中有恒定，而成功的企业也通常是一手抓恒定，一手抓秒杀。以在口碑和销量上取得双丰收的褚橙为例，一方面，褚橙凭借科学化、精细化的种植手段和工厂化的管理方式在生产环节做到了"十年磨一剑"的恒定，保证了褚橙在质量和产量上优于同类产品；另一方面，在商业的推广上，褚橙又采用了秒杀式的商业模式，既是通过因地制宜的水果销售方式使得消费者能在第一时间品尝到最新鲜的褚橙，又是依靠其合作伙伴，由一群南方系媒体人创立的本来生活网在媒体官微上一系列的新闻造势，再加上王石、徐小平等"大V"的转发，最终引爆了"人生总有起落，精神终可传承（橙）"的褚橙。事实上，历数IBM、GE（通用电气）、3M等老牌企业，之所以能够屹立不倒且历久弥新，就是在其发展的过程中做到了恒定与秒杀的融合，特别是在某些重要的拐点时刻，既能通过恒定的力量做到稳如磐石，又能通过融入时代，秒杀同类。

面向未来的企业如何做到恒定与秒杀两手抓？从发展趋势来看，可以从以下五个方面着手：①工匠精神。传统观念里，工匠精神是传统行业的事。但事实上,时下得以屹立于风口而不倒的秒杀型企业,无不同时坚守着工匠精神。如微信在推出后一年内迭代开发44次,Zynga游戏公司每周对游戏进行数次更新,小米MIUI系统每天、每周、每月面向不同用户群迭代不同版本。可以说,在追随风口的同时不断自我精进已成为当下企业的必修课。②未来经济。正如华尔街的金融创新忽悠个人或企业用未来的钱,实体经济也要学会强化"忽悠能力"卖未来的货。一方面,贩卖可预见的未来,如雨后春笋般涌现的O2O企业无不是通过描绘未来市场的广阔图景来兜售当前产品。另一方面,宣传、炒作不可预见的未来,如IBM正是通过对于智慧地球概念的炒作,不但推动了世界各国科技的发展布局,更为自家业务的嵌入做足了铺垫。③平台经济。全球最大的出租车公司 优步没有一辆出租车,全球最大的住宿服务提供商 Airbnb 没有任何房产的故事已经人尽皆知,但平台经济并不只适用于大型互联网企业。对面广量大的中小型企业而言,平台商业模式的核心更在于调动各方资源为企业的利益服务。在技术瞬息变幻的当下,善用资本的力量为企业的有益尝试买单是当下企业的当务之急。④"羊毛出在狗身上"。当商学院还在探讨以雅虎和谷歌为代表的互联网公司通过在线广告的收入,颠覆了以微软为代表的软件公司向终端用户收钱的商业模式时,行业的玩法已从"免费"升级为了"倒贴"。要使得无中生有的模式逆自然规律而上,快速占领消费市场,就需要采用"非典"的方法,即在大幅优惠消费者,用强力快速改变消费者习惯的同时,"挟消费者以令诸侯",让资本、广告商为眼前的巨大市场买单。⑤粉丝经济。忠实客户与粉丝客户的根本差别在于,前者是基于产品所提供价值的理性判断,而后者是发自内心的偏执喜欢。以粉丝经济的"始作俑者"和集大成者苹果为例,对于价格"一路看涨"的产品,果粉仍然保有着宗教徒般的虔诚,每有新品发布会,全世界疯狂的果粉军团必调好闹钟倒时差赏之,通宵达旦彻夜排队抢之,甚至更有传被"脑残粉"以卖肾求之。综上,商业模式的恒定与秒杀都有其特定的原因和价值,找准企业在商业坐标中的位置并进行相应的调整,才是面对一波又一波的浪潮冲击的解决之道。

来自粉丝模式的冲击

　　移动互联时代，粉丝正在创世纪！小鲜肉鹿晗的单条微博被粉丝刷出过亿评论，仅为"一心一亿，一鹿有你"的愿望；《小时代》系列电影有粉丝"护法"，票房累计达15.1亿元；就连王思聪新女友某"网红"开网店都能年赚1.5亿人民币，比肩一线明星范冰冰；更遑论"因为米粉，所以小米"创造6分05秒售出10万台小米手机的销售神话，以及全世界疯狂而虔诚的"果粉"成就苹果成为市值最大的上市公司……粉丝的力量在肆意彰显，粉丝的重要性毋庸置疑。罗振宇说，没有粉丝的企业没有未来；雕爷说，只有粉丝还不够，还要有"脑残粉"。粉丝化生存，已成为企业经营运作、个人品牌打造必须逾越的门槛之一。

　　事实已证明"得粉丝者得天下"。放眼国外，拥有3800万粉丝的体育明星C罗只要在个人推特上发布一条140字以内的商业信息，就能轻轻松松入账23万欧元（折合约163万人民币），"一字千金"已不足以形容其推特含金量了，即便如此，依然让商家趋之若鹜。回望国内，罗振宇于2012年12月推出的"罗辑思维"就率先尝到粉丝模式的"头啖汤"，曾在6个小时内将5500个付费会员名额售罄，入账160万元，成为微信赚钱的第一大单。吴晓波在纸媒式微的背景下，停掉自己在各家媒体上的专栏，开通"吴晓波频道"公众号，上线一周年之际，微信订阅人数超过70万，仅一篇名为《股市，疯了》的文章阅读量就过百万，与爱奇艺合作的视频播放量超过1亿次。再如高晓松之前与优酷打造的脱口秀节目《晓说》上线两季，点击量超过5亿次，按照每集30分钟计算，这档节目有150亿分钟的观看时长，而拍摄一季节目总共才用了26个下午。如果说小米带出了产品营销的粉丝经济高潮，"罗辑思维"等验证了自媒体粉丝经济的变现能力，明星、"网红"、公知们纷纷行走在影响力变现的大道上，那么粉丝就是支撑这一切的基础与关键。

由此可见，粉丝不再仅是一个传统语境下追星群体的代称，更代表一个社群的经济关系链，更重要的是，粉丝由于共同的兴趣爱好，形成具有代表性的消费群体。粉丝经济也早已脱离娱乐产业的范畴，被日渐崛起的移动互联网赋予全新意义，重构了商业模式，一边冲击了传统商业模式，另一边以区别于以往的商业模式抢占时代主流。传统商业模式重在做产品、铺渠道、找客户，在价格上鏖战；粉丝模式主要是抓粉丝，再通过粉丝自我转发进一步扩大关注度，把粉丝变现为现实生产力，不再是单单卖产品，打造商品品牌，而是贩卖情怀、精神、态度、生活方式等，个人就是品牌。比如"网红"们利用社交平台塑造自己，输出"美好、乐观"的自我形象，颜值、青春、生活状态、知性、逗比或者不羁，总有一款适合粉丝，本质上售卖的是"偶像"的生活方式。

之所以粉丝模式能够盛行，有其个中逻辑。首先是移动互联为粉丝经济提供了技术可能性，建立能够双向且能经常、持续沟通的平台以吸引、聚集粉丝，如微博、微信等社交平台。其次，粉丝模式建立在从理性到感性的社会心理转变基础之上。一方面，人是理性人，只是经济学的基本假设，在实际经济活动中，人经常会做出非理性的决策；另一方面，古希腊式严谨的逻辑学早已审美疲劳，毕竟在产品质量不存在问题，技术没有巨大差异的情况下，视觉、听觉等感官冲击更具有吸引力，那些打着感性牌的人或商品更迎合了这种心理需求的转换。再次，粉丝模式的社会土壤在于，我们处在一个孤独、空虚、个体无限渺小的时代，一如微信进入界面上那个仰望蓝色星球的小孩。互联网将世界缩小，同时也将人与人之间的距离拉大，内心深处的情感无处寄托，只好送给素不相识的偶像，把他捧到无限高，就好像自己也放大了一样；帮他实现梦想，就好像自己的价值也实现了一样。因此，粉丝模式的形成基于情感归属，受情感驱动，并非完全是对产品本身的强需求。最后，"物以类聚，人以群分"，当下社会分层化、分群化，形成不同的圈层，每个圈层都有其价值认同，不同的圈层又难以相互理解，相同价值认同上的人又追寻着引领者，引领者们则制造标签，进而形成粉丝模式。以"罗辑思维"为例，其迎合了当前中国中产阶级作为一个阶级在形成阶段的认知饥渴和自由主义价值观的潜在流行。

尽管粉丝模式风光无限，但世上从来没有颠扑不破的粉丝。粉丝是狂热的痴迷者，"因为喜欢，所以喜欢"，喜欢不需要理由，其愿意为这种不理性在时间和金钱两个层面上实现同步的过度消费。同理，粉丝不喜欢也不需要理由，既会助威也会咬人，利益的缺失或偶像的坍塌，都会导致粉丝的坍塌，而粉丝的坍塌自然也意味着偶像的毁灭，这也许是互联网时代最为残酷的商业真相。尤其那些忠诚度不足的所谓粉丝，经不起风吹草动，有利可图，则聚沙成塔、集腋成裘；无利可图，则大树未倒，猢狲已散。在争夺粉丝的商业竞争日趋白热化的情况下，如何迎接粉丝时代，如何玩转粉丝模式，如何将粉丝变现，才是至关重要的核心竞争力。毕竟"粉丝"是指如何聚来人，让他们变成粉；"模式"指有了粉丝后，通过运营将粉丝盘活，产生商业价值。而稳定的粉丝转换率，精准的用户群体，能够让营销成本趋近于零。

首先，需要的是有一个人格化的偶像。那些见多识广、阅历丰富、洞察心理的人，用高大上的范儿、接地气的调儿，造个生动的好梦（创业梦、成功梦、明星梦等），有故事、活成传奇（如褚时健），有鲜明的人格特征和不惧争议的强大内心（如"90后"马佳佳）才有机会获得聚焦，才可能拥有粉丝。马佳佳敢于站在争议的风口浪尖去冒出头，不在乎争议，不在乎谩骂，不在乎诋毁，不在乎鄙夷；张嘉佳则就是个活成梦的人，过着让人羡慕的生活，才能吸引到更多人接近。其次，理性的分析，感性的表达。粉丝模式的核心在于感性，从情感上去征服用户，但基石仍在于信任。准确的定位、尖叫型的产品、傻瓜式的界面、超出预期的服务、鞭辟入里的思想都是构成粉丝模式的硬件，善于用人、故事、事件形成引爆点，从情感、思想方面打动用户，而不是恶俗地炒作。像褚橙就是通过褚时健的故事、精神等去打动消费者，抓住关键词：昔日烟草大王、牢狱之灾、八十多岁高龄回归果园……最后，让粉丝们自己玩起来，让消费者主动。了解粉丝的潜在需求，定制粉丝专属的产品，让粉丝加入品牌的塑造过程中，直到粉丝真正为品牌买单，实现真正意义上的移动变现。

▶▶ ▶▶▶▶▷▶▶▷▷ ▷ ▶▶▶▶ ▷▶▶▷ 社会篇 ▷▶▶▶ ▷▶▶▷

第十七章　收入差距扩大化

从一定意义上，整个近代史的所有革命、建设都是均贫富与激发活力间的协调与拿捏，但显然市场经济所内置的丛林法则，已经将收入差距问题逼至危险边缘，与此同时，收入分配改革又尚处于破局的临界点，这取决于政府在经济问题社会化的趋势下，还能承受多大的维稳压力和维稳成本。未来收入问题的迷局将如何破解？

收入差距——遮不住的痛

贫富收入差距悬殊是中国特色发展道路的客观结果，贫富差距是拉大了还是缩小了，不仅事关国家经济的发展，也事关能否安抚民心、缓和社会矛盾，但以当前中国市场经济的发展态势来看，2016年中国贫富收入差距的"马太效应"将愈加明显。

收入差距的"马太效应"

改革开放以来，伴随中国市场经济体制的建立，经济快速发展，财富迅速向少数人集中，贫富差距逐渐拉大，中国已步入贫富差距最大的国家行列，贫富分化成为经济继续高速发展的绊脚石，而中国的贫富差距现状是各种变量综合作用的结果使然，既内置着市场经济深化的必然性，又是中国特色发展道路的客观结果，且随着市场经济的深化，2016年收入差距的"马太效应"在中国将愈加明显，依然会呈现四个方面的加剧。

1.改革红利的存在进一步分出穷人与富人，进一步体现出悟性高低与魄力大小。过去三十年，在市场化改革进程中，制度红利相伴而生，有悟性、有魄力的人能够顺应市场化趋势，敢于冒险，把握改革红利，比如"78派""92派"商人分别抓住改革开放、"南方谈话"带来的商业机会。当然不排除体制性原因造成贫富差距，比如行业垄断、户籍制度造成的收入保障差别，但一般而论，市场化接受、适应程度高或低就决定了是成为富人还是穷人。加之效率优先的市场丛林法则又是拉大收入差距的天然推手，市场化本身的马太效应将继续加剧贫富分化。尤其是当前的财富爆炸以土地、矿产资源为载体，资本收益呈几何级数增长，不少"炒房专业户"跻身中国富豪榜即是例证，从而与"底部横盘"的劳工阶层收入拉开差距。

2.市场化进程兑现了收入差距，形成了阶层分化现实。其一，市场化使得综合禀赋的差异得到价值确认。市场就是实现资源要素交易的场所，市场化就是对一切交易的资源定价，这也是市场经济发现价值、实现价值的基本原理，而独特的、稀缺的禀赋——比如明星的颜值、演员的演技、歌者的声线、体育明星的肌肉、作家的文采等，都将在市场化中拉开价值差异度，进而产生机会鸿沟、收入鸿沟，在世界级明星和非明星之间的机会鸿沟、收入鸿沟被大大拓宽。其二，市场化进程中出现的富二代、官二代、星二代，含着金汤匙出生，比穷孩子更具先天优势，更能获得更多更好的机会。比如被称为"国民老公"的王健林独子王思聪，其掌管着数亿元的投资资金。其三，地理禀赋也是扩大贫富鸿沟的加速器。中西部的硬件软件天然不如东部沿海地区，加之，改革开放以来的区域非均衡发展战略的政策推力，"集中力量办大事，优先支持沿海经济发展"，和中西部政策环境欠佳不足以吸引投资进驻，这些历史性政策安排造就中西部相对滞后。

3.第四次金融大爆炸背景下，资本金融将进一步拓宽收入鸿沟。其原因在于资本金融天生内置着财富转移机制，既可能是暴富的快车道，也可能是财富的"绞肉机"，由贫到富，由富返贫往往在一夜之间。首先，资本金融交易的对象是金钱，依靠的是信息，凭借的是智慧，捕捉的是先机，还需要一点机缘，"钱生钱"游戏放大了财富效应。比如随着上市公司并购限制放宽、新三板火爆、股权众筹制度获批，资本证券化趋势加速，直接导致财富积累模式的革命性迭代。其次，财富效应的另一面是财富归拢与绞杀。随着中国资本市场结构日渐复杂，金融衍生品及杠杆工具迅速增加，资产泡沫化程度今非昔比，中小散户的"游戏"基础已发生变化，资本金融沦为专业玩家的游戏，大部分散户被"割韭菜"。尤其是在本轮市场原教旨与政府原教旨杂交导致的"股灾"中，不仅消灭了50万～60万个中产阶层，"奋斗10年的中产阶层资产完全损失"，而且"国家队"自己也遭遇滑铁卢，损失了大量真金白银。

4.互联网时代，科技创新将会带来更大的收入差距。首先，科技创新本身就是少数人的游戏，科技实现从0到1的颠覆就是对天才的确认，盖茨、乔布斯、马斯克即是站在科创巅峰上的典范。其次，技术一旦突破后出现井喷效应，进而财富进入爆炸阶段，同时财富爆炸又将反哺科创研发，触发多米诺骨牌效应。以腾讯公司为例，其成立于1998年，16年后的2014年，总收入为789.32亿元，同比增长31%，经营盈利305.42亿元，同比增长59%。按照1万名员工计算，腾讯人均创收近790万元，人均利润约300万元。相比之下，2014年中国农业总产值在5.8万亿元左右，按3亿农民计算，人均创收1.9万元，不到腾讯的1/400。再则，技专利的垄断也将带来超额红利，比如全球掌握一流水平涡扇发动机制造技术的仅有英国R&R（罗尔斯·罗伊斯）、美国P&W（普拉特·惠特尼）和GE三家公司，航空工业的垄断程度可见一斑。最后，对互联网的利用——即依靠互联网开启全新商业模式甚至经济模式——奇峰突起，而一个个拥有权力、资源与声望的庞然大物，在新贵崛起的丛林中节节败退。阿里巴巴目前市值11850亿元，是全球最大的网络零售商，年交易额超过一万亿元，而号称中国最大电器零售商的苏宁电器，实体店的业务自2009年开始就不温不火，至于国美则从昔日的辉煌中显出英雄暮年的落寞。如果说农业文明时代财富积累需要三代人，甚至更长，工业文明时代财富积累至少需要两代人，信息文明时代则仅仅需要一个年代。

就业危机

　　失业是导致收入差距扩大的一个重要诱因，一个最直接的影响途径就是失业会带来贫困，在经济增长既定的情况下，如果失业增加，必定会导致贫困率上升，而带来整个社会收入差距的扩大。现如今，雾霾困扰中国，失业更是扰动全球。从发达国家到发展中国家，从欧洲到非洲，失业像瘟疫一样蔓延。美国2015年8月份失业率为5.1%，尽管创2008年4月来新低，但新增非农就业岗位数量仍低于预期，奥巴马"再工业化"目标难竟；法国2015年8月份失业率为10.8%，失业人数逾350万人再创历史高位。2014年，尼日利亚6.5万名求职者竞聘4556个工作岗位，因现场过于拥挤而发生踩踏事件，造成数百人伤亡；中国台湾地区超过21万人（大部分是"80后"、"90后"青年学生）占领"立法院"，冲击"行政院"，其中一个原因也是就业，即"大陆劳务工作者来台抢饭碗，影响台500万就业人口"的传言；"阿拉伯之春""颜色革命"等爆发皆可在就业问题上找到源头。在中国大陆，继2014年高校毕业人数突破700万之后，2015年的毕业生人数持续突破700万，并超过2014年727万达到749万之多，创历史新高，成为史上"最难就业季"。"饭碗"不再是"金、铁、泥"的材质区分，而是有没有的问题，这不仅关乎每个家庭的和谐，更关乎社会秩序的稳定。如果说"比非典还可怕的是雾霾"，那么比环保更深刻、更紧迫的则是就业，其将成为金融危机之后，沿华尔街金融机构倒下—欧洲主权债务危机爆发—中国全面去产能—新兴国家货币之乱链条倒下的又一块多米诺骨牌。

中国就业问题在总量上还面临九大变量，这些变量让就业充满了不确定性。①城市与农村就业总量的两面夹击，20～59岁的劳动年龄人口仍在增加。②中国遭遇去产能，从另一角度理解就是"去就业"。③中国产业结构调整，就是调减劳动力。劳动密集型产业向资本密集型和技术密集型产业调整时，就业岗位必然被挤压。④体制改革就是让事业单位、政府机构减少人员。⑤第三次工业革命就是要劳动力的命。当3D打印机可以打印出杯形蛋糕，酿酒神器在三天内酿造出一瓶成本仅2美元的美味葡萄酒，消费者的选择不难预见，个性化、数字化"自造"将对规模化生产线上的工人构成极大威胁。⑥新型城镇化就业减少比增加的多。农村的就业压力减轻，但劳动力转移导致大城市就业压力增大。⑦政府财政转移的另一版本，即更好地由企业承担社保、工资增长率，最终都将打压企业用工积极性。⑧世界贸易新格局，西方工业回流，新兴国家产业替代，都将在就业总量上挤兑中国。⑨互联网经济全面化，将使得就业隐性化，失业显性化。除目前已知阿里巴巴零售平台上规模庞大的网商外，基于"微店"APP（应用程序）开设的以个体卖家为主的"微"型网店，并不在工商登记年检，其解决的隐形就业也不在官方的统计范围之内。

从就业压力看，就业结构矛盾要远大于总量问题，即有效就业不匹配，在招工难背景下，竟然存在大量无法就业的结构性问题，特别是"错学"的大学生与错配的就业岗位。而年轻人总是对未来充满高期望值，但期望值越高，大失所望的概率也就越大，失望之后的行为失常的概率也就越高。不过，中国还处于就业结构矛盾的早期，西方国家更多表现为结构问题。随着人类平均寿命的延长，稳定而成熟的劳动力往往是中老年，对后工业社会而言，55～85岁才是人生中最辉煌的时期。由此观之，大城市的就业前景令人担忧，"失业的人该去向何处"成为让人头疼的问题，而更令人头疼的问题还将是由失业所带来的贫富差距将进一步呈现扩大化的趋势。

收入分配"迷雾重重"

中国收入分配调整牵一发而动全身，困难重重，体制改革不可能一步到位，而单纯的"拿来主义"也行不通，基于对中国经济的前景预判，要解开收入分配这一"难解之谜"的谜底，其主题词将聚焦于：改革制度、调整结构、适当平抑。

事实上，在中国，正是由于衡量贫富的标准不同，导致了现实感受不同——既不能否认富裕实现，又不能忽略差距存在。因此在收入分配改革上难以收敛成共识，收入分配命题显得很复杂，既有像从计划经济到市场经济切换过程中"摸着石头过河"导致公平失当、贫富分化程度高这样的历史遗留问题，也有发达国家所遭遇的创新颠覆劳动价值论这样的新问题。收入分配差距之所以迅速拉大，其根源在于体制改革不到位产生了副作用：①政策制定者身份错位，资源分配者和受益者的双重身份，决定其在收入分配改革上很难动真格。减少政府支出占财政收入的比重，等于让个别部门革自己的"命"，收入分配改革因而缺乏原动力。②某些部门精英意识强烈，"民可使由之"的心态在个别官员头脑中根深蒂固，也阻碍了分配改革的推进。③改革进程因被利益集团劫持而左右为难。"切蛋糕"意味着利益和资源重新分配，对此既得利益集团怎会轻易答应？④以政府投资为主的增长方式要求有关部门将财富集中在自己手中运筹帷幄。政府投资是维持GDP增速高位横盘的重要动力，在出口萎缩、内需乏力和民间投资被边缘化的国情下，政府投资对经济发展的贡献不可小觑。若在放弃经济增速的前提下转向收入分配调整，无疑会丢掉二次分配的财政基础。

收入分配悖论已成世界性难题，各国政府均在寻找破解之道，而对中国而言，在收入分配改革小心翼翼趟过深水区的过程中，有一个误区、一大潮流是不可忽视的。误区在于，对所谓的日本国民收入倍增计划，没有吃透其经验教训，就实行"拿来主义"，生搬硬套，会误国误民。日本历史上曾推行过两次收入倍增，一成一败，并非偶然。20世纪60年代的倍增计划实施十余年，国民收入实现翻番，近1亿中产崛起为社会稳定之锚，日本也迅速跻身为超级经济大国。该计划成功的核心密码在于，以提高企业竞争力为核心，注重为民营创造环境背景（企业进口机械的费用，一半由政府补助，对企业设备实行特别折旧制度，加速设备更新，仅1961年一年，民企设备投资占GDP比例竟高达23%）；让利于民，大幅减税，不仅提高个人收入调节税累计税率，也为中低收入民众以及中小企业减税（规模高达1000亿元）。而20世纪80年代的倍增计划却以失败而告终，其教训是未能正视单向度经济结构（过于依赖外贸）的危害。唯有取其精华、去其糟粕，扬长避短，方能为我所用。至于一大潮流，则是随着新经济革命迅猛赶来，劳动力在智能化浪潮中的权重急速下降，产业工人的规模高度压缩之下，收入分配的前提也将被抽去，届时社会问题的焦点将由收入分配转为生活分配。而生活分配的前提条件、矛盾侧重点、难点，和收入分配大有不同，这对政府而言，又将是一个全新的"难解之谜"。

破解收入迷局

收入差距扩大化是由多种因素综合作用的结果，并且收入差距的"马太效应"随着市场经济的深化将愈加明显，但这并不意味着收入问题的迷局难以破解，"解铃还须系铃人"，未来破解收入迷局依然得从五个市场经济和收入分配问题上着手。

从五个市场经济入手

企业市场经济拉开阶层收入差距，国家和全球市场经济扩大国家收入差距，平民和社会市场经济反倒缩小收入差距，五个市场经济理论诠释了收入差距从扩大到缩小的秘密，构成打开收入迷局的金钥匙。

我们认为企业、国家、全球、平民、社会五个市场经济交叉重叠、不断寻求新的平衡的规律与趋势。在企业市场经济主导的社会，自由市场这只无形之手施展魔法现魔力，推动要素、资源向有购买力的强者转移，贫弱者只有被"虹吸"的命，继而通过要素、资源的"收入分配效应"及代际传递机制，收入差距孳生并以几何级数速增。美国借贷消费的背景促使掌握资源的金融家们获得天量红利，身居金字塔顶端的1%的"金融英雄"成为美国梦的象征，占有全国40%的财富；中国初始市场化的金箔也偏袒地贴到了土地、资金等要素拥有者的脸上，房地产、金融富豪一人的年薪几乎抵百万普通人。

可见，企业市场经济内置有市场竞争的丛林法则，导致阶层收入上的马太效应——高的愈高、低的愈低。而收敛自由市场放任性、执行国家战略的国家市场经济以及超越国与国边界、多边渗透的全球市场经济拉大的却是国家收入差距。在中西对市场失灵的反思中，国家市场经济走向前台，但国家市场经济的对外直接使命是推行国家战略，国企国资、龙头企业成为兑现国家利益的代言人，无论是中铝、中铁建出海并购，还是"中国版马歇尔计划"援助欠发达国家搞基建，都争夺了市场、消化了过剩产能、为国家权益加分，超级大国绽放实力；即便随着多边贸易新格局的成型，有着更为宏大视野、推动资源全球配置和全面合作的全球市场经济时代到来，鉴于国家、民族仍是基本概念，主权利益仍难以割舍，从WTO到TPP、TTIP，全球市场经济的尝试渐次升级，美国世界经济霸主地位试图撑起新的支柱。而欠发达国家、小国都无奈从属于大国体系。基于以上，国家市场经济、全球市场经济加速世界格局分化，国家收入差距拉大自然蕴含其中。

不过，围绕平民就业创业展开、捍卫微众财产权的平民市场经济和以资本社会化为前锋、注重社会协调的社会市场经济却缩小收入差距。自由市场、国家市场、全球市场从经济结构上雕琢的是"垄断航母"，大量人口被甩出，微小企业的生存空间又被绞杀，平民就业创业如临大敌，这对社会撕裂起强化效应。此种反人性、反社会的潮流必将在历史的演变中得以调整，调整的方向则是平民市场经济、社会市场经济。平民市场经济立足草根、组织灵活、创新风行、生命力强，既能消化"过剩人口"、迎合底层获取财富眷顾的迫切诉求，又能较快地迎头赶上、收敛差距。中专毕业后创业的安徽绩溪青年章燎原，撷取"三只松鼠"拟人化电商品牌，并颠覆传统营销模式，以宠物口吻向消费者提供"萌式"个性化服务，推动消费者在最短的时间内参与分享与口碑传播，顺应了消费为王的时代，人气狂增，销量飙涨，只用两年便做到了10亿销售规模，这位坚果行业的"电商教父"迅速完成了"屌丝逆袭"。而社会市场经济通过资本社会化使经济资源分散开来，破除垄断，进而激活民间经济活力，实现经济协调，这是市场经济的更高版本。社会市场经济以"资本"为手段，以"社会"、"全体"为出发点，抵制了种种失衡与不公，从而将差距、离散收于收敛状态。美国宾夕法尼亚铁路公司、电话电报公司、钢铁公司三大巨头推行产权分散化的次年，所在城市基尼系数停涨即为此提供注脚。

至此可见，五个市场经济理论使收入差距呈现从扩大到缩小的完整弧线，构成打开收入迷局的金钥匙。尤其是最后两个市场经济（平民市场经济和社会市场经济），隐含着解决收入问题的底牌。倘若提炼、总结，无外乎三个层面：①公平、公正是第一基石。公平、公正是平民和社会市场经济的基本要义和愿景，在由"不公"引发的两极现象普遍、贫富差距鸿沟整体加深的当下，具有鲜明的针对性，也因此具有成效性。②协调、安抚是第二基石。协调、安抚是社会市场经济内在逻辑的延伸，以"社会"为公约数，必然要妥善协调各方面的利益关系，安抚弱势群体，使各阶层共享发展成果，逐渐走向均质化。③劳动致富、创新造富是第三基石。劳动、创业、创造是平民和社会市场经济的内涵或最本质部分，是释放经济自由、激活市场效率的关键，更是平民自我追赶、抹平差距的内因动力。三大准则堪作解决收入难题的神功秘籍。此外，鉴于劳动权是生存、发展的必要前提，创新已成一种竞争力，劳动、创新又吻合我国人口众多、寻找增长替代、尚有一定发展空间的具体国情，不失为收入迷局的破题之道。一旦中国走上人人参与劳动、到处充满创造之路，"大同"、"共富"的局面为时不远。

收入分配的现实抓手

收入差距扩大化的态势不可逆，其解锁的钥匙被更多地寄托在收入分配上，而要解开收入分配这一"难解之谜"的谜底，就必须对未来10年的中国经济有个基本判断。而下一个年代正是中国市场经济越过临界的关键年代，市场经济内生性的特质，比如重在优胜劣汰的"丛林法则"，贫者愈贫、富者愈富的"马太效应"等，都将持续发酵并放大，并深刻反映在中国经济社会的结构性变局中，成为收入差距与社会断裂进一步加大的助纣为虐方。但另一方面，未来10年也是改革趟过深水区的年代，过去三十多年摸石头过程中因为各种主客观因素而被半制度化或固化了的领域，如横亘在不同性质企业、不同行业之间的非国民待遇、行政垄断，乃至从政府经营经济模式、政企勾兑行为中衍生而来的权力寻租等，这些领域产生的收入分配差异本质上多少都带有随机而遇的改革模式的"原罪"，下一个年代也都将随着改革全方位、系统性、持续性的深入推进，而逐渐被轧平、被有力遏制。而且，随着贫富尖锐对立所引发的社会矛盾积重难返，收入分配改革正在积蓄破局的能量。如果社会矛盾冲突的能量已经积聚到一定程度，甚至逼近维稳的压力极限，那么，收入分配改革动真格的概率就很高。此外，无论从缩小收入差距的角度看，还是从优化经济增长制度环境的角度看，个税改革都势在必行，个税改革的方向是建立综合与分类相结合的个人所得税制度，未来工资薪金所得、劳动报酬所得等将统一纳入综合范围征税，个税改革将更多的在于提升"个税品质"，让个税承担起"劫富济贫"与"藏富于民"的双重功能，因此，个税调节收入分配的作用也将进一步增强。

以上对中国下个10年历史进程的基本判断，框定了未来收入分配的主题词将是：改革制度、调整结构、适当平抑。鉴于收入分配差异很大程度上是制度、结构出了问题的结果，所以一次分配领域内进行制度变革、模式重构、结构调整，将是政府在收入分配领域的主攻方向。旨在减少对市场机制的异化与扭曲，更好地发挥市场"看不见的手"对优化资源配置的作用，促进市场"公开""公平""公正"原则的建立，从而在释放过去摸石头改革"负能量"的同时，也缓冲社会对"非典型"收入分配差距的愤懑情绪。此外，政府部门也会通过转移支付等方式适度压缩收入差距过于"夸张"的领域，对重效率轻公平的市场经济负效应进行适当对冲。美国和OECD（经合组织）国家的经验表明，转移支付能明显降低收入分配的不均。OECD国家通过转移支付，对整体的收入不均降低25%，美国实施转移支付前的家庭基尼系数为0.49，而进行转移支付后的基尼系数降低到0.38，效果也十分显著。

与这三大主题词相呼应，未来10年政府大有作为的领域具体也将体现在：国民待遇、行业差距、市场失灵、两次分配上。在国民待遇方面，有关部门会针对垄断性行业的高额利润"开刀"，通过反垄断改革，降低进入门槛，破除部门利益，调整政府占有资源模式等方式推进市场化进程；扶正民企，对不同性质的企业与资本一视同仁、一碗水端平，允许更多的社会资本进入垄断行业；对那些涉及国计民生或国家安全的行业企业，原本被企业过多"截留"的利润也很可能逐渐被纳入公共预算等。在行业差距方面，鉴于金融、高科技、房地产等暴利行业已经成为让中产沦陷的"黑手"——欧美如此，中国也有此迹象——未来政府很可能会因时因地地用财税杠杆进行适当平抑，比如推出暴利税来防止金融过度投机的泡沫与离谱的收入，又如学港台利用房产税、奢侈税等来抑制靠炒房发家的暴富经等。在弥补市场失灵与两次分配领域，加大教育、医疗等公共品投入，提高转移支付力度之类，届时都会体现在相应的政策措施中。

第十八章　人口问题结与解

中国过去二三十年来的经济奇迹得益于人口红利，而随着计划生育的持续推进，人口红利窗口期即将关闭，中国基于人口禀赋的竞争优势明显将从上风转下风。诚然，人口结构进一步恶化、老龄人口暴增等问题与之前的家庭规模限制有着不可脱离的关系，然而人口红利的逐渐消失真的就意味着人类经济的向上发展走到了头，只有通过不断增加人口创造更多的生产力才得以延续人类未来吗？

进入老龄化社会

中国的老龄化问题，一方面将中国拉入养老、退休和就业等诸多困境的深渊，另一方面又将中国的人口红利由开发"人口"转向开发"年龄"，"老骥伏枥，志在千里"，2016年凭借"老英雄"的聪明才智，依然能够继续为推动中国经济的发展提供源源动力。

人口老龄化与延迟退休

建国之初,囿于一穷二白、百废待兴的现实状况,加之担忧军事冲突尤其是核战爆发,"小米加步枪"的家底只能依靠人口基数对抗,于是在"人多力量大"的指导思想下"光荣妈妈"诞生,到1959年人口已经达到6.72亿。随着有限耕地与庞大的农业人口、有限的工业设备与急剧增长的城市人口的矛盾日益突出,加之1960年部分市县试行计划生育、1970年推出"晚、稀、少"等政策没能拉住人口急速增长的车轮,"捉襟见肘"的经济基础与急剧膨胀的人口(1979年已逼近10亿)形成的"冰火两重天"之下,1980年"一胎化"成为"不得不"推出的政策。而如今,在长达35年的"一胎化"政策之后,2012年人口迎来了成熟劳动人口下降、未富先老、男女比例失衡,有报道称2020年将面临"娶妻难、养老难、招工难"的三难困境。毋庸置疑,中国过去二三十年来的经济奇迹得益于人口红利,因劳动力转移带来的生产率提高保证了10%以上的经济增长,而且从各国的经验来看,国家的经济水平与人口的确呈现正相关,美国的婴儿潮、日本的老龄化和当前印度的高速增长即为明证。如今,人口红利窗口期即将关闭,根据民政部印发的《2014年社会服务发展统计公报》,截至2014年年底,我国60岁及以上老年人口已达2.12亿人,占总人口的15.5%。其中,65岁及以上人口13755万人,占总人口的10.1%。依此磅礴体量,已有的养老资源如同冰山很快在艳阳下融化,养老难题愈加凸显。尤其是在世界正以惊人的速度奔向老龄化的当下,缓解养老压力与劳动力不足,延迟退休成为大势,甚至是"退而不休"。

从现实看,无论是延迟退休,还是城乡统一的养老制度改革,都是朝着释放老人潜在价值、保障有尊严的老年生活的方向演进。不过,推迟退休年龄是养老资金压力之下的应急之策,在养老金现收现付、个人账户空转顽疾未破的前提下,工作的时间越长,企业和职工为别人"贡献"养老金就越多,没有人愿意被迫做"活雷锋",故而遭遇一面倒的民意抵触。而实现城乡养老国民待遇,对于个别发达地区尚且行得通，离全国统一的城乡国民待遇还有十万八千里；况且，我国养老不公，分成机关公务员、事业单位人员、城镇企业职工、城镇居民与农村社会养老保险五大层级，仅仅合并保障程度最低的后两者，没有从根本上解决养老的不公，对老人的"救济"力度也就很有限。归根结底，触碰体制的改革推进缓、见效慢。此外，随着人类平均寿命的延长，稳定而成熟的劳动力往往是中老年，对后工业社会而言，55～85岁才是人生中最辉煌的时期。德国60～64岁的老龄人群就业率从2005年的28%增加到2014年的52%，其中65～69岁老龄人群就业率从2005年的6%攀升至2014年的14%；在日本，2014年年度65～69岁老年人的就业率为40.7%，比上一年度提高了1.8个百分点，老年人的就业率创39年来的最高纪录。与此形成鲜明对比的是，年轻人成熟期后延，越来越不受"待见"。英国《经济学家》称，综合各种统计因素，全球15～24岁年轻人实际失业总数接近3亿，占全球青年总数1/4，几乎相当于美国人口总数（3.11亿），年轻人沦为"新迷惘的一代"，人口老龄化和延迟退休使得中国就业结构矛盾日益凸显。

二孩政策"行不通"

面对强烈的放开二孩政策的呼声，国家卫计委终于一改以往打"太极拳"的姿态，将计划生育政策的调整落到了实处，但政策放开就真的能迎来预期中的"婴儿潮"吗？从中国过去的经验看，决定生育的主要是宏观因素，即三大变量——战争、经济、人权，这三大变量在不同阶段影响甚至决定着中国计划生育的导向、松紧状态。然而，随着形势的变化，决定生育的因素已经开始从宏观走向微观，生活状况、生育态度、生育成本正成为人们决定是否生育的首要考虑因素。

从国际经验来看，贴钱贴假期也没能换来人口"欣欣向荣"的案例比比皆是：譬如新加坡开出"优先购买组屋""育儿红花"等大礼包还是没有逃过全球最低出生率的末位排名、韩国"不结婚就多缴税"生育率也仅为1.25、德国"公司保留职位三年,为职业女性解除后顾之忧"生育率仍然无法超越死亡率。可见,以政策作为武器来提高生育率,作用已日渐式微。

从中国来看,按照官方数据,生育率已经从2000年的1.8下降到2015年的1.55。出现这种状况,主要是随着经济社会的发展,人们的生活方式、价值观念、婚姻家庭观念都开始发生天翻地覆的变化,传统"多子多福"的观点日渐淡化,当生活环境逐渐优越、思想更为开放后,"愿不愿意生"的冲击比"能不能生"来得更为猛烈,而这些顾虑大多来源于经济、精力和环境制约。以社评院对广东、河南、四川、北京、上海五省市的调查为例,明确表示不生二孩者的主要原因在于经济压力过大和担心无法给予孩子好的生活品质,可见民众配合政策"增加人口"并非放开政策那么简单。而且在"80后""90后"逐渐占领生育主力军的当下,其更注重追求个人生活质量、自我提升等,而不是到生儿育女中去寻求幸福感,甚至把生育孩子看成是负担、累赘,让个人生活就此被"绑架"。加之,女性受教育程度上升、对自我价值的认知不再停留在"无后为大",职业生涯的考量也会降低生育愿望;更何况,在经济因素以及教育资源等配套设施滞后的情况下,"生得起也养不起"是现实难题,如今生活成本和生育成本都大大提高,生育子女往往意味着不菲的支出。据测算,在中国养一个孩子至大学毕业,至少要花50万~100万元人民币,而这样的花费在北上广深等一线城市可能还是最低水平。坊间流传的一份"中国十大城市生育成本排行榜"就显示,北京以276万元居首,上海以247万元位居第二,深圳则以216万元居第三,武汉居第七为160.8万元。因此,如今"生孩子不划算,生多更不划算"的想法甚至在经济不发达的地区甚或农村都开始深入人心,即便有些人有心多生育也会在现实的压力下无奈放弃。人们的生育权正被"客观"压缩、剥夺。

对于大量的中国家庭来说,以前是"政策不让生",如今则是"我不想生"。事实上,单独二孩政策调整后预期与实际的生育状况的落差也印证了这一点(原来预计2014年生育200万人口,但申报的只有100万对夫妇,真正生育的仅有47万，不及预期一半）。显然，随着生育决定权的变化，计划生育政策的调整已经无力回天。

新生代异军突起

在人口老龄化加剧的同时，任性、妄为、有个性、有闯劲等独一无二的个性特征，一方面使得"80后""90后"异军突起成为推动中国经济发展的新生力量，而另一方面又使得中国的"二胎"政策陷入僵局，随着生育决定权的变化，计划生育政策的调整已经无力回天。

"80后"登台造势

"80后"一代成长于改革开放新时期，经历了中国经济发展最快的阶段，也是中国开放、多元化突进的阶段，还是中国高考扩招的阶段，中国的宏伟蓝图激励其奋进，多元化空间促使其求新，普遍接受过高等以上教育助使其懂科技、玩时尚；进入而立之年，又面临中国向市场经济深入推进、"互联网+"风生水起的社会转型关口。民族复兴的下一棒交由"80后"承接，并诞生一批"互联网英雄""新经济英雄""幕后研发英雄"。"80后"成为今后一定时期社会的主宰力量。"80后"之所以能够担当重任，一方面与其自身的人力禀赋、性格特点密不可分，"80后"有"闯劲""干劲""韧劲"，思维开放、精通科技、长于创新，遇事乐观，拎得起也扛得起，而归根结底还在于外界时势的塑造。势比人强，时势造英雄。特定的历史条件才使人的聪明才智显露出来，并相互作用，使之成为英雄人物，也顺势推动社会更上新台阶，这即是时势造英雄、英雄引领社会发展的深层内涵。

"80后"登台造势的标志性事件就是成为第五代股民的生力军，任性、妄为成为其标签。对比新、老股民,确实,无论是心理上还是股市操作手法上"80后"都显得"不好惹"。

心理上,造富之梦叠加初生牛犊不怕"熊","80后"的赌性十足。据《"80后"压力报告》显示,"住房、婚恋、子女教育、父母赡养"是"80后"普遍面临的现实枷锁,通过劳动的算数级增长实现温饱还算可能,但要成为"四有新人"就显得遥遥无期,对于毕业就遇到"就业难、房价高"的"80后",对财富的冲动与含饴弄孙的"50后"、实现中产的"70后"相比都要"更上一层楼"。此外,前四代股民生活一波三折、历经艰辛练就了钻石心,至少经受过一轮完整的牛熊周期洗礼,对股市的血腥有清晰的认识和抵抗力。反观"80后",股灾尚处于"传说"阶段,"面对股市不怕涨、不怕跌,就怕赶不上趟儿"是其心理写照,在股市上还没有及格、离修为尚远的"80后",是否扛得住股市的跌宕还需现实检验。

变局时代与"80后""信息归集能力"耦合,"80后"操作手法上更生猛。作为与互联网共同成长的一代,更习惯于通过社交网络取经,过往老股民扎堆的QQ群被他们弃用、大厅看盘人群更是难见其踪影。此外,创业潮、"互联网+""一带一路"等都释放经济、产业变局的信号,"80后"信息归集能力更强,对新兴行业反应更为迅速,老股民认为股市是宏观经济的"晴雨表",于是往往执着于看估值、重业绩、挖重组的传统投资模式,而"80后"认为当下股市更多是宏观经济的"天气预报",因此他们无惧高估值、不看重业绩、青睐新兴行业,新老思维交锋,"80后"狠招频频让前辈难以望其项背,路子野的用信托、配资,路子窄的也学会了融资、融券,更何况互联网金融的蓬勃兴起也为炒股提供了弹药。

"90后"跟风崛起

目前中国近2亿"90后","90后"异军突起,成为与"80后"相匹敌甚至成为接棒"80后"的新生力量。这一新的代际群体正以自己特有的行为方式颠覆世界和传统观念,令人无法逼视,脑洞大开。"90后"具备有别以往青年人的重要特征:①个体多元化,拒绝标签化。"90后"的个性是多元的、差异化的,他们是人格碎裂的场景动物,在不同的场景里面,在贴吧、视频、微博构成的圈子中是完全不同的人。从某种意义上说,"90后"不是另一代人,而是另一类人。因此,找一个具有普世价值的标签来概括这个群体共性的难度系数极高,而"90后"本身也拒绝被代表、标签化。在群体内部处处彰显不同个性的张力,或是"90后"最大的特征。②具有鲜明的自我意识。"90后"自我意识开始觉醒,本能地反权威,思想不再拘泥于传统的责任意识和国家前途,而是更多地从自我出发,以个人价值权衡,关注自己的感受,在认定的事情上不会轻易妥协,不愿意受束缚;在日常生活中,"我"是最优先考虑的因素——我想要、我喜欢、适合我,表现自我的愿望也更为强烈,通常借助互联网工具展示自己的生活。相应地,也更尊重人的个性和自由,对不同的观念和行为表现出更多的包容,对新事物、新思想的接受程度较高。③心理反应机制更为"即时"。作为网游一代的"90后",其"时间感"被急剧压缩,倾向于即时反馈和激励,反馈速度越快、激励周期越短,对他们的影响力就越大。"90后"所理解的"短",更像是一个频率概念,从"高额"变成"高频",因而很容易"不耐烦"。④具有强大的消费需求与潜力。消费,已经越来越超越简单的物质需求,成为"90后"的存在方式,成为了他们心理安全的保护机制。他们把消费作为树立个人形象,反映精神世界,发布个性宣言的方式。借助消费,他们表达对自由选择的渴望,流露对个人幻想的追求,展现对品质世界的向往。到2020年,"80后"和"90后"约占消费者总数的75%,工薪阶层的50%,他们将重新定义社会规则。

而新经济、迷你型经济将成为聚拢"90后"的"圣地",其原因也不难解释:首先,"90后"被称为"指尖上的一代",与建立在信息技术之上的新经济"血脉相通"。"90后"没有"60后"的人生苦难,没有"70后"的思想震荡,也没有"80后"遭遇的夹板气，其父母多是现为中国社会中流砥柱的"60后"，财富创造能力胜过前几代，所以从其懂事起就"衔着鼠标"、将新科技玩弄于股掌，当新经济曙光乍露，便能轻松驾驭。小米公司"90后"员工占比四成，"全球最大基因测序航母"华大基因1000多名生物信息分析员平均年龄只有27岁。其次，"90后"虽没有经验积累，但有灵感、有激情、有创意，可以成就新经济。"90后"没有经验，也就没有思维上的枷锁，1992年开启气势磅礴的市场经济大潮，又使90后一代的视野更开放、思想更活跃，"技术天才""叛逆""辍学创业""几岁时便开始编程卖钱"，这些被"用烂"了的标签都难以覆盖善于碾碎陈规、标新立异的"90后"。而新经济无需过多的经验积累，更多需要的是创新与创意，毫无疑问地为"90后"施展才华提供了恰当的舞台。从推出具备蓝牙功能防瞌睡耳机的桂家勋，到创立"powerful情趣体验店"及互联网商城的马佳佳，再到火爆校园的应用"超级课程表"创始人余佳文，"90后"的畅想与创造不断将新经济推向高潮。再者，"90后"追求个人成长，乐于触及新领域，而新经济以代际更迭加速、机会多的面目示人，备受"90后"追捧。雷军要做"站在风口上的猪"，但"90后""宁做暴风里的猎鹰"，他们不求稳而求鲜，心中充满挑战，勇往直前，实现自我价值，这恰顺应了新经济快速、多变、超越的特点与趋势，"90后"与新经济"惺惺相惜"。这就不难理解为何"90后"员工雷浪声从腾讯辞职，转而开发刷机精灵手机软件，始终未脱离新经济区间了。鉴于此，"90后"的性格、人力资源优势迎合了迷你型新经济的产业特征，故而新经济堪当"90后"的"大本营"。

中国过去二三十年来的经济奇迹得益于人口红利，如今，作为独生子女占主导的"80后""90后"两代人，正逐渐取代"60后""70后"成为新的"武林盟主"，但随着老一代的逐渐退台抹去的不仅仅是传统思维，带走的更是一大波的中国人口红利，随着他们的"退役"，中国的人口红利窗口期也将随之关闭，而从各国的经验来看，国家的经济水平与人口的确呈现正相关，美国的婴儿潮、日本的老龄化和当前印度的高速增长即为明证。人口红利没了，谁将接棒继续推动中国的经济发展令人担忧。

人口红利柳暗花明

老骥伏枥，志在千里

若言青年精英是时代的弄潮儿，那么解甲归田之后，"老年"精英们是否将过"采菊东篱下，悠然见南山"的退隐生活，还是像平常老人那样含饴弄孙，怡然自得？正所谓，"夕阳无限好，黄昏更有价"。随着老龄化社会的到来，把着力点放在挖掘老龄人口的"宝藏"上更具有现实意义，甚至可以化腐朽为神奇。

在指尖上的信息时代，知识与智慧成为提升生产力的重要因素，体能要素退而其次，且在市场经济中，"一切劳动、知识、技术、管理、资本的活力竞相迸发，一切创造社会财富的源泉充分涌流"，则为退休精英们的再出发奠定了基石。

与此同时，生命科学的新进展为理解生命的意义提供了新视角，DNA修复、纳米技术、干细胞移植、3D打印人体器官等生物信息技术的应用，有能力摧毁病原体，修复人体健康，延缓衰老进程，延长人类生命。过去常言"人到七十古来稀"，百岁老人要到深山老林寻找，目前中国人平均寿命已76岁，未来人的百岁将成大概率事件，而且更多地出现在大城市。据统计，过去大约每100年，人类寿命增加1岁，今后随着基因工程、生物工程的发展，每10年就增加1.1岁。世界卫生组织早就对人的生命阶段进行重新划分：44岁以前是年轻人，45岁至59岁叫中年人，60岁至74岁叫年轻的老年人，75岁至89岁叫老年人，90岁以上的是长寿的老年人。如此，按照55岁/60岁红线光荣退休的精英们还不能称为真正意义上的老年人。

随着人的寿命延长，传统的年龄划分已经与现实脱节，人们也要走出传统的老龄人口观念，对人们传统印象中的老龄人口进行职业生涯和生活的再安排。譬如在美国，退休年龄普遍在65岁，一些领域更是达到70岁，"只要身体健康，就能继续工作"并非是对老龄人口的安慰托辞，而中国很多人的思想还停留在过去，为延长退休年龄争执不休，多少有些迂腐。因此，只要肯动脑筋、换思路，新的人口红利也将由此迸发。

就眼下来讲，企事业用人模式、社区管理等领域露出的"尖尖角"预示着挖掘老人社会价值、提升其生活品质的有效创新，概括起来，大致有：①重启老人生产。五六十岁年富力强，不甘轻易隐退，只要身体许可、精力有余，都愿发挥"剩余价值"，自我也取得收入回报。社区医生多靠返聘、卓达集团由退休老人担任咨询顾问，均发动了与老人消费别样的老人经济。②让渡老人社会活动空间。通过人际交往、社会参与、闲暇活动等，能够健身壮体、排遣精神孤寂，唤起精气神。无论是徒走俱乐部、老年旅游团、中老年广场舞等自组织，还是各式各样的志愿者活动，都让老人领悟生命的可贵、生活的意义。③赋予老人新"社保"。老人群体越来越庞大，政府补贴的养老院根本不敷所需。回归股市投资，发展房租市场，由股市红利、市场租金填补养老金不足部分，赐予体弱多病的老年人以安身立命之本。此外，中国在发展老龄产业上也有更为广阔的空间，服务于老龄人口的保健护理、医疗卫生、文化娱乐、休闲旅游、人员培训等产业既有广阔的市场，也是新的就业空间。

从老年人自身的人力禀赋来看，与传统制造业的特性相契合，因此老英雄依然能在中国传统经济中撑起半边天，这主要体现在：①老同志各种经验积累深厚，善于集成、整合。企业长老触及面广，通专并重，通大于专，能够冲破制造行业瞬息万变景气周期的围堵，做长产业链。笼罩在PC头上的光环渐渐褪去，作为"美国梦"化身、年逾花甲的戴尔CEO凯文·罗林，策划戴尔向由软件驱动的，硬件、软件、服务紧密集成的，差异化立足的垂直模式转变，成功实现转型。②老同志内置有韧性、耐力的性格，适应了制造业的定力时代。制造业的纵坐标已从速度时代向定力时代"调频"，这就要求经营者不被表象所诱惑，专注于做事业，而老同志基于长期的阅历、磨砺，祛除了急功近利、心浮气躁，能够沉下心来，锤炼企业的内生力。波司登董事局主席高德康因为"不聪明"、甚至有点"二"，不被资本金融、赚快钱所捕获，反而实现了从"世界工厂"到"世界企业"的蜕变。③老同志懂得运筹帷幄，避免瞎折腾、乱折腾。老同志见多识广、稳健成熟，谋略多于冲动。尤其是眼下中国的制造业，人力成本上升与产能过剩产品价格下降，成为不可承受之痛。站着说话不腰痛的人会指责企业家为何不提升产品档次，不打造自主品牌。其实，别忘了一句话，在知识产权保护不力、山寨成风之地，不创新是等死，创新是找死。而老领导能够妥善地找到动与不动的均衡点，大的方向上稳住，具体模式上突破，有如沈阳机床元老关锡友首创4S店销售模式，扬起产业换挡升级的微笑曲线。基于以上，老领导的秉性、修养、气质迎合了制造业链条长、拐点正现的产业特征，因而超级制造业依然可能成为老一代的天下。

而且从资源优化配置的角度来看，"老年"精英们退隐江湖或含饴弄孙，尽管是一种个人选择，但也是一种资源浪费。精英往往精力超常，智力超群，能力超强，成就过一番事业，退休之后既摆脱了一般世俗理念的精神束缚，成为了"自由人"，又经历岁月打磨沉淀，拥有丰富人生阅历、经验智慧积累，却无青年时的懵懂与冲动，中年时的压力与彷徨，达到一种圆融、通透、无我境界，正是人生的黄金时段，恰可大展拳脚，走未行之道路，实现未实现之理想，弥补一生之缺憾。但是，随着反腐全面深入与法治建设完善，未来高官退休面临釜底抽薪，进关联企业受限，退休精英们可能的领域或在于非官方的NGO（非政府组织），各类基金会、研究员也将大行其道。其所遵循的原则将是：①结果双赢化，既实现了自身价值，兑现了成就感，又对社会做出贡献；②变现阳光化，商业行为符合市场经济游戏规则；③行为合法化，人生在合法体面的轨道上得以延续；④过程享受化，在再创业中享受人生。因此，可以说退休不是职业生涯的终止，而是生命的重新开始，人生的再出发。

生命经济开启人类新未来

当人们纠结于人口红利还能产生多少经济效益时，生命经济的浪潮席卷而来，成为继农业经济、工业经济、信息经济后的又一波新动力，并为人类社会的未来畅想带来无限的可能。

尽管人口红利从主客观来看都将不在，但生命经济的开启即将对人类本身的定义和功能进行复写。生命经济将从技术角度达成生命的物理性复制，人类的延续和劳动力创造不再受到生老病死的限制。最先实现的，将是人类身体的局部"零件"被无条件地修复、更换。未来基因技术将开发针对重大疑难疾病的新生物技术产品，在不伤害健康细胞的前提下只针对病灶部分进行修复，比如艾滋病病毒（HIV）一旦侵入人体细胞，会将其致命的基因组嵌入感染者的脱氧核糖核酸（DNA）中，而目前美国已研制出"基因剪辑技术"，找到了一种将艾滋病病毒从人体细胞中彻底清除的方法。不仅如此，当身体脏器的损坏无法逆转时，人体脏器将替代"原装品"继续工作，最近开发出的用于3D打印器官成型的基因"胶水"，利用DNA互补链实现人为设计的粘合方式，使得制作的自由度更高，既符合使用者的需要，也减少了排异反应的发生概率。更为高阶的发展是，身体甚至可以成为"外套"一样的存在。关于换脑的电影和文学作品层出不穷，依旧的人脑和崭新的身体是任何一个人类都无法拒绝的诱惑，而这一切并不会永远是个梦境。人脑芯片的研究正在劳伦斯·利弗摩尔国家实验室进行，当人的记忆能达到可以复制、储存之时，只要植入任何一具人造躯干内，便得到了永恒的生命，还能够随时变换容貌和性别。甚至于能够通过信息传递连入互联网，催生出更为融合的人机界面，届时，人类不再是对着苹果手机与Siri对话，而是以光速通过意识支配机器为人类服务。

进一步而言，当技术达到巅峰，生命长度被无限延展，生命的缺陷被不断填充，时空不再影响生命的形态，所谓的"人"便也发生了巨变。一方面，人的品格和行为被人为控制和设定。当基因能被控制、过滤时，科学家霍金所认定的人类基因中天然带有的"自私、贪婪"，将通过基因技术摘除类似的不良基因片段，出生者的形态和个性将无限趋向于完美，因自私、贪婪带来的人类人口膨胀问题、环境恶化问题将被更为完美的人类用更为道德和理性的方式解决。而另外一方面，人类具有格式化任何人，包括自己的能力。除了灵魂尚无迹象表明能够创造，其他的一切有形物质都可能通过技术手段得到，人类可以按照年龄、性别、长相的不同达到"私人定制"，所谓人与神之间最大的差别也被磨平了，既是永恒的，又是能够创造同类的。那么，从哪里来到哪里去，会成为从科技来、由科技终结。

不仅如此，"造物主"的产生也将带来社会的巨大变革，与人类有关的一切外延随着人本身的突变被重新定义，人的情感、人的性、人的婚姻，三者的关系被同时割裂了。首先，人类的性和生育是可以分离的。人类的繁衍将不再需要性行为，甚至不再是两性的专利。试管婴儿、人造子宫所取得的成功，意味着人类生育和性生活不再是一对充分必要条件，那么未来的性将只保留享受和娱乐的单一功能。而英国科学家正着手进行的人造精子研制，将真正意义上使得生育仅存繁衍目的，且更依赖技术获得非天然的孳息。与此同时，性与婚姻也逐渐分离。卢梭认为，"婚姻的目的在于合法地使用性器官"，这一断言的前提是人类之间婚姻关系的建立。然而，随着未来真人性爱机器人的研制成功，性的主体发生了变化，婚姻作为两性关系的合法性保护功能随之丧失，独身主义将大行其道，甚至瓦解一夫一妻制度。正是生育方式的多样化和性的极度自由，未来婚姻的内涵反而被简化了，以家庭为核心单位的社会模式被削弱。从心理学的角度来看，爱情的驱动力为性，性又反过来刺激了爱情，爱情又刺激了婚姻。当性与感情成了两码事，伴随无性繁殖成为社会主流，人类的情感变得无比自由，婚姻也不再成为伴侣间践行诺言、抚育后代的首选。而正是由于未来人类在社会中将受到更小的束缚，增加了家庭的离散风险，传统家庭的组成或许不复存在。

可见，恰恰是科技将人类进化的能力放大了无数倍，才出现生命和社会的重新定义，推而广之，当生命科技突破技术奇点时，也迎来了人类的新旧转折。根据美国发明家和未来学家雷·库兹韦尔的理论，生命科学中呈指数形式增长的技术水平可能将在未来几个10年内产生超人类的人工智能技术，而当人工智能取代人类成为地球上的统治性物种，或者人将按照控制论被升级成一种人机混合体，那么这样的"超人类"将突破生物学限制，从而实现永生。从技术流的角度看以上预判，由于其逻辑和可能性极高，新旧人类的划分关键在于人工智能的程度。不过更为乐观的判断是，人类的智力和体力的大幅提高是借助了生命科技和人工智能的服务性功能，根据塞博朋克小说（科幻小说的分支之一），能否掌握高速人机接口是新人类和旧人类的最大差异。如此一来，新旧人类的划分又可以以文明程度来确定了，所谓文明与非文明将取决于作为个体的人与外界信息的带宽大小，而通过数据获得途径和多少则能辨识今人还是古人。事实上，科技将带领人类去往何方并未可知，而划分新旧人类的方式也可能不计其数，眼前更为重要的是，人类早已踏上生命经济这块冲浪板，准备迎接下一个风口浪尖的挑战。

第十九章　新型城镇化"云山雾罩"

新型城镇化，是以城乡统筹、城乡一体、产城互动、节约集约、生态宜居、和谐发展为基本特征的城镇化，是大中小城市、小城镇、新型农村社区协调发展、互促互进的城镇化。城镇化进程如火如荼，当数以亿计的人口从农耕文明同时走向现代城市，新型城镇化的发展将展现何种态势？

城镇化的"命门"

"前途是光明的，道路是曲折的"，新型城镇化虽然是大势所趋，但当政治意义大于经济意义，当以"城"为本远大于以"人"为本，中国的新型城镇化势必将面临土地、财政、机制等诸多羁绊，发展举步维艰。

农地规模化"主干道"不平坦

从过往经验来看，农地规模化往往伴随着中国特色的国家号召。的确，无论是分田到户的小农经济还是生产合作社式的农业大生产，每当国家下拨土地计划难以满足工业经济高速发展时，政治动员都发挥着重要的作用。然而当政治意义大于经济意义，农地规模化运动造成的不良后果也是有目共睹。①政治"过热"下的非理性开发。过分的政治动员往往伴随着过度的农地规模化，伴随经济规划的缺失，即便是国家高额补贴政策下的粮食规模化种植，也无法改变总体上粮食种植面积减少的趋势，反而使粮食安全问题雪上加霜。②土地财政"依赖症"趋重。随着城市竞争格局加剧，出于经济膨胀的需要，地方政府打着"国字号"，"大跃进"般地进行征地，循环反复间更加重对于土地财政的依赖。③存在机制缺陷，改善农民生存成了"夹生饭"。农民进城运动在轰轰烈烈之后，屡见不鲜的是进退两难之境地，向前无法适应工业化生产，向后已经没有赖以生存的土地，生生地将制度缺陷演绎成一场集体规模化生产的大骗局，为可能的不稳定埋下隐患。与此同时，社会形势、思想动态的"此一时非彼一时"成了以上不良后果的并发症，动员之下，无人肯买账。随着中国从农业大国转型工业大国，农民同样或主动或被动地走出农村，感叹当年"以农养工"，深痛"如今谁来养农"。无论是基于经济衡量还是生存需要，口号标语已然止步于文字、高悬于墙面之上。

显然，"画大饼"式的政治动员输给了现实，自然而然地，晓之以理、动之以"利"的资本投入模式开始施展拳脚。土地市场开放后，土地可流转政策出台，吸引大量资本下乡投入农业经营。从资源整合的角度来看，目前国内农业产业规模小、散、落后，加之农村凋敝、土地抛荒等现状，用资本推动土地规模化，可以大大提升劳动生产率。从引导未来农业方向的角度来看，各路资本的涌入带给农业新的资本、技术、人才和运营方式，改变农业技术生产落后的局面，进一步改善国内食品安全状况甚至粮食安全问题。然而，资本下乡在实践中并未取得预期效果。其症结在于：①令人望而生却的行业低回报率。对于投产的"资本家们"而言，尽管逐渐边缘化的农村农业在目前看来是极富潜力的新兴产业，但回报率低、周期长的问题客观存在。5～7年是农业行业的普遍投资回报期，以有机生产为例，仅是把非有机土壤转换成有机土壤，就至少要培育三年。不难看出，在用"热钱"挣"快钱"的投资氛围下，投入农业并非最优选择。②投资目的背离引资初衷。为了提高投资回报率，原著型农业退场，高收益的经济作物登场，生态环境、乡土风貌一去不复返。更有投机者，索性背离农地规模化初衷，土地资源成了发横财的一大利器，而随着农地用途一再"非农化"，农民与资本家间的合作成了"与狼共舞"，农地一旦成为利益博弈的战场，规模化从何谈起？城镇化进程又如何快步向前？鉴于以上质疑，资本下乡实际上也沦为伪命题。

城镇化的"陷阱"

中国未来的真正潜力究竟是城镇化还是农村与城市两个现代化？若仅为城市化则会放任高楼竞赛，有可能重创中国经济。因为近百年的五次高楼建筑热潮都招致了经济衰退，"劳伦斯魔咒"一再应验，但中国的经济指标都由有关部门说了算，经济自然"危机不了"。即便危机真的降临，照中国的政策护驾，危机也难以蔓延。

中国出不了经典危机，劳伦斯魔咒自然不会在中国兑现，这是否就意味中国可以对高楼热有恃无恐？如今欧洲人开始保持克制和理智拆除高楼，就连摩天楼鼻祖美国都退出了高楼争夺赛，中国却在重蹈欧美建高楼的陈腐"时尚"。单目前摩天大楼的数量（按美国152米以上标准看有1938座）就远超美国的436座，在建仅写字楼和酒店就有200多座，已占到全球在建的87%。照此速度，未来三年平均5天就有一座摩天楼封顶，那么5年后中国建成的摩天楼就是美国的5倍。其中八成集中于二三线城市和经济不发达的内陆地区，比如GDP总量刚破千亿的贵阳就规划了17座摩天大楼。同时，相比昆明筹建456米的东风广场主塔，南宁胆子更大，将天龙财富中心提高到628米，就连城市人口不足百万的防城港都欲把528米的亚洲国际金融中心揽入怀中。如此急功近利，背后掩盖不住的是城市爆炸式扩张的野心勃勃——过去10年城市人口增加0.5倍，面积却整整增长1倍，而这种城建攻坚战愈演愈烈，武汉2012年还只有5000处工地，2015年就直接超万处。照此发展下去，10年后中国的百万人口城市就将达219座，20年后中国就有新建30层以上的摩天大楼1500多幢，相当于每年出现一个新芝加哥，这无疑将让世界为之震惊。殊不知，摩天楼虽被寄予基建拉动GDP的重任，但房地产泡沫还未吹大，就将遭遇债务危机。因为重金砸出的摩天楼，其成本回收漫长，就是台北101大厦如此成功也用了10年才赢利。加之，一般寿命为65年的摩天大楼，其维护费用是建设价的3倍，若没有足够的市场需求将难以支撑摩天楼的开销，若再碰到商业不景气，那么摩天大楼就完全是个"赔钱货"。哈利法塔一建成，售价就暴跌近半，单物业费就吓跑了租户。再加上，如何为大楼提供淡水、满足用电需求、处置垃圾等至今仍是问号。正如迪拜人用哈利法塔来透支人类对高度的野心，摩天大楼似已提前透支了人们的期望。而中国明明没有承受千幢摩天楼的市场需求，特别是三四线城市，却在政绩驱动下"赶鸭子上架"，徒留空楼入不敷出，又有谁来埋单？若是地方政府兜底，那对巨额地方债及本就紧张的地方财政无疑是雪上加霜。

  而若仅是城镇化，则毫无中国特色而言，纯粹就是西方路径的翻版，甚至还不如，因为更缺乏法律约束与市场经济的自发调节。纵观世界，归纳起来有四种城镇化模式：①市场要素配置型的英国模式。毛呢业市场需求与资本主义生产方式萌芽催生的"羊吃人"圈地运动即为明证。圈地运动卅始后，居住在1万人以上的城镇居民占英国人口比例从3.1%上升到8.8%。②"摊大饼"式的美国模式。表现为城市化迅速向郊区"摊大饼"式与跳跃式扩张，这主要归因于美国以汽车为主导、低密度的城市开发模式。③农民进城、土地不进城的拉美模式。结果拉美大量涌入城市的人口与滞后的经济发展不匹配，带来"超前城市化"与"大城市病""过度城市化"，从而对拉美社会福利形成巨大压力，社会政策失误又使收入分配差距持续扩大，最终陷入拉美"陷阱"。④土地进城、农民不进城的中国模式。中国城镇化模式是市场经济的内在规律使然（城乡间势能的释放、极差地租的天然诱惑、要素配置全球化）、土地财政驱动（土地成"吃饭"财政）、地方政府唯GDP政绩观（以土地换技术、市场与资本）以及宏观调控的"推波助澜"（如占补平衡政策直接催生了山东等地的农民"被上楼"大跃进）等。毋庸置疑，没有新意的城市化与没有市民的城镇化，将是中国未来的噩梦。

在中国模式中，不难看出，政府担当着主导地位。这也折射出，中国的城市化本质上仍是权力中心对周边的挤压，而集中体现政经格局架构与权力审美的豪华政府大楼，典型地代表了这种挤压在中国的登峰造极。如今，放眼国内，举凡县域经济、甚至镇域经济中楼宇最为豪华气派的便是政府大楼（最近又爆出济南政府大楼造价40亿元，成仅次于五角大楼的世界第二大单体建筑）。所以，若无视中国城市化的本质，那么即便把土地出让金标准提高10倍，依然是计划经济的产物，甚至还远不如成都市场化的试点。提高土地出让金，初衷是让农民分享土地红利，但这即便能顺利推行，对农民而言也只是一次性收入，无法实现可持续性。何况，土地补偿金倍增，房价焉能不跟风上涨？到时，农民到手的钱或许还无法覆盖重新购房租屋的成本，只会再次沦为被剥夺的对象，遑论增加其他保障了。要想让农民切实享受到土地的好处，前提是农民能成为土地真正的主人。故而，如何让农民真正成为土地的主人，这既是收入分配的头号问题，也是新型城镇化的首要问题。

城市消退与地区崛起

根据推进新型城镇化工作部际联席会的精神，《城市规模划分标准调整方案》《居住证管理办法》等一系列配套政策即将进入实施阶段，届时城区人口超过500万，才会被定义为特大城市。此次级别调整貌似波澜不惊，实则暗流汹涌。从表面上来看，旧标准与日益膨胀的空间利用严重脱节，符合城镇现实发展的新标准出台恰逢时机；同时随着《新型城镇化规划》等新标准的实施，全国大部分城市将会被降级,比如人口在500万以下的武汉、青岛、郑州、徐州、赣州、唐山等都将被划出特大城市行列之外,个别省将面临无特大城市的尴尬。

而实际上,当方方面面还在纠结城市到底应该怎么样时,殊不知,未来二三个年代,城市却正在走向消亡。尽管从行政意义来看,城市作为标志性的概念依然存在,然而城际合作导致的城市功能无限交融正在解构着城市原本的属性。首先,城市特征正在被"稀释"。城际交通已然高速发展,人口的自由流动也带来了不同地域的文化和生活习惯,当这些元素"杂交"过后,城市原本浓烈的特征被稀释甚至被重构。这一现象更易作用于城际间的新地块,比如上海的11号线作为目前长三角唯一的一条跨省地铁线路,成就花桥商务地块的同时,无论是沪江两地的地界还是作为城市特征的人文划分都被模糊了。其次,城市差异度被扯平。当城际不再局限于交通直连,而是实现资源共享和互补时,各个城市的标签也不再显得那么重要。比如以上海为中心的长三角地区,随着上海与周边城市利用各自的区位优势和资源优势所形成的互相吸附和辐射效应,区域内共荣逐渐实现,使得长三角内各城市的环境优劣不再明显,未来的生存空间将不再特指城市,而将以所在区域为载体。进一步从产业角度来看,平台革命下的传统城市功能惨遭淘汰,经济、产业的融合不再依托城市的引导和推动,而是通过企业,借助互联网技术搭建自有平台起到中介、协调和统筹的作用。2015年的中国国际电子商务博览会,颐高集团以电子商务产业园为依托,吸引企业和各地政府加入共同合作,分布各地的产业园区从隶属关系上不再是属于地方上的园区,而是成为园区下的地方分支,无论是影响力还是经济效益均盖过了城市效应。

以上种种迹象都表明传统意义的城市定义正在走向消亡,究其根本,主要原因在于"逆城市化"趋势愈加明显和新经济的即时爆发。①城市趋于"空心化",农村乡镇化。随着科技的不断发展,城市的聚集性不再是令人类繁荣富裕的唯一源泉,当传统经济增速达到一个临界点时,两者的正相关性反而被削弱。于是,企业形态随之做出调整,大型产业不断从城内搬出,城市人口减少,城市规模逐渐缩小；与此同时，产业导入需要新型城镇化进程加速推进农村乡镇化建设，最终城市将会淹没在区域城乡一体化中。而实际上，发达国家经济体都在经历去城市化的过程。美国最大的城市纽约不过800万人口，伴随所有大城市人口数量逐年递减的趋势，人口和资金都在流向小城镇与乡村。更为重要的是，这一改变并不会影响国家工业化发展，随着3D打印技术等逐渐成熟，工业发展必须集中的法则也将发生变化，不再作为充分条件决定工业经济发达与否。②新经济的兴起，将以服务为基础的产业推向风口浪尖，同时经典工业经济思维的发展路径被釜底抽薪，传统城市等级划分不再具有现实意义。比如由第三次IT革命带来的全国终端消费早已联网结片，从统计口径难以确定各城市商业发展的孰优孰劣。等级化已去，资源配置为王的时代即将到来，因各自拥有的优势，城市的接轨与倒接轨并存，辐射与虹吸效应也总是"并蒂莲"。比如上海自贸区落地前，周边城市都忧心于自贸区对周边高端要素的虹吸现象，然而事实上自贸区带来的规则突破已惠及周边城区。由此可见，新经济更是构建了资源科学配置下的城市型网络，同时由于新经济所特有的突发性和勾连性，在不同地点和时间节点上的不定时爆破，自然形成网状化城市中的多中心格局。

正是城市的网状化趋势，为城市群的出现提供了前置条件，而城市群的纷纷落地则代表着地区正在崛起。世界未来学大师托夫勒当年关于未来社会发展的许多判断都已经兑现，极少未能兑现的预测便是城市的形态。在《未来冲击》一书中，托夫勒描绘了人类因无法适应社会巨变（高速信息、新事物、多样化选择）带来的冲击，渐渐退出社会，导致未来城市呈现孤岛形态。然而相反的现实是，现代城市不仅因互联网而被动连接，更是战略性的主动"抱团"，这恰恰印证了我们提出的大上海都市群概念。

从全球范围来看，发达国家早已将发展重心转向连片发展，以伦敦为中心的英国城市群集中了全国80%的经济总量，而位于美国东岸的新英格兰地区则代表了美国经济、金融的制高点。国内城市合作也是如火如荼，同属苏北地区的徐州、宿迁、连云港，因地制宜形成旅游"新三角"，文旅效益成倍增长；广州与佛山、肇庆、清远等周边城市签署合作协议，以地铁建设、金融服务为切入口，形成"大广州"格局。归根结底，这些城市的"互联"乃是大势所趋，各自的短板和互补的潜力，加之高度工业化带来的基建交通便利，迅速实现的规模经济下，网状城市群应运而生，其所拥有的优势更是不断挤占城市作为个体的生存空间。从经济效益来看，倘若以独立经济体来对标，长三角、珠三角、京津冀城市群的经济总量均在全球前20名。从城市化率来看，我国23个城市群的平均城市化率达到56.20%，高于全国49.68%的水平。更何况，单一城市的发展已无法承担日趋严重的环境生态问题，同时出于技术革新、要素流动和产业升级的需求，区域经济也正由传统的省域经济与行政区经济向城市群经济转变。通过以上因素分析可得，城市群不仅替代了城市个体成为未来人类生存和国家发展的载体，更是加速城市消亡的一大推力！

新型城镇化路在何方

新型城镇化虽然困难重重，但"发展是硬道理"，有困难并不意味着就没有出路，既然单纯复制"大城市"发展路线的原始路径行不通，那么新型城镇化必将探寻新的出口，而基础环境、战略定位、人口导入、农地规模化等因素不仅将为新型城镇化的发展开辟新天地，也将开启未来商业发展的"潘多拉魔盒"。

城镇化的新内涵

新型城镇化究竟会以何种形式出现？其实，再均衡国策已经赋予城镇化新的使命，新一轮城镇化的目的旨在解决过去三十年留下的两个失衡：经济结构失衡和城乡二元发展失衡。在此背景下的城镇化绝非原有模式的延续，而是具有新的内涵。一方面,经济转型的内在诉求让新型城镇化的发展更协调、更科学、更理性。

体现在:①重质轻量。包括两个方面,一是城市发展追求可持续性,对无限透支的发展模式将有所制约,转而关注城市生态和环保,城市规划也趋于理性。二是现代化版本升级,通过将现代科技技术(物联网、云计算、人工智能等)应用到城市运营管理中,以此打造更加畅通、便捷,适合人类居住的城市环境。②发挥城市群引领功能。尽管中国已经形成长三角、珠三角等23个城市群,但在地方政府为幕后推手的城市发展中,城市如同一座孤岛,各自为政,结果产业同构化,城市恶性竞争多于良性合作,许多新兴产业(光伏、太阳能等)在概念阶段便在各地政府推动下泡沫化,城市间协同发展,带动周边的引领功能并未凸现。而未来城市发展将淡化行政边界,更大程度发挥市场的资源配置功能,从而实现城市间产业梯度互补和功能差异化配置的良性互动。③强调核心城市辐射与周边的界面,关注中小城市发展。过去是核心城市虹吸周边资源,资本与劳动力从农村—中小城市—核心城市单向流动,使得区域发展失衡,而未来城镇化更注重区域的均衡协调,形成以核心城市为轴心,向周边地区辐射配套产业的格局。另一方面,作为化解"三农"问题的突破口,新型城镇化将由"土地进城"转向"人口进城",而这首先需要在户籍制度和公共服务上动刀。"被城市化"的农民因户籍这堵墙被挡在城外,无法享受城市居民的社会福利(有研究表明,户口本上共有67项城乡居民"不同等待遇"),而靠少得可怜的补偿款也不足以让其在城里过上体面的生活,从而成为城市最大的隐患。因此新一轮城镇化将致力于"人口进城",让失地农民能够真正享受就业、医疗、社保、教育等福利,其前提是户籍制度改革和公共服务均等化。

农地规模化决定新型城镇化

新型城镇化并非简单的农业人口进入,更不随着户籍改革下农业与非农业划分的取消而完成,而是需要人口的落地生根来支撑新型城镇化的可持续性。从数据来看,20年来我国"农转非"比例仅增长了7.7个百分点,看似农民市民化意愿并不高,可实际情况并非是农民不想"脱农入城",障碍在于这一过程中始终伴随着土地权益归属争议。根据《农村土地承包法》关于农地承包权的规定,对于转城镇户籍的农民,必须将土地承包权交出,这极大地打压了农民进城的积极性。而农民不进城、不落户,何谈实现人的城镇化?这样一来,解决土地问题成为农民进城落户的前置条件,而通过农地规模化,或流转或集中经营农地,得以扫除农民进城的后顾之忧。除此之外,农地规模化更起到资源整合的作用,将碎片化农地聚集起来,投入现代农业以及新城规划的过程中。由此可见,农地规模化成为新型城镇化的必由之路,同时农地规模化的速度在很大程度上也决定了新型城镇化的进程。

不过,目前棘手的问题在于,如何高效地开展农地规模化?虽然以上两条农地规模化"主干道"并不平坦,但并不意味创新之路已经黔驴技穷,农改中土地承包运营权的确权,为农地规模化提供了扩展性思路。从顺应民意、动员民众的角度出发,土地承包经营权一旦明确,如"圈地"等造成侵害农民土地权益的现象将随之减少。从引导市场资金的角度而言,确权后的土地被经济化之后,通过或流转或自营的方式,理所当然地被投资、被开发。与此同时,随着土地确权,农民不再彷徨于"入城失地"的纠结,从而提速农地规模化过程,并且"人员到位"之下,新型城镇化水到渠成。实际上,从土地承包经营权的确权,更引出农地所有权制度的完善,不仅是确认权利,关键在于确认权利性质,给予农民更大的自主权,市场化机制导入更彻底。围绕土地问题,各方主体的分工将会呈现"法律确权、政府服务、市场主导、农民受益"的形态,其中政府调控和市场刺激的平衡尤为重要,政府的职责更类似于方针制定者、土地流转中介者,行政强制力退出才能更好地发挥市场的作用。

新型城镇化的支点

尽管目前中国小城镇发展缓慢，但以下几方面或将成为小城镇大发展的主要支点：①基础环境。工业时代，城市为人们提供了难以替代的生活方式和商业机遇；但随着网络经济和信息消费的崛起，家庭办公、电子购物、网络教育等全新概念的普及打破了居住、工作以及休闲的地理边界，城市与小镇的功能差距正被迅速拉进，加之越来越四通八达的全方位交通系统，甚至出现越来越多的创造型企业和信息服务类企业开始选择离开喧闹的城市而扎根于中小城镇的反转现象。这既是小城镇低成本优势所致，更是大城市超负荷发展的倒逼使然。②战略定位。从国家发展战略角度看，小城镇承担了双重作用，即一边要改善农民生活环境和生活方式，带动消费结构升级并重置资源配置，从而释放出经济活力；同时也是为大城市"卸载"，为城市发展结构转型创造空间。因此，其注定了将是城镇化进程中的发展重点。③人口导入。事实上，无论城镇化如何进展，大部分农村人口将沉淀在"镇"一级的结果已是板上钉钉。随着大量人口的涌入，至少与人口息息相关的餐饮、商店等基础型服务业规模将加速膨胀，届时与之相关联的上下游产业也将随之发展，甚至还将成为经济增长的新动力。以城市综合体为例，一方面，大型CBD在大城市中正面临全面过剩的窘境；另一方面，人口迅速增长的中小城镇又缺少能够集商业、办公、居住、文娱和交通等功能于一体的综合体，因此，若将大型CBD（中央商务区）改变成迷你型CBD应用于小城镇，虽然在规模效益上难有高回报率，但却可胜在庞大的基数上。就此而言，在人口红利尚未完全消退之前，这一表达式将是支撑小城镇发展的中坚力量。④自身特色。大城市固然有大城市的霸气与传承，而小城镇也有小城镇不可替代的细腻与风韵。且不说中国各地区各民族风土人情大相径庭，即使同一地区的不同小镇同样是特色各异、各有千秋。挖掘地方特色形成产业功能无疑将是助推小城镇发展的一大利器。

新型城镇化打开"潘多拉魔盒"

开发商新的增长空间在小城镇。因为伴随城镇化的重心转移，小城镇将成吸纳农村人口的风水宝地，其首先就将带动房地产，单2020年解决约1亿进城常住的农业转移人口落户就将带来多少住宅建设？再说，各地都开始强镇扩权，比如浙江就力推27个强镇变身小城市，中心城镇基建推进、常住人口的充实将为小城镇的商业配套、社区服务提供了巨大空间。只不过，不同城镇的规模、特点乃至地理条件等决定其不同的发展形态和路径，比如中小县级城比较适合商业街、专业市场或社区商铺，而人口密度和收入水平较高的大城镇（一般在交通枢纽汇聚点）可以尝试专业性MALL（购物中心）或迷你型综合体。但新型城镇化的机会何止于此！毕竟中国所有的"秘密"就在土地上，土地的分分合合也造就了财富的重新分配，这也无怪乎当前不少开发商（乡镇企业等）不惜铤而走险押注小产权房了。

但从政策意图看，"十八大"首提"农地入市"也仅限于集体经营性建设用地，并以两权分离、经营权流转的方式集中闲散土地，显然是想在规避"大地主"的条件下推动规模化种植以实现农业现代化。未来家庭农场、村镇公司等崛起，很可能让农村的小作坊消失，新型农业将大有作为，以至于出现大量"上班在田埂，家住小城镇"的新农民。至于小产权房之命，至少从目前看，国土资源部自2014年11月就不断查处小产权房，并称全部取缔和全部招安皆不可能，关键在于分类处理。对此，我们认为，小产权房若建于农耕地上，因其土地用途改变，加之"面大量广、影响较大"或被取缔，反而是少数在宅基地上的很可能被"招安"。因此，若在小产权房上与政策对赌失败，那就是"竹篮子打水"，满盘兼输。

不过，鉴于大城市土地"弹尽粮绝"，土地的二次流转很可能带来投机机会。且不说土地"变性"带来的价值重估，一旦开启土地市场化交易，那就等于再造了一个暴富的金矿,不仅相关土地的各类产品如土地信托等可能横空出世,更不乏浑水摸鱼者利用制度漏洞"中饱私囊"。比如四川的地票就因此而被取缔,而安徽宿州农地使用权流转信托看似化解了难题,却也预埋了不成熟之祸。因此,如果说上一轮暴利是利用类金融的房地产,那么这一轮金融及其衍生品的"粉墨登场",将让金融与城镇化结合的各种形式遍地开花。

以前靠卖地,现在要靠产业,不同城镇将培育适合自己土壤的产业,而这也给某些产业提供了机会。比如旅游业之于古城小镇,物流业之于交通口岸,新农业之于鱼米之乡等,云南就计划重点建设210个特色小镇,浙江更以"制造业集群+专业市场+小城镇"模式独领风骚,未来"以产兴城、以城聚产"——这种产城联动、融合发展将逐步造就特色城镇。尤其是在互联网打破时空地域局限下,鼠标一点就能办公,又何必在乎身在何处?再说,嘈杂熙攘的大都市早已不适合寻找灵感和突破创新,大量科技创新、艺术创造者反倒逃离喧嚣,更适宜在"白纸一张"的乡村小镇"挥洒自如",若再结合政策导向,小城镇无疑将成新经济的肥田沃土,其中被高铁城规连接者,虽不能以规模和基建取胜,但将以特色取胜,诸如硅谷城、艺术小镇等都可能如雨后春笋般冒出来。

此外,小城镇特色化在前,综合化在后。这就不难预见,不少小城镇作为连接大城市与新农村的桥梁,吸纳大量农村进城人口后,将带动养老医疗、贸易商业等服务性行业发展,最后很可能在人口扩张下发展为中小城市。其实说到底,以前农民想进城,无不奔着城市的资源禀赋、就业机会以及高福利等,但伴随户籍制度改革,社保、医保等逐步统一,所谓的城乡二元差距正消失。未来若连农村都已是城市的标准,那么谁还会计较是住在农村还是城市!只不过,当前的变数就在于,若一味限制大城市发展,到时小城镇又发展不起来,那么新型城镇化很可能"捡了芝麻丢了西瓜"。更何况,不仅大城市需要产业"腾笼换鸟"来提升城市能级,小城镇同样面临产业布局,大城市到底淘汰哪些产业,小城镇又将选择什么行业突破,都将考验地方对发展节奏的把握与速度的平衡。而大量的商机也就蕴藏于这产业的"乾坤大挪移"中,眼明手快的或早已偷偷"放长线钓大鱼"(如率先在某些小城镇圈地,或进行基建投资,或购置当地房产,或布局当地重点发展的产业)了!